03.12.2009

Liebe Caro,

hier stecken ein paar Stunden drin, die unsere gemeinsamen hätten sein können.
Ich hoffe daher, dass wir künftig mehrere Stunden unsere gemeinsamen nennen können.
Ich bin sehr froh, dass es dich gibt!

Deine Natalie

Schriftenreihe

Studien zur Wirtschaftsinformatik

Band 41

ISSN 1435-6295

Verlag Dr. Kovač

Natalie Kink

Methodologie der empirischen Wirkungsanalyse von Informations- und Kommunikationstechnologien

Analyse des Methodenpotenzials von Fallstudien, Experimenten und Surveys

Verlag Dr. Kovač

Hamburg
2010

VERLAG DR. KOVAČ
FACHVERLAG FÜR WISSENSCHAFTLICHE LITERATUR

Leverkusenstr. 13 · 22761 Hamburg · Tel. 040 - 39 88 80-0 · Fax 040 - 39 88 80-55

E-Mail info@verlagdrkovac.de · Internet www.verlagdrkovac.de

D 19

Referent: Prof. Dr. Thomas Hess
Koreferent: Prof. Dr. Dres. h.c. Arnold Picot
Promotionsabschlußberatung: 22. Juli 2009

Bibliografische Information der Deutschen Nationalbibliothek
Die Deutsche Nationalbibliothek verzeichnet diese Publikation
in der Deutschen Nationalbibliografie;
detaillierte bibliografische Daten sind im Internet
über http://dnb.d-nb.de abrufbar.

ISSN: 1435-6295
ISBN: 978-3-8300-4779-7

Zugl.: Dissertation, Universität München, 2009

© VERLAG DR. KOVAČ in Hamburg 2010

Printed in Germany
Alle Rechte vorbehalten. Nachdruck, fotomechanische Wiedergabe, Aufnahme in
Online-Dienste und Internet sowie Vervielfältigung auf Datenträgern wie CD-ROM etc.
nur nach schriftlicher Zustimmung des Verlages.

Gedruckt auf holz-, chlor- und säurefreiem Papier Alster Digital. Alster Digital ist
alterungsbeständig und erfüllt die Normen für Archivbeständigkeit ANSI 3948 und ISO
9706.

Geleitwort

Wirtschaftsinformatik und Information Systems Research beschäftigen sich gerne und häufig mit der Wirkung neuer Informations- und Kommunikationstechnologien (IKT) auf die Wirtschaft, insbesondere auf Unternehmen. Die Schwerpunkte der Bemühungen lagen und liegen dabei auf den Veränderungen in der Organisation von Unternehmen, von Märkten und von Wertschöpfungssystemen sowie in dem Entscheidungsverhalten innerhalb von Unternehmen. Exemplarisch sei an bekannte Arbeiten zur Wirkung von IKT auf die vertikale Arbeitsteilung zwischen Unternehmen, auf die Preisfindung in Märkten sowie auf die Qualität von Planungen erinnert. Ein zweiter Strang der Literatur beschäftigt sich mit dem Einfluss von IKT-Investitionen auf die Performance von Unternehmen. Letzteres ist allerdings nicht Thema der vorliegenden Arbeit.

Untersuchungen im erstgenannten Strang der Literatur sind (wie die im zweiten Literaturstrang übrigens auch) mit bisher ungelösten methodischen Problemen konfrontiert, die die Inkonsistenz mancher Ergebnisse der Wirkungsforschung mit erklären sollten. Natalie Kink hat es sich zur Aufgabe gemacht, diese methodischen Probleme für empirisch ausgerichtete Projekte der IKT-Wirkungsforschung anzugehen.

Natalie Kink geht das Thema in zwei Schritten an. Sie ermittelt zunächst die sich aus der Praxis der Wirkungsforschung ableitbaren inhaltlichen Anwendungsprofile der wichtigsten Forschungsmethoden sowie die sich aus der allgemeinen Methodenliteratur ableitbaren Empfehlungen für die formale Ausgestaltung der wichtigsten Methoden. In Schritt zwei verdichtet sie die Ergebnisse dieser beiden Analysen zu Empfehlungen für die Auswahl und Anwendung der Methoden und überprüft deren bisherige Ausschöpfung. Dabei zeigt sich, dass die inhaltlichen Vorschläge zu einem erstaunlich hohen Anteil bereits umgesetzt werden. Bei den formalen Vorschlägen fällt das Bild gemischt aus, oder anders ausgedrückt: Die formale Güte der Untersuchungen lassen sich an einigen Stellen noch deutlich steigern.

Insgesamt liegt eine sehr wertvolle Dissertation vor, in der eine anspruchsvolle und wichtige Thematik mit einer passenden Mischung an Methoden bearbeitet wird. Hervorzuheben sind insbesondere Stringenz und Klarheit im Aufbau, die Verbindung erklärender und gestaltender Ziele sowie die Geschlossenheit der Analyse bis hin zur empirischen Überprüfung.

Ich wünsche der Arbeit daher viel Wirkung auf zukünftige Projekte in der IKT-Wirkungsforschung.

Prof. Dr. Thomas Hess

Vorwort

Einhergehend mit einer zunehmenden Durchdringung der Unternehmen mit Informations- und Kommunikationstechnologien (IKT) nimmt die empirische Erforschung der Wirkungszusammenhänge zwischen IKT und Unternehmen einen bedeutenden Stellenwert ein. Allerdings ist die IKT-Wirkungsforschung mit einer Reihe inhaltlicher und methodischer Anforderungen verbunden. Trotz der in Wissenschaft und Praxis allgemein anerkannten Bedeutung der IKT-Wirkungsforschung mangelt es an methodologischen Empfehlungen zur Gestaltung von Forschungsarbeiten, die diesen Anforderungen gerecht werden.

Aus diesem Mangel ergab sich die Motivation für vorliegende Dissertation, die im Rahmen der Forschungsgruppe „Theorien und Methoden der WI" am Institut für Wirtschaftsinformatik und Neue Medien der Ludwig-Maximilians-Universität München entstand. Kern der Arbeit ist eine induktive und deduktive Auseinandersetzung mit der Methodologie der empirischen IKT-Wirkungsanalyse. Davon ausgehend werden handlungsleitende Empfehlungen zur Auswahl und Anwendung der Fallstudien-, Experimental- und Surveymethode für die IKT-Wirkungsforschung gegeben.

An der Realisation vorliegender Arbeit waren viele Personen direkt und indirekt beteiligt, denen ich im Folgenden einige Zeilen widmen möchte.

An erster Stelle danke ich meinem Doktorvater Herrn Prof. Dr. Thomas Hess, der das Forschungsprojekt initiiert und fachlich unterstützt hat. Ich bin mir bewusst, dass er mich nicht nur fachlich, sondern auch persönlich stark vorangebracht hat und dafür bin ich sehr dankbar. Ebenso gilt mein Dank Herrn Prof. Dr. h. c. Arnold Picot, der das Korreferat dieser Arbeit übernommen hat.

Ein wesentlicher Stützpfeiler meiner Arbeit waren meine Kollegen am Institut. Dank der zahlreichen kollektiven Unternehmungen sind über das reine Arbeitsverhältnis hinausgehend Freundschaften entstanden, die hoffentlich Bestand haben. Elisabeth Höhne wurde während der Zeit zu einer lieben Freundin, die mich nicht nur während der Kaffeepausen begleitet hat. Christian Wolf hat die Entstehung der Arbeit zumindest physisch so nah wie kein Anderer miterlebt. Wir beide haben die zwischen unseren Produktivzeiten liegenden Phasen sehr gut überbrückt. Dank Sophie Ahrens, Jonathan Dörr, Florian Mann und Johannes Vetter ist am Institut nie Langeweile eingekehrt – es hat viel Spaß gemacht mit euch! Dann ist auch noch Hannelore

Wimmer zu erwähnen, die als gute Seele „im Hintergrund" immer ein offenes Ohr hatte. Euch allen habe ich es zu verdanken, dass ich mich am Institut so wohl gefühlt habe – ich werde euch vermissen.

Eine weitere Kraftquelle waren meine Freunde. Stellvertretend für meinen wunderbaren Freundeskreis möchte ich mich bei Carolin Brüggemeier, Tina Baron, Susi Roller, Sylvie Hackemann und Andreas Giesemann bedanken. In vorliegender Arbeit stecken viele Stunden, die wir gerne gemeinsam verbracht hätten. Ich weiß es sehr zu schätzen, dass ihr mir trotz meiner knappen Zeit stets die Freundschaft gehalten habt.

Nun bin ich bei den Menschen angelangt, denen ich alles zu verdanken habe. Dank meiner langjährigen glücklichen Beziehung mit Benedikt Schlichting habe ich eine tiefe innere Zufriedenheit erlangt, die es mir leicht gemacht hat, mich auf meine Arbeit zu konzentrieren. Meine Eltern Edith und Peter Kink haben mir durch ihre bedingungslose Liebe unendlich viel Kraft gegeben. Ohne eure emotionale Unterstützung hätte ich diese Arbeit nicht schreiben können, weswegen sie euch gewidmet sei.

Natalie Kink

Inhaltsübersicht

Inhaltsübersicht I

Inhaltsverzeichnis III

Abbildungsverzeichnis VII

Tabellenverzeichnis IX

Abkürzungsverzeichnis XI

1 Einführung 1

2 Grundlagen 13

3 Inhaltliche Potenzialanalyse 37

4 Methodische Potenzialanalyse 71

5 Empfehlungen zur Methodenwahl und Methodenanwendung 139

6 Resümee 185

Literaturverzeichnis XIII

Anhang XXVII

Inhaltsverzeichnis

Abbildungsverzeichnis VII

Tabellenverzeichnis IX

Abkürzungsverzeichnis XI

1 Einführung 1
   1.1 Problemstellung und Zielsetzung 1
   1.2 Forschungsfragen und Methodik 3
   1.3 Aufbau und Entstehungskontext der Arbeit 7
   1.4 Thematische Einordnung und Stand der Forschung 9

2 Grundlagen 13
   2.1 Theoretische Spezifikation der IKT-Wirkungsanalyse 13
      2.1.1 Unabhängige Variable: IKT 14
         2.1.1.1 Technologiesicht 15
         2.1.1.2 Entwicklungsphase 16
         2.1.1.3 Unterstützungsebene 16
      2.1.2 Abhängige Variable: IKT-Wirkungen 21
         2.1.2.1 Wirkungsart 23
         2.1.2.2 Wirkungsebene 24
      2.1.3 Kausalität 26
         2.1.3.1 Kausalbeziehung 26
         2.1.3.2 Analyseebene 28
         2.1.3.3 Logische Struktur 29
      2.1.4 Forschungsziel 30
   2.2 Fachliche Spezifikation der IKT-Wirkungsanalyse 32
      2.2.1 Einordnung in das Selbstverständnis der WI 32
      2.2.2 Abgrenzung von ähnlichen Forschungsansätzen 34
         2.2.2.1 Technologiefolgenabschätzung 35
         2.2.2.2 Technologieevaluation 36

3 Inhaltliche Potenzialanalyse 37
   3.1 Inhaltliche Anforderungen der IKT-Wirkungsanalyse 37
      3.1.1 Zeitlich versetzte Ursache-Wirkungsbeziehungen 37
      3.1.2 Räumlich versetzte Ursache-Wirkungsbeziehungen 39

- 3.1.3 Interdependente Ursache-Wirkungsbeziehungen 40
- 3.1.4 Schwer messbare Wirkungen 41
- 3.1.5 Situationsabhängige Ursache-Wirkungsbeziehungen 42
- 3.2 Basis der inhaltlichen Potenzialanalyse: Induktive Reviewanalyse 44
  - 3.2.1 Konkretisierung des Forschungsproblems 45
  - 3.2.2 Literatursuche 46
  - 3.2.3 Literaturauswertung 48
  - 3.2.4 Analyse und Interpretation 49
- 3.3 Bestimmung des Forschungs- und Methodenprofils 50
  - 3.3.1 Erste Einschätzung des Methodenprofils (Vorstudie) 50
  - 3.3.2 Rekonstruktion des Forschungs- und Methodenprofils (Hauptstudie) 55
    - 3.3.2.1 Forschungsprofil der IKT-Wirkungsanalyse 56
    - 3.3.2.2 Methodenprofil der IKT-Wirkungsanalyse 62
- 3.4 Bestimmung des inhaltlichen Potenzials 64
  - 3.4.1 Inhaltliches Potenzial der Fallstudienmethode 64
  - 3.4.2 Inhaltliches Potenzial der Experimentalmethode 67
  - 3.4.3 Inhaltliches Potenzial der Surveymethode 69

4 Methodische Potenzialanalyse 71

- 4.1 Methodische Anforderungen der IKT-Wirkungsanalyse 71
  - 4.1.1 Objektivität 71
  - 4.1.2 Reliabilität 72
  - 4.1.3 Konstruktvalidität 74
  - 4.1.4 Inferenzvalidität 76
  - 4.1.5 Interne Validität 82
  - 4.1.6 Externe Validität 86
- 4.2 Basis der methodischen Potenzialanalyse: Deduktive Literaturanalyse 92
  - 4.2.1 Designkomponenten der Fallstudienmethode 93
  - 4.2.2 Designkomponenten der Experimentalmethode 101
  - 4.2.3 Designkomponenten der Surveymethode 110
- 4.3 Bestimmung des methodischen Potenzials 117
  - 4.3.1 Methodisches Potenzial der Fallstudienmethode 117
  - 4.3.2 Methodisches Potenzial der Experimentalmethode 124
  - 4.3.3 Methodisches Potenzial der Surveymethode 131

5 Empfehlungen zur Methodenwahl und Methodenanwendung 139

5.1 Methodenwahl 139

5.1.1 Handlungsmodell der Methodenwahl 139

5.1.1.1 Methodenwahl in Abhängigkeit der inhaltlichen Anforderungen 141

5.1.1.2 Methodenwahl in Abhängigkeit der methodischen Anforderungen 144

5.1.2 Evaluation der Methodenwahl 147

5.1.2.1 Methodenwahl für die explorative Wirkungsanalyse konkreter Anwendungssysteme 147

5.1.2.2 Methodenwahl für die theorieprüfende Wirkungsanalyse des generellen Technologieeinsatzes 150

5.1.2.3 Methodenwahl für das theorieprüfende Testen von (prototypenbasierten) Designkomponenten 153

5.2 Methodenanwendung 156

5.2.1 Handlungsmodell der Methodenanwendung 157

5.2.1.1 Anwendung der Fallstudienmethode 157

5.2.1.2 Anwendung der Experimentalmethode 160

5.2.1.3 Anwendung der Surveymethode 164

5.2.2 Evaluation der Methodenanwendung 167

5.2.2.1 Potenzialausschöpfung der Fallstudienmethode 167

5.2.2.2 Potenzialausschöpfung der Experimentalmethode 172

5.2.2.3 Potenzialausschöpfung der Surveymethode 178

6 Resümee 185

6.1 Zusammenfassung der zentralen Erkenntnisse 185

6.2 Ausblick 189

Literaturverzeichnis XIII

Anhang XXVII

Anhang A: Vorstudie XXVII

Anhang B: Hauptstudie XXVIII

Abbildungsverzeichnis

Abbildung 1-1: Forschungsfragen und Methodik der Arbeit 5

Abbildung 1-2: Aufbau der Arbeit 7

Abbildung 2-1: Zweistufiges IKT-Wirkungsmodell 13

Abbildung 2-2: Unterstützungsebene der IKT 17

Abbildung 2-3: Management- und Leistungssystem 22

Abbildung 2-4: Technologischer Imperativ 26

Abbildung 2-5: Organisatorischer Imperativ 27

Abbildung 2-6: Emergente Perspektive 28

Abbildung 2-7: Fachliche Einordnung der IKT-Wirkungsanalyse 33

Abbildung 3-1: Methodik der Reviewforschung 45

Abbildung 3-2: Stichprobe der Vorstudie 51

Abbildung 3-3: Vergleich des Methodenprofils der MSS-Wirkungsanalyse
mit dem Methodenprofil der WI 52

Abbildung 3-4: Vergleich des Methodenprofils der MSS-Wirkungsanalyse
mit dem Methodenprofil des ISR 54

Abbildung 3-5: Stichprobe der Hauptstudie 55

Abbildung 3-6: Untersuchte IKT-Art 56

Abbildung 3-7: Zeitliche Entwicklung der untersuchten IKT-Art 57

Abbildung 3-8: Untersuchte Wirkungsart 58

Abbildung 3-9: Untersuchte Wirkungsebene 59

Abbildung 3-10: Forschungscluster der IKT-Wirkungsanalyse 60

Abbildung 3-11: Methodenprofil der IKT-Wirkungsanalyse 62

Abbildung 3-12: Zeitliche Entwicklung des Methodenprofils der IKT-
Wirkungsanalyse 63

Abbildung 4-1: Validität von Signifikanzaussagen 76

Abbildung 4-2: Das Regelsystem als Grundlage der methodischen
Potenzialanalyse 92

Abbildung 4-3: Grundlegende Fallstudiendesigns 97

Abbildung 4-4: Grundlegende Experimentaltypen 106

Abbildung 4-5: Randomisierte Experimentaldesigns 108

Abbildung 4-6: Klassifikation quantitativer Analyseverfahren 115

Abbildung 5-1: Handlungsmodell der Methodenwahl 140

Abbildung 5-2: Methodenwahl für die explorative Wirkungsanalyse konkreter Anwendungssysteme 148

Abbildung 5-3: Methodenwahl für die theorieprüfende Wirkungsanalyse des generellen Technologieeinsatzes 151

Abbildung 5-4: Methodenwahl für das Testen von (prototypenbasierten) Designkomponenten 154

Abbildung 5-5: Handlungsmodell der Anwendung von Fallstudien 157

Abbildung 5-6: Handlungsmodell der Anwendung von Experimenten 160

Abbildung 5-7: Handlungsmodell der Anwendung von Surveys 164

Abbildung 5-8: Fallstudienbasierte IKT-Wirkungsanalyse 167

Abbildung 5-9: Experimentelle IKT- Wirkungsanalyse 172

Abbildung 5-10: Surveybasierte IKT-Wirkungsanalyse 178

Abbildung 6-1: Vorgehen der Erkenntnisgewinnung 185

Abbildung 6-2: Die drei Dimensionen der IKT-Wirkungsanalyse 189

Tabellenverzeichnis

Tabelle 2-1: Klassifikation der unabhängigen Variablen 21

Tabelle 2-2: Klassifikation der abhängigen Variablen 25

Tabelle 2-3: Klassifikation des Forschungsziels 32

Tabelle 3-1: Inhaltliche Anforderungen in Abhängigkeit des Forschungsbereichs der IKT-Wirkungsanalyse 43

Tabelle 3-2: Richtwerte der inhaltlichen Potenzialanalyse 64

Tabelle 3-3: Inhaltliches Potenzial der Fallstudienmethode 65

Tabelle 3-4: Inhaltliches Potenzial der Experimentalmethode 67

Tabelle 3-5: Inhaltliches Potenzial der Surveymethode 69

Tabelle 4-1: Stellschrauben zur Erhöhung der Reliabilität 74

Tabelle 4-2: Stellschrauben zur Erhöhung der Konstruktvalidität 76

Tabelle 4-3: Stellschrauben zur Erhöhung der Inferenzvalidität 82

Tabelle 4-4: Stellschrauben zur Erhöhung der internen Validität 85

Tabelle 4-5: Stellschrauben zur Erhöhung der externen Validität 89

Tabelle 4-6: Methodische Anforderungen in Abhängigkeit des Forschungsziels der IKT-Wirkungsanalyse 91

Tabelle 4-7: Designkomponenten der Fallstudienmethode 100

Tabelle 4-8: Designkomponenten der Experimentalmethode 110

Tabelle 4-9: Designkomponenten der Surveymethode 116

Tabelle 4-10: Richtwerte der methodischen Potenzialanalyse 117

Tabelle 4-11: Methodisches Potenzial der Fallstudienmethode: Reliabilität 118

Tabelle 4-12: Methodisches Potenzial der Fallstudienmethode: Konstruktvalidität . 119

Tabelle 4-13: Methodisches Potenzial der Fallstudienmethode: Inferenzvalidität... 120

Tabelle 4-14: Methodisches Potenzial der Fallstudienmethode: Interne Validität ... 122

Tabelle 4-15: Methodisches Potenzial der Fallstudienmethode: Externe Validität.. 124

Tabelle 4-16: Methodisches Potenzial der Experimentalmethode: Reliabilität 125

Tabelle 4-17: Methodisches Potenzial der Experimentalmethode: Konstruktvalidität 125

Tabelle 4-18: Methodisches Potenzial der Experimentalmethode: Inferenzvalidität 127

Tabelle 4-19: Methodisches Potenzial der Experimentalmethode: Interne Validität 128

Tabelle 4-20: Methodisches Potenzial der Experimentalmethode:
Externe Validität 130

Tabelle 4-21: Methodisches Potenzial der Surveymethode: Reliabilität 131

Tabelle 4-22: Methodisches Potenzial der Surveymethode: Konstruktvalidität 132

Tabelle 4-23: Methodisches Potenzial der Surveymethode: Inferenzvalidität 134

Tabelle 4-24: Methodisches Potenzial der Surveymethode: Interne Validität 135

Tabelle 4-25: Methodisches Potenzial der Surveymethode: Externe Validität 137

Tabelle 5-1: Methodische Potenzialausschöpfung der Fallstudienmethode 169

Tabelle 5-2: Methodische Potenzialausschöpfung der Experimentalmethode 174

Tabelle 5-3: Methodische Potenzialausschöpfung der Surveymethode 180

Tabelle A-1: Klassifikationsschema der Vorstudie zur Methodenklassifikation XXVII

Tabelle B-1: Reliabilitätsmaße Krippendorff's Alpha und Cohen's Kappa XLIV

Tabelle B-2: Inhaltliche Potenzialanalyse (% within) XLVI

Tabelle B-3: Empirische Überprüfung des Handlungsmodells XLVII

Abkürzungsverzeichnis

AS	Anwendungssystem
BI	Business Intelligence
BWL	Betriebswirtschaftslehre
CAD	Computer Aided Design
CAE	Computer Aided Engineering
CAM	Computer Aided Manufacturing
CAS	Computer Aided Selling
CIM	Computer Integrated Manufacturing
CRM	Customer Relationship Management
CSCW	Computer Supported Cooperative Work
DSS	Decision-Support-System
DSS	Zeitschrift „Decision Support Systems"
DWH	Data Warehouse
EDI	Electronic Data Interchange
EIS	Executive-Information-System
EJIS	Zeitschrift „European Journal of Information Systems"
EMS	Electronic-Meeting-System
EPK	Elektronischer Produktkatalog
ERP	Enterprise Ressource Planning
ESS	Executive-Support-System
GDSS	Group-Decision-Support-System
GMS	Group-Management-System
GSS	Group-Support-System
IJAIS	Zeitschrift "International Journal of Accounting Information Systems"
IKS	Informations- und Kommunikationssystem
IKT	Informations- und Kommunikationstechnologie
IOS	Interorganizational-Information-System
IS	Information-System
ISJ	Zeitschrift "Information Systems Journal"
ISR	Information Systems Research
ISR	Zeitschrift "Information Systems Research"
IT	Informationstechnologie

I&M	Zeitschrift "Information & Management"
JMIS	Zeitschrift "Journal of Management Information Systems"
KBDSS	Knowledge-based-Decision-Support-System
KBS	Knowledge-based-System
KI	Künstliche Intelligenz
KMS	Knowledge-Management-System
MIS	Management-Information-System
MISQ	Zeitschrift "MIS Quarterly"
MSS	Management-Support-System
OLAP	On-Line Analytical Processing
OLTP	On-Line Transaction Processing
RA	Recommendation Agent
SCM	Supply Chain Management
SIS	Strategic-Information-System
SQL	Structured Query Language
TAB	Büro für Technikfolgenabschätzung beim Deutschen Bundestag
TAM	Technology Acceptance Model
TCO	Total Cost of Ownership
TE	Technologieevaluation
TFA	Technologiefolgenabschätzung
WfMS	Workflow-Management-System
WI	Wirtschaftsinformatik
WKWI	Wissenschaftliche Kommission für Wirtschaftsinformatik
XML	Extensible Markup Language
XPS	Expert-System
XSS	Expert-Support-System

1 Einführung

1.1 Problemstellung und Zielsetzung

Einhergehend mit einer zunehmenden Durchdringung der Unternehmen mit Informations- und Kommunikationstechnologien (IKT) hat sich auch die Reichweite und Art der IKT-Wirkungen verändert. Standen zu einer frühen Entwicklungs- und Diffusionsphase Effizienzsteigerungen auf vorwiegend technischer Ebene im Vordergrund, tragen die heutzutage im Einsatz befindlichen IKT das Potenzial, aber auch die Gefahr, sich auf viele Teile des Management- und des Leistungssystems eines Unternehmens auszuwirken und diese nachhaltig zu beeinflussen. Demzufolge können IKT nicht mehr als reiner Produktionsfaktor betrachtet werden, sondern vielmehr als Ursache für weit reichende Veränderungen im Unternehmen.[1]

Im Zuge dieser Entwicklung nimmt die Erforschung der Wirkungszusammenhänge zwischen IKT und Unternehmen sowohl in der Wissenschaft als auch in der Praxis einen bedeutenden Stellenwert ein, wobei verschiedene Fragestellungen im Vordergrund stehen. Unter dem Stichwort „Strategic Alignment" wird ganz generell die wechselseitige Beziehung zwischen IKT und Unternehmen(sstrategie) untersucht.[2] Ein wesentlicher Teilbereich dieses Forschungsstrangs ist die Erforschung der IKT-Wirkung auf die organisatorische Gestaltung eines Unternehmens.[3] Ein weiterer Schwerpunkt liegt auf der Untersuchung der IKT-Wirkung auf die Produktivität von Unternehmen – diskutiert unter dem Stichwort „Produktivitätsparadoxon".[4] Daneben finden sich auch stark managementorientierte Arbeiten, die Handlungsfelder für die Abstimmung zwischen Unternehmens- und IKT-Gestaltung aufzeigen.[5] In der deutschsprachigen Wirtschaftsinformatik (WI) bzw. dem englischsprachigen Informa-

---

[1] Vgl. Picot et al. (2003), S. 2-12; Silvius (2006), S. 96-97.
[2] Siehe dazu bspw. Krcmar (2005), S. 284, 319; Loebbecke (2006), S. 362-363; Venkatraman (1994).
[3] Siehe dazu bspw. Kambil/van Heck (1998), Orlikowski/Robey (1991), Picot et al. (1996), Swanson (1987).
[4] Siehe dazu bspw. Alpar/Kim (1990), Brynjolfsson (2003), Brynjolfsson/Hitt (2000).
[5] Siehe dazu bspw. das „Framework for IT Investment" nach Ross/Beath (2002).

tion Systems Research (ISR) wird die IKT-Wirkungsforschung daher als expliziter Forschungsschwerpunkt formuliert.[6]

Die Forschungsergebnisse widersprechen sich allerdings häufig und sind nur bedingt vergleichbar.[7] Es besteht bspw. Uneinigkeit darüber, ob der Einsatz von IKT zu einem Ausbau oder Abbau von Hierarchiestufen, zu einer Ausweitung oder Reduktion der Kontrollspanne oder zu einer Zunahme oder Abnahme der Produktivität eines Unternehmens führt.[8] Die Vielzahl konträrer und teilweise ungenügender Erkenntnisse kann mitunter darauf zurückzuführen sein, dass die Erforschung von IKT-Wirkungen mit vielen inhaltlichen und methodischen Schwierigkeiten verbunden ist, die häufig keine adäquate Berücksichtigung finden. So ist die Beziehung zwischen IKT und Unternehmen äußerst komplex und wird durch eine Vielzahl situationsbezogener Faktoren moderiert. Die aus dem IKT-Einsatz resultierenden Wirkungen sind daher häufig nicht direkt erfassbar – geschweige denn messbar. Darüber hinaus können die IKT-Wirkungen mit zeitlichen Verzögerungen einhergehen und über den ursprünglichen IKT-Einsatzort und -zweck hinaus auf ganz unterschiedlichen Ebenen eines Unternehmens anfallen. Die zeitlich und örtlich versetzt auftretenden Wirkungen sind einer bestimmten IKT deshalb nur schwer zurechenbar.[9] Neben diesen inhaltlichen Anforderungen ist die IKT-Wirkungsforschung auch mit vielen methodischen Anforderungen verbunden. So müssen bspw. für einen validen Nachweis von Kausalzusammenhängen alle Störfaktoren, die neben dem IKT-Einsatz auf die untersuchten abhängigen Variablen wirken, kontrolliert werden.

Aus diesem Grund wird auch in der WI- bzw. IS-Forschung zunehmend die Forderung laut, die Wahl und Anwendung von Forschungsmethoden auf die Anforderungen der konkreten Fragestellung abzustimmen.[10] Zur Erforschung von IKT-Wirkungen müssen also in einem ersten Schritt zweckmäßige Methoden gewählt werden, die den inhaltlichen und methodischen Anforderungen des jeweiligen Forschungsbereichs gerecht werden können. In einem nächsten Schritt sind die Methoden derart

---

[6] Vgl. Agarwal/Lucas Jr. (2005), DeSanctis (2003), Hess (2006a), Klein (2004a), Lee et al. (1997), Markus/Robey (1988), Orlikowsky/Barley (2001), Robey (2003), Swanson (1987).
[7] Vgl. Alpar/Kim (1990), S. 55-56; Hitt et al. (2002), S. 74; Markus/Robey (1988), S. 583-586.
[8] Vgl. Swanson (1987), S. 191.
[9] Vgl. Klein (2004b), S. 91-92; Mertens et al. (2005), S. 188; Picot et al. (2003), S. 199.
[10] Siehe dazu bspw. Braun et al. (2004), S. 1; Chen/Hirschheim (2004), S. 199-200; Frank (2006), S. 31; Franz/Robey (1987), S. 209-211; Klein (2004a), S. 142-143; Smithson/Hirschheim (1998), S. 164-165.

anzuwenden, dass die methodische Güte der IKT-Wirkungsforschung maximiert wird. Dieser Forderung steht allerdings eine mangelnde Auseinandersetzung mit der Methodologie der IKT-Wirkungsanalyse gegenüber. In der relevanten Literatur finden sich keine Arbeiten, die konkrete methodische Handlungsanweisungen zur Durchführung von IKT-Wirkungsanalysen und zur Überwindung der aus dem Forschungsbereich entstehenden Schwierigkeiten geben.

Die aus der skizzierten Problemstellung resultierende Forschungslücke stellt die Motivation für vorliegendes Dissertationsprojekt dar, im Rahmen dessen eine methodologische Auseinandersetzung mit der empirischen[11] IKT-Wirkungsforschung erfolgen soll. Konkret werden mit dieser Arbeit folgende Zielsetzungen verfolgt:

1. Entwicklung eines Handlungsmodells, das in Abhängigkeit sowohl der inhaltlichen Anforderungen des konkreten Forschungsbereichs als auch der methodischen Anforderungen des verfolgten Forschungsziels die Wahl einer geeigneten Forschungsmethode unterstützt (Methodenwahl).

2. Entwicklung eines Handlungsmodells, das nach erfolgter Methodenwahl die Gestaltung eines geeigneten Untersuchungsdesigns unterstützt, mit dem die methodische Güte der IKT-Wirkungsanalyse maximiert werden kann (Methodenanwendung).

3. Empirische Evaluation der Methodenwahl und Methodenanwendung der IKT-Wirkungsforschung sowie Ableitung von methodischen Verbesserungsvorschlägen aus identifizierten Design-Lücken.

1.2 Forschungsfragen und Methodik

Zur Erreichung der Zielsetzungen wird als theoretische Basis der Arbeit die Methodologie oder Wissenschaftstheorie verwendet. Methodologische Regeln, die allgemein für die empirischen Wissenschaften als gültig anerkannt sind, besitzen auch für die Disziplin der WI bzw. des ISR Gültigkeit.[12]

---

[11] Obwohl das einer IKT-Wirkungsanalyse zugrunde liegende Paradigma auch konstruktivistisch sein kann, bezieht sich der in vorliegender Arbeit definierte Forschungsansatz der IKT-Wirkungsanalyse ausschließlich auf das behavioristische Paradigma – auch, wenn in den weiteren Ausführungen kurz von der IKT-Wirkungsanalyse die Rede ist.
[12] Vgl. Gadenne (1997), S. 8.

Die Methodologie wird als Lehre von den wissenschaftlichen Forschungsmethoden[13] verstanden.[14] Eine Forschungsmethode basiert auf der Anwendung intersubjektiv nachvollziehbarer, überprüfbarer Verhaltensregeln und Verfahrensweisen zur Gewinnung wissenschaftlicher Erkenntnis.[15] Jede Forschungsmethode verfügt dabei über spezifische Verhaltensregeln und Verfahrensweisen (Designkomponenten). Diese Designkomponenten lassen sich zu einem konkreten Untersuchungsdesign kombinieren, welches die zielorientierte und systematische Erkenntnisgewinnung leitet.[16]

Erkenntnisgegenstand der Methodologie ist zum einen die wissenschaftliche Forschungsmethode als Instrument der Erkenntnisgewinnung und zum anderen die Anwendung der Forschungsmethode als Vorgehen der Erkenntnisgewinnung.[17]

Die Erkenntnisziele einer methodologischen Auseinandersetzung liegen in der Beschreibung, Analyse und Gestaltung. Die Methodik und der Aufbau vorliegender Arbeit orientieren sich an diesen Erkenntniszielen (siehe Abbildung 1-1).

---

[13] Während der Methodenbegriff in der WI sowohl für Forschungsmethoden als auch für Entwicklungsmethoden zur IS-Gestaltung verwendet wird (vgl. Becker et al. (2003), S. 11-12), bezieht sich der in vorliegender Arbeit verwendete Methodenbegriff ausschließlich auf die Forschungsmethoden als Kern der Wissenschaftstheorie. Die Begriffe Forschungsmethode und Methode werden daher in vorliegender Arbeit synonym gebraucht.
[14] Vgl. Holl (1999), S. 165; Mingers (2001), S. 241-242.
[15] Vgl. Chmielewicz (1994), S. 36-37.
[16] Vgl. Chmielewicz (1994), S. 37.
[17] Vgl. Opp (2002), S. 15; Roth/Holling (1999), S. 50-51.

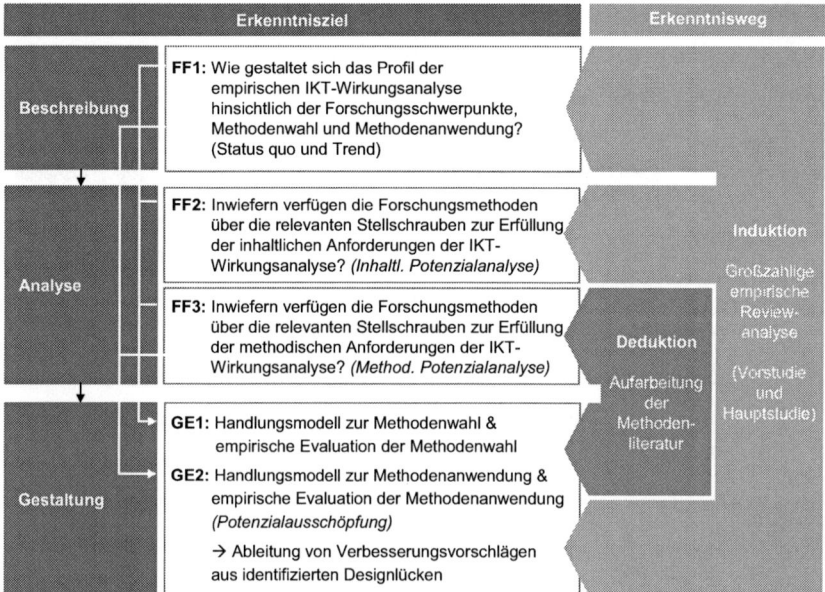

Abbildung 1-1: Forschungsfragen und Methodik der Arbeit

1. Beschreibung

Grundlage einer methodologischen Auseinandersetzung ist die Beschreibung und Rekonstruktion des Forschungs- und Methodenprofils einer Disziplin. Dieses konkretisiert sich in den untersuchten Forschungsschwerpunkten, den gewählten Forschungsmethoden sowie der Anwendung der Forschungsmethoden, was sich im Untersuchungsdesign manifestiert. Daraus ergibt sich folgende Forschungsfrage (FF):

FF 1: Wie gestaltet sich das Profil der empirischen IKT-Wirkungsanalyse hinsichtlich der Forschungsschwerpunkte, Methodenwahl und Methodenanwendung?

Zur Rekonstruktion des Forschungs- und Methodenprofils der IKT-Wirkungsforschung wird eine großzahlige empirische Reviewanalyse durchgeführt und damit ein induktiver Erkenntnisweg gewählt.

2. Analyse

Ausgehend von der Rekonstruktion des Forschungs- und Methodenprofils der IKT-Wirkungsanalyse wird das Potenzial der eingesetzten Forschungsmethoden zur Erfüllung der mit der IKT-Wirkungsanalyse verbundenen inhaltlichen und methodischen Anforderungen beurteilt. Dabei werden folgende Forschungsfragen adressiert:

FF 2: *Inhaltliche Potenzialanalyse: Inwiefern verfügen die jeweiligen Forschungsmethoden über die relevanten Stellschrauben zur Untersuchung der verschiedenen Forschungsbereiche und damit zur Erfüllung der inhaltlichen Anforderungen der IKT-Wirkungsanalyse?*

FF 3: *Methodische Potenzialanalyse: Inwiefern verfügen die jeweiligen Forschungsmethoden über die relevanten Stellschrauben zur Erfüllung der methodischen Anforderungen der IKT-Wirkungsanalyse?*

Basis der inhaltlichen Potenzialanalyse sind die Ergebnisse der empirischen Reviewanalyse. Da sich in der Methodenliteratur keine ausreichenden theoretischen Aussagen zur inhaltlichen Eignung der Forschungsmethoden finden, ist dieser induktive Erkenntnisweg dem deduktiven vorzuziehen. Demgegenüber kann zur Durchführung der methodischen Potenzialanalyse auf allgemein gültige methodologische Regelsätze zurückgegriffen werden, aus denen sich das theoretische Methodenpotenzial deduktiv ableiten lässt.[18] Dieser deduktive Erkenntnisweg ist für eine methodologische Auseinandersetzung weit verbreitet.[19]

3. Gestaltung

Basierend auf den Ergebnissen der Potenzialanalyse lassen sich folgende Gestaltungsempfehlungen (GE) für die IKT-Wirkungsforschung ableiten:

GE 1: *Aus den Ergebnissen der inhaltlichen und methodischen Potenzialanalyse kann ein Handlungsmodell aufgestellt werden, das ex ante die Wahl einer geeigneten Forschungsmethode unterstützt, die den mit der IKT-Wirkungsanalyse verbundenen inhaltlichen und methodischen Anforderungen Rechnung trägt. Durch die empirische Überprüfung der tatsächlichen Methodenwahl kann das Handlungsmodell evaluiert werden.*

---

[18] Vgl. Gadenne (1997), S. 8.
[19] Vgl. Braun et al. (2004), S. 16.

GE 2: Aus den Ergebnissen der methodischen Potenzialanalyse kann ein Handlungsmodell aufgestellt werden, das ex post die Methodenanwendung unterstützt, so dass die methodische Güte der IKT-Wirkungsanalyse maximiert werden kann. Durch die empirische Überprüfung der tatsächlichen Methodenanwendung (Potenzialausschöpfung) können aus identifizierten Designlücken Gestaltungsempfehlungen zur Verbesserung der IKT-Wirkungsanalyse abgeleitet werden.

Damit basieren die Gestaltungsempfehlungen dieser Arbeit sowohl auf einer induktiven als auch auf einer deduktiven Aufarbeitung der Methodologie der IKT-Wirkungsanalyse.

1.3 Aufbau und Entstehungskontext der Arbeit

Vorliegende Arbeit gliedert sich in sechs Kapitel. Der sukzessive Aufbau der Kapitel sowie die daraus gewonnenen (Zwischen-)Ergebnisse sind in Abbildung 1-2 dargestellt.

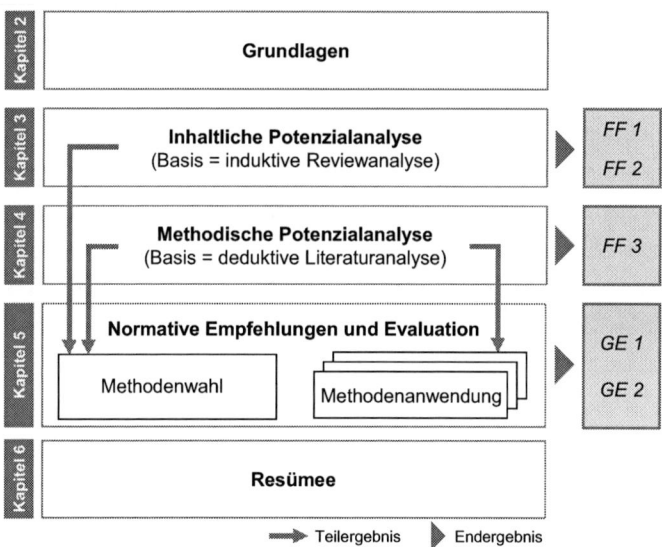

Abbildung 1-2: Aufbau der Arbeit

In Kapitel 2 erfolgt als Grundlage einer methodologischen Auseinandersetzung zunächst die Spezifikation des Forschungsansatzes der IKT-Wirkungsanalyse. Dazu wird der Forschungsansatz sowohl theoretisch aufgearbeitet (*Kapitel 2.1*) als auch in das fachliche Profil der Disziplin eingeordnet (*Kapitel 2.2*). Die theoretische Spezifikation orientiert sich dabei an dem zugrunde liegenden Wirkungsmodell, so dass die unabhängigen Variablen, die abhängigen Variablen, die dazwischen liegende Kausalbeziehung sowie das Forschungsziel definiert und klassifiziert werden. Diese Klassifikation geht in das Klassifikationsschema der im Rahmen der empirischen Reviewanalyse durchgeführten Inhaltsanalyse ein.

In *Kapitel 3* wird die inhaltliche Potenzialanalyse der Forschungsmethoden durchgeführt. Als Grundlage werden dazu in *Kapitel 3.1* zunächst die inhaltlichen Anforderungen der IKT-Wirkungsanalyse aufgeführt. In *Kapitel 3.2* wird dann die Methodik der empirischen Reviewanalyse erläutert, welche die Basis der inhaltlichen Potenzialanalyse darstellt. Basierend auf den induktiven Erkenntnissen der empirischen Reviewanalyse erfolgt in *Kapitel 3.3* die Rekonstruktion des Forschungs- und Methodenprofils der IKT-Wirkungsanalyse und davon ausgehend in *Kapitel 3.4* die kritische Analyse des inhaltlichen Potenzials der drei Forschungsmethoden. Die Erkenntnisse dieses Kapitels geben Antworten auf die 1. und 2. Forschungsfrage.

In *Kapitel 4* wird die methodische Potenzialanalyse der Forschungsmethoden durchgeführt. Dazu werden in *Kapitel 4.1* zunächst die methodischen Anforderungen der IKT-Wirkungsanalyse erläutert. In *Kapitel 4.2* erfolgt dann eine deduktive Aufarbeitung der relevanten Methodenliteratur, welche die Basis für die methodische Potenzialanalyse bildet. Basierend auf den im Rahmen der deduktiven Literaturaufarbeitung erhobenen methodischen Designkomponenten, die als Stellschrauben zur Erfüllung der methodischen Anforderungen fungieren, erfolgt dann in *Kapitel 4.3* die kritische Analyse des methodischen Potenzials der drei Forschungsmethoden. Anhand der Ergebnisse dieses Kapitels kann die 3. Forschungsfrage beantwortet werden.

Die Ergebnisse der inhaltlichen und methodischen Potenzialanalyse gehen in *Kapitel 5* ein, im Rahmen dessen normative Empfehlungen zur Methodenwahl und -anwendung bei der IKT-Wirkungsanalyse gegeben werden. In *Kapitel 5.1* wird ein Handlungsmodell zur Methodenwahl aufgestellt (Ideal), das in einem nächsten Schritt anhand der realen Methodenwahl empirisch evaluiert wird. In *Kapitel 5.2* wird ein Handlungsmodell zur Methodenanwendung aufgestellt (Ideal), das in einem nächsten Schritt der realen Methodenanwendung gegenübergestellt wird. Dadurch lassen sich aus den identifizierten Designlücken Gestaltungsempfehlungen zur Verbesserung der Methodenanwendung ableiten. Mit den Ergebnissen dieses Kapitels werden die beiden in vorliegender Arbeit verfolgten Gestaltungsziele erreicht.

Die Arbeit schließt in *Kapitel 6* mit einem Resümee, das die wesentlichen Erkenntnisse des Dissertationsprojekts zusammenfasst und einen Ausblick auf weitere Forschungsarbeiten in diesem Bereich gibt.

Vorliegende Dissertation entstand im Rahmen der Forschungsgruppe „Theorien und Methoden der WI" am Institut für Wirtschaftsinformatik und Neue Medien der Ludwig-Maximilians-Universität München unter Leitung von Prof. Dr. Thomas Hess. Diese Forschungsgruppe beschäftigt sich mit den theoretischen Bezugsrahmen und methodischen Grundlagen von WI und ISR. Die daraus gewonnenen Erkenntnisse dienen als Fundament für die Forschungsarbeiten am Institut, deren Fokus auf der Erklärung und Gestaltung von Digitalisierungsstrategien liegt.

In der ersten in dieser Forschungsgruppe entstandenen Dissertation untersucht WILDE (2008) die Eignung des Experiments als Forschungsmethode für die WI. Kern dieser Arbeit ist die Entwicklung experimenteller Basisdesigns für vier Anwendungsszenarien des Experiments in der WI. Mit vorliegender Arbeit soll ein weiterer methodischer Beitrag geleistet werden, indem handlungsleitende Empfehlungen zur Auswahl und Anwendung der Fallstudien-, Experimental- und Surveymethode im Bereich der IKT-Wirkungsforschung, einem wesentlichen Forschungsschwerpunkt der Disziplin, gegeben werden.

1.4 Thematische Einordnung und Stand der Forschung

Die in dieser Arbeit durchgeführte methodologische Auseinandersetzung mit der IKT-Wirkungsanalyse grenzt hauptsächlich an drei Forschungsstränge an.

Zunächst bilden Forschungsarbeiten, die empirische IKT-Wirkungsanalysen durchführen, den Betrachtungsschwerpunkt vorliegender Arbeit. Gegenstand dieser Studien können ganz unterschiedliche Fragestellungen sein. Zur Klassifikation der IKT-Wirkungsanalysen kann auf die nach wie vor gültige Einteilung nach SWANSON (1987) zurückgegriffen werden. Dementsprechend lassen sich individuums-, organisations- und marktbezogene IKT-Wirkungsanalysen unterscheiden.[20] Individuumsbezogene IKT-Wirkungsanalysen basieren oftmals auf den Grundgedanken der Technologieak-

---

[20] Vgl. Swanson (1987), S. 183.

zeptanzforschung. Im Vordergrund steht dabei die individuelle Wahrnehmung unterschiedlicher (Designkomponenten von) Anwendungssysteme(n) (AS). So untersuchen bspw. KAMIS/KOUFARIS/STERN (2008) verschiedene Arten von Entscheidungsunterstützungssystemen und KOMIAK/BENBASAT (2006) die Wahrnehmung zweier unterschiedlicher Personalisierungsagenten im E-Commerce-Bereich. Organisationsbezogene IKT-Wirkungsanalysen beziehen sich auf die IKT-bedingten Veränderungen im Management- und Leistungssystem eines Unternehmens. Dazu zählt bspw. die Fallstudie von SILVA/HIRSCHHEIM (2007), in der die Wirkungen einer AS-Implementierung auf die strukturellen Gestaltungsvariablen einer Organisation, wie Machtverteilung und Wertschöpfungsstruktur, untersucht werden. Betrachtungsschwerpunkt marktbezogener IKT-Wirkungsanalysen sind marktliche Strukturen und Austauschbeziehungen. Ein klassisches Beispiel ist die Arbeit von MALONE/YATES/BENJAMIN (1987), die eine transaktionskostentheoretische Analyse der IKT-Wirkung auf die Vorteilhaftigkeit verschiedener Koordinationsformen zum Gegenstand hat. Basierend auf diesen konzeptionellen Überlegungen führen HESS/KEMERER (1994) eine empirische Prüfung der „electronic markets hypothesis" im Kreditvergabemarkt durch.

Grundlage vorliegender Arbeit ist unter anderem eine empirische Analyse des Forschungs- und Methodenprofils der IKT-Wirkungsforschung. Damit grenzt vorliegende Arbeit an Forschungsarbeiten an, die sich mit dem Forschungs- und/oder Methodenprofil der Disziplin beschäftigen, wobei dazu häufig die Methodik der empirischen Reviewanalyse eingesetzt wird. In den Arbeiten von AGARWAL/LUCAS JR. (2005), ORLIKOWSKY/BARLEY (2001) und PALVIA/LEARY/MAO/MIDHA/PINJANI/SALAM (2004) wird ganz allgemein das Forschungsprofil des ISR aufgearbeitet, wobei die IKT-Wirkungsanalyse als wesentlicher Forschungsschwerpunkt der Disziplin definiert wird. Dazu verwenden PALVIA/LEARY/MAO/MIDHA/PINJANI/SALAM (2004) analog zu vorliegender Arbeit die Methodik der empirischen Reviewanalyse und werten die darin enthaltenen Artikel inhaltsanalytisch aus. Die Reviewanalysen von WILDE/HESS (2007) und ORLIKOWSKI/BAROUDI (1991) beziehen sich dagegen vorwiegend auf das Methodenprofil der Disziplin, wobei Surveys, Experimente und Fallstudien als die am häufigsten angewandten Forschungsmethoden des ISR identifiziert werden. Daneben gibt es auch Arbeiten, in denen das Forschungs- und Methodenprofil verbunden wird, um die Wahl der Methode auf den Forschungsbereich abstimmen zu können. Dazu zählen die argumentativ-deduktiven Arbeiten von FARBEY/TARGETT/ LAND (1994), GALLIERS (1992) und JENKINS (1991) sowie die meta-analytischen Reviews von KRAEMER/DUTTON (1991) und HAMILTON/IVES (1992). Da jeder Forschungsbereich mit sehr unterschiedlichen Zielsetzungen und Fragestellungen verbunden sein kann, ist ein generelles Matching zwischen den Forschungsbereichen und Methoden schwierig. Aus diesem Grund scheint es sinnvoll, anstelle eines generischen Abgleichs von Forschungsbereich und Methode ein spezielles Matching für einen einzelnen Bereich durchzuführen. Durch die intensive methodologische Aufarbeitung der IKT-Wirkungsforschung, die einen wesentlichen Forschungsbereich der Disziplin darstellt, soll mit vorliegender Arbeit dazu ein Beitrag geleistet werden.

Neben der empirischen Reviewanalyse erfolgt die methodologische Auseinandersetzung in vorliegender Arbeit auch anhand einer deduktiven Aufarbeitung der relevanten Methodenliteratur. Die theoretische Aufarbeitung grenzt damit an Arbeiten an, die sich mit der Methodologie im Allgemeinen oder der Kausalforschung im Speziellen beschäftigen. Da sich nahezu keine Arbeiten finden, die methodologische Regelsätze speziell für die IKT-Wirkungsforschung geben, was die Relevanz vorliegender Arbeit begründet, wird vorwiegend auf die allgemeine Methodenliteratur zurückgegriffen.

2 Grundlagen

2.1 Theoretische Spezifikation der IKT-Wirkungsanalyse

Grundlage einer methodologischen Auseinandersetzung mit dem Forschungsansatz der IKT-Wirkungsanalyse ist zunächst eine theoretische Spezifikation des Ansatzes (siehe dazu KINK/HESS (2008)). Aus diesem Grund werden, ausgehend von dem der IKT-Wirkungsanalyse zugrunde liegenden zweistufigen Wirkungsmodell, in den folgenden Abschnitten die unabhängigen und abhängigen Variablen sowie der dazwischen liegende Kausalzusammenhang näher erläutert (siehe Abbildung 2-1).

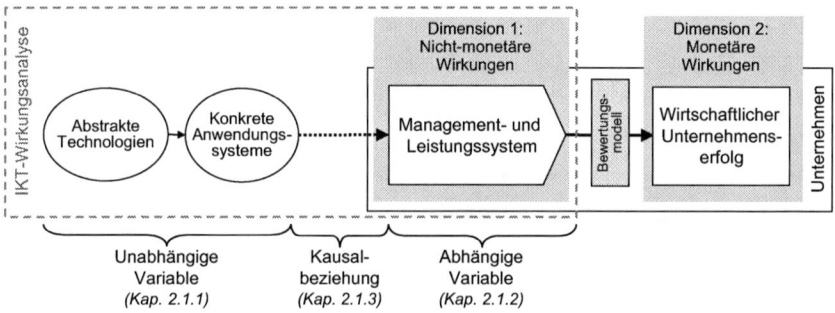

Abbildung 2-1: Zweistufiges IKT-Wirkungsmodell

Die Ursachen für unternehmensbezogene Veränderungen sind abstrakte Technologien (z. B. die Extensible Markup Language (XML)) oder deren Kombination in Form konkreter AS (z. B. ein Content-Management-System (CMS) eines speziellen Nutzers). Abstrakte Technologien bzw. konkrete AS stellen damit die unabhängigen Variablen des Wirkungsmodells dar. In der Literatur wird der Begriff IKT gängigerweise als Oberbegriff für die Informations- und Datenverarbeitung verwendet und umfasst daher sowohl abstrakte Technologien als auch konkrete betriebliche AS.[21]

Die Nutzung konkreter AS hat direkte Auswirkungen auf das Management- und Leistungssystem eines Unternehmens.[22] Das Management- und Leistungssystem stellt damit die abhängige Variable des Wirkungsmodells dar. Der Kausalzusammenhang

---

[21] Dieser weiten begrifflichen Fassung wird in vorliegender Arbeit gefolgt, soweit dies nicht explizit anders angegeben ist. So bezieht sich der Begriff IKT-Wirkungsanalyse sowohl auf abstrakte Technologien als auch auf konkrete AS.
[22] Vgl. DeLone/McLean (2003), S. 24.

zwischen den unabhängigen und abhängigen Variablen ist allerdings durch ein Zurechnungsproblem gekennzeichnet, d. h. die Wirkungen sind einer Technologie bzw. einem AS nur schwer zurechenbar (skizziert durch den gestrichelten Pfeil). Auf der Ebene des Management- und Leistungssystems entstehen die direkten IKT-Wirkungen. So können sich bspw. Aufgabenzuordnungen oder Produktmerkmale ändern. Diese direkten Wirkungen können qualitativ oder quantitativ beschreibbar sein, sind aber überwiegend nicht-monetärer Art. Um die IKT-induzierten Wirkungen zu monetarisieren, ist eine zweite Stufe des Quantifizierens notwendig. Denn erst durch die Anwendung von abstrakt-ökonomischen Bewertungsmodellen oder konkreten betriebswirtschaftlichen Kalkulationsverfahren (wie z. B. dem Ansatz der Total Cost of Ownership (TCO)) können die direkten nicht-monetären Wirkungen in monetäre Größen übertragen und damit die Veränderung des wirtschaftlichen Erfolgs bzw. der wertmäßigen Wirtschaftlichkeit[23] bestimmt werden.[24] Veränderungen der Wirtschaftlichkeit eines Unternehmens ergeben sich damit nicht direkt, sondern erst indirekt durch Monetarisierung der im Management- und Leistungssystem auftretenden Veränderungen und stehen damit nicht mehr im Fokus der IKT-Wirkungsanalyse (siehe Abbildung 2-1). Eine ähnliche Sichtweise auf die Wirkungsbeziehung zwischen IKT und wirtschaftlichem Unternehmenserfolg verfolgen bspw. BRYNJOLFSSON (2003); KLEIN (2004b), S. 93-94; SILVIUS (2006), S. 95, 97-98 und WIGAND/PICOT/REICHWALD (1997), S. 158-159.[25]

2.1.1 Unabhängige Variable: IKT

IKT sind definiert als die Gesamtheit der zur Speicherung, Verarbeitung und Übertragung von Informationen und Daten eingesetzten Ressourcen sowie die Art und Weise der Organisation dieser Ressourcen.[26] Die im Rahmen einer IKT-Wirkungsanalyse

---

[23] Als wertmäßige Wirtschaftlichkeit wird das Verhältnis zwischen dem in Geldeinheiten bewerteten Ertrag und Aufwand bezeichnet. Diese ist von der mengenmäßigen Wirtschaftlichkeit (oder Produktivität), definiert als Verhältnis zwischen dem in Mengeneinheiten bewerteten Output und Input, abzugrenzen.

[24] Vgl. Antweiler (1995), S. 56-58; Pietsch (2003), S. 15-17; Wöhe/Döring (2000), S. 46-48, 1087-1091.

[25] Ein weiterer, aus der Organisationsforschung stammender Ansatz, der sich nicht konkret auf IKT bezieht, aber auch eine mehrstufige Wirkungsbeziehung postuliert, ist das Aston-Konzept. Dem Konzept entsprechend wird über eine Veränderung der Variablen der Organisation und der Individuen letztlich eine Veränderung der kollektiven und individuellen Effizienz erreicht (vgl. Kieser/Kubicek (1992), S. 58).

[26] Vgl. Krcmar (2005), S. 27.

untersuchten unabhängigen Variablen können daher sehr unterschiedliche Ausprägungen haben, die in den folgenden Abschnitten erläutert und klassifiziert werden.

Zunächst können als die interessierende unabhängige Variable gemäß dem in Abbildung 2-1 dargestellten Wirkungsmodell entweder abstrakte Technologien oder deren Kombination in Form konkreter AS definiert werden (Technologiesicht). Ein weiteres Differenzierungsmerkmal der unabhängigen Variablen ist die Entwicklungsphase der untersuchten IKT. Diesbezüglich lässt sich unterscheiden, ob ein komplett entwickeltes System in seiner Gänze betrachtet wird oder verschiedene Systemkomponenten gegeneinander getestet werden. Neben der Technologiesicht und Entwicklungsphase kann auch die Unterstützungsebene der in der IKT-Wirkungsanalyse untersuchten IKT variieren. Je nach betrieblichem Einsatzgebiet können die IKT der operativen oder analytischen Ebene zugeordnet werden oder übergreifende Unterstützungsleistungen anbieten.

2.1.1.1 Technologiesicht

Technologien bzw. technologische Standards können zur Unterstützung der Datenspeicherung, -verarbeitung und -übertragung eingesetzt werden. Zu den Technologien der Datenspeicherung zählen die verschiedenen Varianten an Datenbanken und Datenbanksystemen, wozu auch die Datenspeicherung in Data Warehouses (DWH) zählt. Zur Beschreibung der gespeicherten Daten können verschiedene Standards, wie XML, eingesetzt werden. Der Zugriff auf die gespeicherten Daten kann direkt über einfache Datenbankabfragesprachen, wie die Structured Query Language (SQL), realisiert werden. Komplexe Analysen können durch analyseorientierte Technologien des On-Line Analytical Processing (OLAP) und Data Mining unterstützt werden.[27] Wichtige Technologien der Datenübertragung sind Rechnernetze, wobei insbesondere die Rechnernetzformen des Intra- bzw. Internets zu unterscheiden sind. Das Internet bildet eine wichtige Netzwerkinfrastruktur für die elektronische Datenübermittlung (EDI) im Rahmen von Geschäftstransaktionen. Häufig werden dabei XML-basierte EDI-Standards eingesetzt.[28]

AS sind IKT-basierte Systeme, die für ein konkretes betriebliches Aufgabengebiet entwickelt werden. AS beinhalten damit sowohl die zugrunde liegenden Technolo-

---

[27] Vgl. Gluchowski (2008), S. 93; Hansen/Neumann (2005b), S. 435-472.
[28] Vgl. Hansen/Neumann (2005a), S. 720-725.

gien als auch die Daten, die vom AS genutzt werden. Die Begriffe AS und Informationssystem (IS) werden in dieser Arbeit der gängigen Begriffsverwendung folgend synonym gebraucht, wobei darauf hingewiesen wird, dass AS definitionsgemäß nur den technologiebasierten Teil des umfassenden IS eines Unternehmens ausmachen.[29] Gängige im betrieblichen Umfeld eingesetzte AS werden in *Kapitel 2.1.1.3* vorgestellt.

2.1.1.2 Entwicklungsphase

Neben der Technologiesicht ist des Weiteren zu unterscheiden, ob komplett entwickelte AS (und unter Umständen auch Technologien) in ihrer Gänze betrachtet oder verschiedene Designkomponenten gegeneinander getestet werden. Im ersten Fall wird die unabhängige Variable meist als Blackbox aufgefasst, so dass die identifizierten IKT-Wirkungen nicht mehr einzelnen AS-Komponenten bzw. Technologien, sondern nur deren Kombination in einem ganzheitlichen AS zugeordnet werden können. Bei einer komponentenbasierten Betrachtung werden dagegen die Wirkungen verschiedener Designkomponenten isoliert untersucht. Dieser Betrachtung kommt vor allem in der Designphase der Softwareentwicklung hohe Bedeutung zu, wenn die Gestaltung betrieblicher AS im Vordergrund steht.

2.1.1.3 Unterstützungsebene

Entsprechend des betrieblichen Einsatzgebiets können operative und analytische Systeme unterschieden werden. Daneben gibt es auch Systeme, die weder eindeutig operativ noch analytisch ausgerichtet sind, sondern übergreifende Unterstützungsfunktionen bieten (siehe Abbildung 2-2).

---

[29] Vgl. Laudon et al. (2006), S. 31-32.

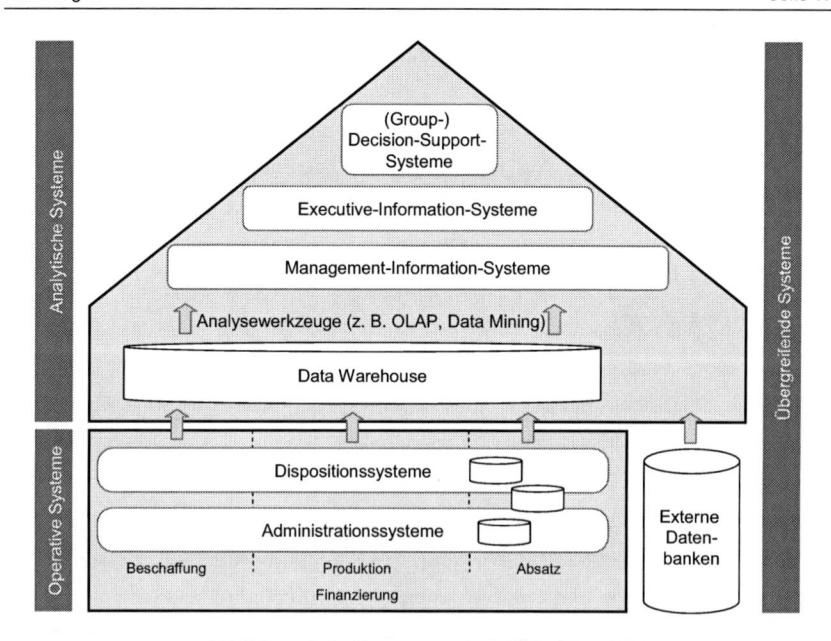

Abbildung 2-2: Unterstützungsebene der IKT

AS und Technologien auf operativer Ebene werden zur Unterstützung der täglichen betrieblichen Leistungsprozesse eines Unternehmens eingesetzt und können weiter in administrative und dispositive AS unterteilt werden. Während administrative AS[30] die Abwicklung von Geschäftstransaktionen unterstützen, übernehmen dispositive AS über die reine Administration hinaus Entscheidungsaufgaben bei diesen klar strukturierten Routinetätigkeiten. Operative AS spiegeln die funktionelle Gliederung eines Unternehmens wider und können sowohl funktionsbezogen als auch funktionsübergreifend ausgerichtet sein.

Die Unternehmensfunktion der Forschung und Entwicklung kann bspw. durch Systeme des Computer Aided Design (CAD) oder Computer Aided Engineering (CAE) unterstützt werden. Produktionsvorgänge können durch Systeme des Computer Aided Manufacturing (CAM) optimiert werden. Zur Vertriebsunterstützung werden Systeme des Computer Aided Selling (CAS) eingesetzt, wozu bspw. elektronische Produktkataloge (EPK) oder webbasierte Empfehlungssysteme bzw. Recommendation Agents (RA) zählen. Ein Beispiel für funktionsübergreifende AS sind Systeme

---

[30] Auch als Transaktionssysteme oder Online-Transaction-Processing-Systeme (OLTP-Systeme) bezeichnet.

des Computer Integrated Manufacturing (CIM), die sich auf die Funktionen Produktentwicklung, Produktion, Vertrieb und Lagerhaltung beziehen. Geht die Funktionsunterstützung über Unternehmensgrenzen hinaus, dann liegen Interorganizational-Information-Systeme (IOS) vor. Ein Beispiel für operative IOS sind Systeme des Supply Chain Management (SCM), die Lieferbeziehungen zwischen einem Unternehmen und seinen Lieferanten unterstützen. Geschäftstransaktionen zwischen einem Unternehmen und seinen Kunden werden durch Systeme des Electronic Commerce abgewickelt.[31]

Administrations- und Dispositionssysteme erfüllen nur insofern analytische Funktionen, als sie die Datengrundlage für die Analyse des gegenwärtigen und vergangenen Betriebsgeschehens bereitstellen.[32] Dagegen sind Planungs- und Kontrollsysteme direkt auf die Unterstützung des Managements ausgerichtet und können daher der analytischen Ebene zugeordnet werden. Derartige Systeme können auch synonym zu Management-Support-Systemen (MSS)[33] verstanden werden.[34] Grundlage für die Informationsversorgung und Entscheidungsunterstützung des Managements ist eine adäquate Datenbasis, wobei die internen Datenbestände auch um externe Datenquellen ergänzt werden können. Da die Bereitstellung entscheidungsrelevanter Informationen nur bedingt mit Hilfe von operativen Datenbasen möglich ist, wird die Datenbasis heutzutage zunehmend durch ein DWH realisiert. Durch den Aufbau eines DWH wird eine unternehmensweite und konsistente Datenbasis angestrebt, wozu die Daten aus den operativen Vorsystemen extrahiert und im DWH integriert, dauerhaft, zeitraumbezogen und themenorientiert gespeichert werden.[35] Die Analyse der im DWH gehaltenen Daten kann bspw. mit den Technologien OLAP und Data Mining erfolgen. Bei OLAP handelt es sich um eine Software-Technologie, die dem Anwender eine multidimensionale und problemorientierte Sichtweise auf das Datenmaterial erlaubt.[36] Ziel des Data Minings ist die Identifikation und Extraktion bisher unbekannter Zusammenhänge aus den Unternehmensdatenbeständen. Dabei wer-

---

[31] Vgl. Gluchowski (2008), S. 6-7; Hansen/Neumann (2005a), S. 90-95; Mertens (2004), S. 7, 12-13, 28-286; Mertens et al. (2005), S. 140-152.
[32] Vgl. Gluchowski (2008), S. 7.
[33] MSS werden gleichgesetzt mit Managementunterstützungssystemen und Executive-Support-Systemen bzw. Führungsunterstützungssystemen (vgl. Mertens/Griese (2002), S. 12).
[34] Vgl. Gluchowski (2008), S. 10.
[35] Vgl. Hess (2006b), S. 36-40; Mucksch/Behme (2000), S. 6-19.
[36] Vgl. Gluchowski (2008), S. 144-145; Hess (2006b), S. 57-62.

den unter anderem Ansätze aus der Statistik und der Künstlichen Intelligenz angewandt.[37]

Auf der Datenbasis des Unternehmens setzen verschiedene Klassen von MSS auf, die sich durch die Art und Weise der Informationshandhabung unterscheiden. Historisch gesehen stellen Management-Information-Systeme (MIS) die ersten Bestrebungen zur Daten- und Informationsversorgung des Managements dar. MIS erlauben es dem Management, detaillierte sowie verdichtete Informationen aus den operativen Vorsystemen zu extrahieren. Dabei verzichten MIS auf den Einsatz aufwendiger Modelle und Methoden der Problemstrukturierung und -lösung. Im Zeitablauf wurden verschiedene Ausprägungen von MIS realisiert und auch zum heutigen Zeitpunkt sind MIS weit verbreitet. Dabei handelt es sich heute in der Regel um Berichts- und Abfragesysteme, die durch periodische Datenbankabfragen Standardberichte mit einfachen Auswertungen generieren.[38] Eine Weiterentwicklung von MIS stellen Executive-Information-Systeme (EIS) dar, die vorwiegend die obere Führungsebene adressieren sollten. Da die Nutzung durch die ursprünglich anvisierten Adressaten allerdings eher die Ausnahme blieb, hat sich die adressatenspezifische Begriffsdifferenzierung in der Literatur nicht einheitlich durchgesetzt. Dennoch ist der EIS-Begriff mit einem besonderen Ansatz verbunden, nämlich der Bereitstellung ausgeprägter Kommunikationselemente.[39]

Während sich die eher datenorientierten MIS und EIS auf die Bereitstellung von Managementinformationen beziehen, beschäftigen sich Decision-Support-Systeme (DSS) mit der Nutzbarmachung dieser Managementinformationen für den Entscheidungsprozess. Aus diesem Grund sind DSS im Technologiehaus oberhalb der MIS und EIS anzusiedeln (siehe Abbildung 2-2). Ziel der DSS ist es, durch eine modell- und methodenorientierte Unterstützung des Planungs- und Entscheidungsprozesses von Individuen oder Gruppen (GDSS) die Entscheidungsqualität zu erhöhen. Bei wissensbasierten DSS (KBDSS) bzw. Expert-Support-Systemen (XSS) werden zusätzlich Techniken der Künstlichen Intelligenz angewandt, um die individuelle Problemlösungsstrategie abzubilden.[40]

---

[37] Vgl. Gentsch (2003), S. 15, 20-23; Gluchowski (2008), S. 15-16.
[38] Vgl. Gluchowski (2008), S. 55-62.
[39] Vgl. Chamoni/Gluchowski (1999), S. 8; Gluchowski (2008), S. 74-76; Hannig (1996), S. 1-2.
[40] Vgl. Gluchowski (2008), S. 63-65; Lassmann et al. (2006), S. 432, 435; Mertens/Griese (2002), S. 11-12.

Eine Kombination aus präsentations- und kommunikationsorientierten EIS und problemlösungsorientierten DSS stellen Executive-Support-Systeme (ESS) dar. Diese sind arbeitsplatzbezogen und gezielt auf Anwender- und Problemtypen ausgerichtet.[41]

Aufgrund des verstärkten Zusammenwachsens von operativen und analyseorientierten Systemen kann eine dritte Systemklasse eingeführt werden, die übergreifende Unterstützungsleistungen anbietet.[42] So bestehen bspw. die heutigen Systeme zur Unterstützung des Customer Relationship Management (CRM) oder Enterprise Ressource Planning (ERP) sowohl aus operativen als auch analytischen Komponenten.[43] Auch Methoden der Künstlichen Intelligenz, wie Expert-Systeme (XPS) oder Knowledge-based-Systeme (KBS), können sowohl auf analytischer als auch auf operativer Ebene eingesetzt werden.[44] Weitere Beispiele sind Knowledge-Management-Systeme (KMS) zur optimalen Wissensnutzung oder Group-Support-Systeme (GSS) zur Erleichterung der Zusammenarbeit (auch als Groupware oder Computer Supported Cooperative Work (CSCW) bezeichnet).[45] Zwei wesentliche Ansätze des CSCW sind dabei Workflow-Management-Systeme (WfMS) und (Work-)Group-Management-Systeme (GMS). Während WfMS fast ausschließlich standardisierte operative Geschäftsprozesse abwickeln, können GMS auch analytische kooperative Tätigkeiten einbeziehen.[46]

Bedingt durch die Vielschichtigkeit der Begriffsverwendungen ist eine eindeutige Systemzuordnung schwierig, weswegen sich die Klassifikation der untersuchten IKT in vorliegender Arbeit auf die Art ihres betrieblichen Einsatzes beschränkt. Damit werden die untersuchten IKT entweder der operativen, analytischen oder übergreifenden Ebene zugeteilt. In Tabelle 2-1 ist die Klassifikation der im Rahmen der IKT-Wirkungsanalyse untersuchten unabhängigen Variablen dargestellt. Dieses Klassifikationsschema geht in die im Rahmen der empirischen Reviewanalyse durchgeführte Inhaltsanalyse ein (siehe Kapitel 3.2).

---

[41] Vgl. Gluchowski (2008), S. 82-84.
[42] Vgl. Gluchowski (2008), S. 359.
[43] Vgl. Gluchowski (2008), S. 74; Hess (2006b), S. 14-17; Mertens (2004), S. 275.
[44] Vgl. Gluchowski (2008), S. 64-65; Mertens (2004), S. 12; Mertens et al. (2005), S. 79.
[45] Verbreitete CSCW-Anwendungen sind Kommunikations- und Kooperationsdienste, wie E-Mails, Chat-Dienste, textorientierte Web-Dienste (WiKis), Weblogs, Tele- bzw. Videokonferenzen, aber auch Electronic-Meeting-Systeme (EMS) und Brainstorming-Programme.
[46] Vgl. Gluchowski (2008), S. 104; Hansen/Neumann (2005a), S. 404-450.

Unabhängige Variable: IKT	
Merkmalsdimension	Merkmalsausprägung
Technologiesicht	
Technologie	Definition: Technologien und Standards der Datenspeicherung, -verarbeitung und -übertragung
	Beispiele: Datenbanken, DWH, XML, SQL, OLAP, Data Mining, EDI, Rechnernetze (Internet, Intranet etc.)
Anwendungssystem	Definition: IKT-basierte Systeme zur Unterstützung betrieblicher Aufgabengebiete
	Beispiele: KMS, CRM-Systeme, ERP-Systeme etc.
Entwicklungsphase	
Komplettes System	Definition: Komplette AS (bzw. IKT), deren Designkomponenten als Blackbox aufgefasst werden
	Beispiele: siehe AS-Beispiele
Designkomponenten	Definition: Designkomponenten von AS (bzw. IKT)
	Beispiele: Benutzeroberflächen (Grafik, Text, Multimedia), Personalisierungsgrade, Navigationsfunktionen, Datenbankabfragesprachen, Entscheidungsmodelle
Unterstützungsebene	
Operative Ebene	Definition: Technologien und AS zur Unterstützung des betrieblichen Leistungsprozesses
	CAD-Systeme, CAE-Systeme, CAS-Systeme, EPK, RA, CIM-Systeme, SCM-Systeme, EDI, Electronic-Business-/Commerce-Systeme, elektronische Märkte, WfMS
Analytische Ebene	Definition: Technologien und AS zur Unterstützung der Informationsversorgung des Managements zu Analysezwecken
	Beispiele: MIS, EIS, DSS, KBDSS/XSS, ESS, DWH, OLAP, Data Mining
Übergreifende Ebene	Definition: Übergreifende Technologien und AS, die weder eindeutig der operativen noch der Management-Support-Ebene zugeordnet werden können
	Beispiele: KMS, CRM-Systeme, ERP-Systeme, SIS, GSS/CSCW (E-Mail, WiKis, GMS, EMS etc.), Methoden der Künstlichen Intelligenz (XPS, KBS etc.), Datenbanken, Datenbanksysteme (inkl. SQL), IS/IT, IOS

Tabelle 2-1: Klassifikation der unabhängigen Variablen[47]

2.1.2 Abhängige Variable: IKT-Wirkungen

Wie bereits erläutert, sind die abhängigen Variablen der IKT-Wirkungsanalyse die direkten IKT-bedingten Veränderungen im Management- und Leistungssystem in und zwischen Unternehmen (siehe dazu Abbildung 2-1). Das Management- und Leistungssystem eines Unternehmens ist in Abbildung 2-3 dargestellt.

---

[47] Die Klassifikation ist angelehnt an Gluchowski (2008), Hansen/Neumann (2005a), Hansen/Neumann (2005b), Mertens (2004), Mertens/Griese (2002) und Mertens et al. (2005).

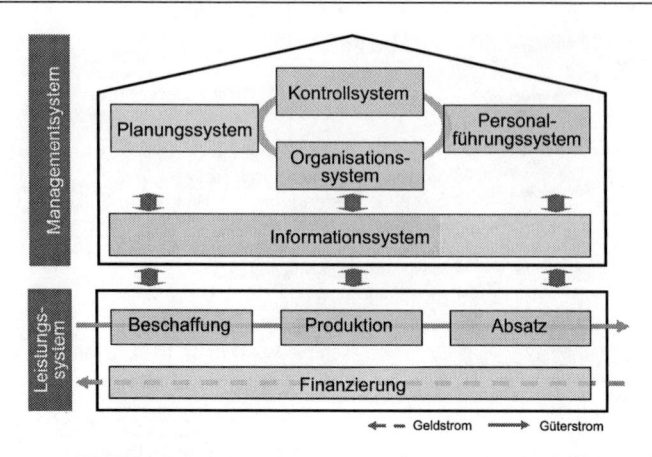

Abbildung 2-3: Management- und Leistungssystem[48]

Das Leistungs- bzw. Ausführungssystem bezieht sich auf die Wertschöpfungsaktivitäten zur Erstellung der betrieblichen Leistungen. Darunter fallen alle mit dem Güter- und Geldstrom des Unternehmens verbundenen Subsysteme, die unmittelbar dem Leistungsprozess zuzuordnen sind (wie bspw. Beschaffung, Produktion, Absatz, Investition und Finanzierung).[49] Die wichtigsten Aspekte des Leistungssystems eines Unternehmens sind in dessen Geschäftsmodell verankert.[50]

Das Management- bzw. Leitungssystem[51] umfasst alle Aufgaben zur Steuerung des Leistungsprozesses, wozu es entsprechende Informationen benötigt.[52] Die wichtigsten Teilsysteme des Managementsystems sind damit das Informations-, Organisations-, Personalführungs- sowie das Planungs- und Kontrollsystem.[53] Diese einzelnen Teilsysteme sind interdependent und nicht überschneidungsfrei. Da das Informationssystem sämtliche Güter- und Geldbewegungen aufzeichnet und überwacht, kann es als Bindeglied zwischen Management- und Leistungssystem betrachtet werden.[54]

---

[48] In Anlehnung an Küpper (2005), S. 30; Schumann/Hess (2006), S. 191; Wöhe/Döring (2000), S. 347.
[49] Vgl. Schumann/Hess (2006), S. 191; Wöhe/Döring (2000), S. 11.
[50] Vgl. Hess (2006a), S. 1.
[51] Von dem hier definierten übergreifenden Managementsystem muss das Leitungssystem i. e. S. abgegrenzt werden. Letzteres bezieht sich als Gestaltungsvariable der Organisationsstruktur auf die Verteilung der Entscheidungs- und Weisungsbefugnisse sowie der Aufsichtspflichten und Kontrollrechte im Unternehmen (vgl. Kieser/Kubicek (1992), S. 73-74, 126-127; Schierenbeck (2000), S. 108-113).
[52] Vgl. Greschner/Zahn (1992), S. 9.
[53] Vgl. Küpper (2005), S. 30; Schierenbeck (2000), S. 103-104; Schumann/Hess (2006), S. 191-192.
[54] Vgl. Wöhe/Döring (2000), S. 234-235.

Grundlagen   Seite 23

Die Abstimmung und Koordination dieser Teilsysteme ist Aufgabe des Controllings. Aufgrund seines Unterstützungs- und Querschnittscharakters ist das Controllingsystem daher nicht als eigenständiges Teilsystem aufgeführt.

Durch den Einsatz von IKT können viele Veränderungen im Management- und Leistungssystem entstehen, die unterschiedliche Reichweiten aufweisen. Daher werden im Folgenden die wichtigsten Wirkungsarten und Wirkungsebenen klassifiziert, die als abhängige Variablen in die IKT-Wirkungsanalyse eingehen können.

2.1.2.1 Wirkungsart

Die im Management- und Leistungssystem eines Unternehmens entstehenden Veränderungen werden in der Literatur auf unterschiedliche Weise klassifiziert. Ein gängiger Klassifikationsansatz ist die auf ANTHONY (1965) zurückgehende Einteilung in operative (und taktische) sowie strategische IKT-Wirkungen. Während sich die operativen IKT-Wirkungen auf die Erstellung der betrieblichen Leistungen beziehen, entstehen die taktischen IKT-Wirkungen beim Management dieses Leistungsprozesses. Da sich sowohl die operativen als auch die taktischen Wirkungen auf den betrieblichen Leistungsprozess beziehen, werden sie häufig zusammengefasst. Operative und taktische Wirkungen sind bspw. Veränderungen von Kosten, Durchlaufzeiten, Flexibilität, Effizienz und Produktivität, aber auch Wirkungen auf Steuerungs- und Kontrollmechanismen oder Qualitätsveränderungen von Produkten oder Entscheidungen. Diese im Rahmen der Durchführung und Steuerung von Geschäftsvorgängen auftretenden Änderungen sind meist quantitativ messbar. Strategische Veränderungen dagegen beziehen sich auf die langfristige Ausrichtung eines Unternehmens und sind vorwiegend qualitativer Art. Darunter fallen bspw. Wirkungen auf das Leistungsangebot, die Wettbewerbsposition oder Innovationsfähigkeit eines Unternehmens.[55]

Der IKT-Einsatz kann des Weiteren inner- oder überbetriebliche strukturelle Veränderungen nach sich ziehen.[56] Zu den innerbetrieblichen strukturellen Veränderungen des Management- und Leistungssystems zählen Veränderungen der Aufbau- und Ablauforganisation eines Unternehmens. Eine veränderte Aufbauorganisation äußert sich bspw. durch eine neue Verteilung von Aufgaben oder Entscheidungs- und Wei-

---

[55] Siehe dazu bspw. Fearon/Phillip (1998), S. 16; Murphy/Simon (2002), S. 307; Shang/Seddon (2002), S. 277; Wigand et al. (2005), S. 172.
[56] Vgl. Swanson (1987), S. 191-192.

sungsrechten. Eine veränderte Ablauforganisation ergibt sich bspw. durch einen IKT-bedingten strukturellen Wandel der Leistungs- und Abstimmungsprozesse.[57] Ein Wandel dieser organisatorischen Gestaltungsvariablen kann zu einer Reorganisation der kompletten Organisationsstruktur und -form führen.[58] Überbetriebliche strukturelle Veränderungen können neue Kooperations- oder Marktstrukturen sein, die sich bspw. in einer Disintermediation oder Marktkonsolidierung äußern.

Von diesen direkt aus dem IKT-Einsatz resultierenden Veränderungen kann indirekt auch der wirtschaftliche Erfolg eines Unternehmens betroffen sein. Da diese indirekten monetären Veränderungen nicht mehr Gegenstand der in vorliegender Arbeit definierten IKT-Wirkungsanalyse sind (siehe Abbildung 2-1), werden Untersuchungen, die sich rein auf die Veränderung des wirtschaftlichen Erfolgs beziehen, ausgeklammert. Allerdings können die indirekten monetären Veränderungen im Rahmen von IKT-Wirkungsanalysen auch als Nebeneffekt betrachtet werden, weswegen diese der Vollständigkeit halber in das Klassifikationsschema aufgenommen werden.

2.1.2.2 Wirkungsebene

Die im vorangegangenen Abschnitt erläuterten IKT-bedingten Veränderungen können auf verschiedenen Ebenen in und zwischen Unternehmen auftreten. Zu unterscheiden ist zwischen isolierten Auswirkungen auf ein Individuum bzw. einen Arbeitsplatz, Veränderungen in einer Abteilung oder einem Subsystem innerhalb des Unternehmens und Wirkungen auf das gesamte Unternehmen. Neben diesen innerbetrieblichen Veränderungen können auch Wirkungen auf zwischenbetrieblicher Ebene oder Industrie- bzw. Marktebene entstehen.[59]

In Tabelle 2-2 ist die Klassifikation der im Rahmen von IKT-Wirkungsanalysen untersuchten abhängigen Variablen dargestellt. Dieses Klassifikationsschema ist Grundlage der in der empirischen Reviewanalyse durchgeführten Inhaltsanalyse (siehe *Kapitel 3.2*).

---

[57] Vgl. Schulte-Zurhausen (2002), S. 14.
[58] Vgl. Agarwal/Lucas Jr. (2005), S. 392-393; Liedtke (1991).
[59] Vgl. Agarwal/Lucas Jr. (2005), S. 391; Linß (1995), S. 38.

Abhängige Variable: IKT-Wirkungen

Merkmalsdimension		Merkmalsausprägung
		Wirkungsart
Direkt	Operative, taktische Wirkungen	Definition: Veränderungen, die sich auf die Ausführung und das Management von Leistungsprozessen beziehen
		Beispiele: Kosten, Zeit, Effizienz, Produktivität, operative Leistung, Qualität (Daten, Produkte, Entscheidungen etc.), Wissenserwerb
	Strategische Wirkungen	Definition: Veränderungen, die sich auf die langfristige strategische Ausrichtung des Unternehmens beziehen
		Beispiele: Wettbewerb, Marktmacht/-wachstum, Innovationsfähigkeit, Produkt-/Leistungsangebot, Unternehmenskultur
	Strukturelle Wirkungen	Definition: Veränderungen der inner- oder zwischenbetrieblichen Aufbau- bzw. Ablauforganisation
		Beispiele: Aufgabenverteilung, Entscheidungs- und Weisungsrechte, Programmierung
	Humanbezogene Wirkungen[60]	Definition: Psychologische Veränderungen der Humansituation
		Beispiele: Zufriedenheit, Akzeptanz, Einstellung, Motivation, Stress
Indirekt	Monetäre Wirkungen[61]	Definition: In Geldeinheiten bewertete wirtschaftliche Erfolgsgrößen
		Beispiele: monetärer Aufwand/Ertrag, Gewinn, Rentabilität (Return on Investment), Net Present Value
		Wirkungsebene
Individuums-/Arbeitsplatzebene		Definition: Isolierte Auswirkungen, die dem einzelnen Arbeitsplatz direkt zugerechnet werden können
		Beispiele: Produktivität oder Entscheidungsqualität einzelner Mitarbeiter
Bereichs-/Abteilungsebene		Definition: Auswirkungen auf eine Abteilung oder ein Subsystem innerhalb des Unternehmens
		Beispiele: Gruppenzusammenarbeit, -kommunikation, -entscheidungen
Unternehmensebene		Definition: Auswirkungen auf das gesamte Unternehmen
		Beispiele: Produktivität, Unternehmensstrategie
Zwischenbetriebliche Ebene		Definition: Auswirkungen über Unternehmensgrenzen hinweg im Rahmen zwischenbetrieblicher Kooperationen
		Beispiele: Zusammenarbeit zwischen Kooperationspartnern bspw. in einer Supply Chain
Industrie-/Marktebene		Definition: Überbetriebliche Auswirkungen auf eine Industrie bzw. einen Markt
		Beispiele: Marktkonsolidierung, Disintermediation

Tabelle 2-2: Klassifikation der abhängigen Variablen

---

[60] Die Kategorie der humanbezogenen Wirkungen wurde im Laufe der empirischen Reviewanalyse induktiv ergänzt. Darunter werden IKT-bedingte psychologische Veränderungen bei Systemanwendern subsumiert (vgl. Krcmar (2003), S. 336; Pietsch (2003), S. 30).

[61] Monetäre Wirkungen sind nicht überschneidungsfrei mit den restlichen Kategorien, da bspw. eine Leistungssteigerung auf operativer Ebene durch monetäre Größen quantifiziert werden kann.

2.1.3 Kausalität

Der Kausalzusammenhang zwischen den im Unternehmen eingesetzten IKT und den Veränderungen im Management- und Leistungssystem kann grundsätzlich unterschiedliche Ausprägungen haben. Aus diesem Grund muss der im Rahmen der IKT-Wirkungsanalyse angenommene Kausalzusammenhang näher spezifiziert werden.[62] Nach MARKUS/ROBEY (1988) bilden die Faktoren Kausalbeziehung, Analyseebene und logische Struktur die wesentlichen Determinanten eines Kausalzusammenhangs.[63]

2.1.3.1 Kausalbeziehung

Die Kausalbeziehung legt fest, welche Variable als die unabhängige und welche als die abhängige gilt. Im Rahmen der Erforschung von Technologien und unternehmerischem Wandel kann die Analyse dem technologischen Imperativ, dem organisatorischen Imperativ oder der emergenten Perspektive folgen.

Die Perspektive des technologischen Imperativs ist in Abbildung 2-4 dargestellt.

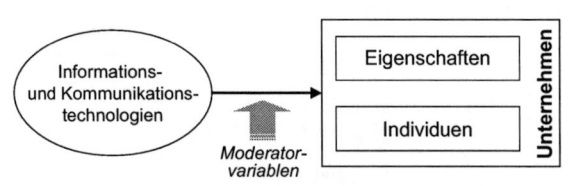

Abbildung 2-4: Technologischer Imperativ[64]

Die zentrale Annahme dieses Ansatzes ist es, dass die im Unternehmen eingesetzten IKT als exogener Einflussfaktor und damit als unabhängige Variable die Eigenschaften des Unternehmens (z. B. Organisationsstruktur, Unternehmensleistung und -größe)[65] sowie das Verhalten der Organisationsmitglieder (z. B. Arbeitszufriedenheit und -leistung) beeinflussen – also wirken. Methodische Prämisse ist, dass die organisatorischen und individuellen Variablen messbar und damit vorhersehbar sind. Die Perspektive des technologischen Imperativs schließt dabei nicht aus, dass moderie-

---

[62] Vgl. Orlikowski (1992), S. 398; Potthof (1998), S. 55.
[63] Vgl. Markus/Robey (1988), S. 584.
[64] Eigene Darstellung in Anlehnung an Markus/Robey (1988), S. 586; Orlikowski (1992), S. 400.
[65] In der Literatur wird vordergründig die IKT-Wirkung auf die Organisation eines Unternehmens (im Sinne des instrumentellen Verständnisses) betrachtet. Der Betrachtungsbereich der in vorliegender Arbeit definierten IKT-Wirkungsanalyse ist allerdings weiter gefasst und umfasst das komplette Management- und Leistungssystem eines Unternehmens.

rende Variablen die Beziehung zwischen IKT und Unternehmen beeinflussen können.[66]

Im Gegensatz zum technologischen Imperativ sieht der organisatorische Imperativ[67] das Unternehmen und dessen Mitglieder (insbesondere Manager und Systementwickler) als die die Technologie beeinflussende unabhängige Variable an (siehe Abbildung 2-5).

```
┌─────────────────────┐
│   Eigenschaften     │          ┌──────────────────┐
│         ↓           │ Unternehmen │  Informations-   │
│     Ziele der       │──────────→│  und Kommunikations-│
│    Entscheider      │          │    technologien   │
└─────────────────────┘          └──────────────────┘
```

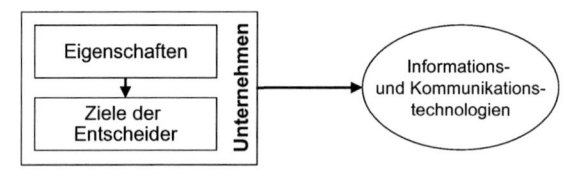

Abbildung 2-5: Organisatorischer Imperativ[68]

Gemäß diesem Ansatz wird die IKT zielgerichtet ausgewählt, um organisatorische Informationsbedürfnisse zu befriedigen und dementsprechend wird dem Unternehmen die uneingeschränkte Kontrolle über die IKT und deren Folgen zugesprochen.[69] Diese Perspektive ist allerdings nur dann sinnvoll, wenn überhaupt technologische Gestaltungsspielräume bestehen.[70] Einige Forschungsarbeiten beschäftigen sich daher im Sinne dieses Imperativs mit der Frage, ob auch bei Einführung von Standardsoftware Gestaltungsspielräume seitens der Anwender vorliegen.[71]

Die emergente Perspektive[72] postuliert keine unidirektionale Kausalbeziehung zwischen Unternehmen und IKT, sondern ein dynamisches Zusammenspiel, das als Ursache für Veränderungen betrachtet wird. Dementsprechend resultieren Technologienutzung und -folgen aus der komplexen Interaktion von Individuen und Ereignissen und sind daher schwierig prognostizierbar.[73] Das Strukturationsmodell der Technologie nach ORLIKOWSKI (1992) versinnbildlicht die emergente Perspektive (siehe

---

[66] Vgl. Markus/Robey (1988), S. 585-587; Orlikowski (1992), S. 400; Pinsonneault/Kraemer (1993a), S. 278-280.
[67] Auch als *managerial choice* oder *strategic choice* bezeichnet (vgl. z. B. Jasperson et al. (2002), S. 406; Loebbecke (2006), S. 363; Orlikowski (1992), S. 400-402).
[68] Eigene Darstellung in Anlehnung an Markus/Robey (1988), S. 586; Orlikowski (1992), S. 399-401.
[69] Vgl. Markus/Robey (1988), S. 586-597; Orlikowski (1992), S. 399-401; Pinsonneault/Kraemer (1993a), S. 280-281.
[70] Vgl. Wall (1996), S. 53, 55.
[71] Siehe dazu bspw. Buxmann/König (1997).
[72] Auch als interaktionsbezogene Perspektive bezeichnet (vgl. Wall (1996), S. 53).
[73] Vgl. Loebbecke (2006), S. 362-363; Markus/Robey (1988), S. 585-589.

Abbildung 2-6).[74] Theoretische Grundlage des Modells ist die Strukturationstheorie nach GIDDENS (1979).

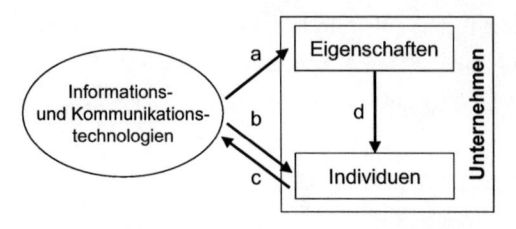

Abbildung 2-6: Emergente Perspektive[75]

Die Pfeile a und b des Strukturationsmodells entsprechen der Wirkungsrichtung des technologischen Imperativs. IKT wirken auf das menschliche Verhalten und die Eigenschaften eines Unternehmens. Entscheidend ist allerdings, dass die Beziehung zwischen IKT und Individuen (IKT-Entwickler, IKT-Nutzer und Entscheidungsträger) zweiseitig formuliert wird. Da IKT von Individuen entwickelt und genutzt werden, sind sie Resultat des menschlichen Handelns (c). Das menschliche Handeln wird wiederum durch Eigenschaften des Unternehmens (z. B. Normen, Ressourcen, Wissensstand) beeinflusst (d). Das Strukturationsmodell nimmt also an, dass die IKT-Wirkungen auch von den Motiven und Handlungen der Systementwickler, der Fähigkeit und Autonomie der Nutzer sowie der Einbettung in den institutionellen Kontext abhängen.[76]

Dem in dieser Arbeit definierten Forschungsansatz der IKT-Wirkungsanalyse liegt die Annahme von IKT-induzierten Wirkungen zugrunde. Dementsprechend kann die Kausalbeziehung gemäß dem technologischen Imperativ oder dem Strukturationsmodell formuliert werden. Die Perspektive des organisatorischen Imperativs widerspricht dem Forschungsansatz, da sie die IKT nicht als unabhängige, sondern als abhängige Variable definiert.

2.1.3.2 Analyseebene

Die Analyseebene steht in engem Zusammenhang zu der in einer IKT-Wirkungsanalyse untersuchten Wirkungsebene (siehe *Kapitel 2.1.2.2*). In den meisten Fällen ist die untersuchte Analyseebene mit der interessierenden Wirkungsebene

---

[74] Vgl. Jasperson et al. (2002), S. 406.
[75] Eigene Darstellung in Anlehnung an Orlikowski (1992), S. 410.
[76] Vgl. Orlikowski (1992), S. 409-412; Orlikowski/Robey (1991), S. 151-157.

identisch. Allerdings kann es auch vorkommen, dass diese voneinander abweichen. So können bspw. zur Erforschung der IKT-Wirkungen auf Unternehmensebene (Wirkungsebene = Unternehmen) einzelne Individuen befragt werden (Analyseebene = Individuum). Die individuellen Aussagen würden in diesem Fall verdichtet werden, um auf diese Weise die Wirkungen auf Unternehmensebene bestimmen zu können.[77] Aus diesem Grund ist es nicht nur notwendig, die Wirkungsebene zu definieren, sondern auch die Analyseebene, durch welche die Wirkungsebene „repräsentiert" wird.

Je nach untersuchter Analyseebene muss auf unterschiedliche Theorien zurückgegriffen werden. Theorien auf Mikroebene formulieren Kausalbeziehungen zwischen IKT und Individuen bzw. kleinen Gruppen. Diese Sicht stellt das Individuum in den Mittelpunkt der Untersuchung und wird vorwiegend von Sozialpsychologen und Mikroökonomen verfolgt. Theorien auf Makroebene formulieren Kausalbeziehungen zwischen IKT und Unternehmen bzw. Gesellschaft, was der Analyse großzahliger Kollektive bedarf. Daneben ist auch eine Kombination von Mikro- und Makroebene möglich, die insbesondere bei der Erforschung des IKT-induzierten organisatorischen Wandels sinnvoll sein kann.[78]

2.1.3.3 Logische Struktur

Die logische Struktur[79] einer Kausalbeziehung spezifiziert das hypothetisierte Verhältnis zwischen unabhängiger und abhängiger Variable. Aus Sicht von Varianz- bzw. Kausalmodellen wird ein verursachender Einflussfaktor unterstellt und dieser als notwendige und zugleich hinreichende Bedingung für das Auftreten der abhängigen Variablen betrachtet. Aus Sicht von Prozessmodellen wird die unabhängige Variable zwar als notwendige, aber nicht als hinreichende Bedingung für das Auftreten der abhängigen Variablen betrachtet. Da bei Fehlen hinreichender Bedingungen keine Wirkungen vorhergesagt werden können, kann bei Annahme von Prozessmodellen Erkenntnis nur durch das Verständnis der zugrunde liegenden Prozesse erlangt werden. Während man mit Prozessmodellen also erklärt, wie sich die Wirkungen im Zeitablauf verändern, liegt der Fokus bei Kausalmodellen auf der Vorhersage der Wirkungen über gleichzeitig auftretende Prädiktorvariablen. Prozessmodelle sind

---

[77] Vgl. Pinsonneault/Kraemer (1993b), S. 84; Schnell et al. (2005), S. 271.
[78] Vgl. Mantel (1989), S. 91-93; Markus/Robey (1988), S. 593-595.
[79] Auch als Erklärungsansatz bezeichnet (vgl. Wall (1996), S. 50).

durch den Einbezug dynamischer Komponenten daher analog zu Längsschnittsstudien und Varianzmodelle analog zu Querschnittsstudien zu betrachten.[80]

Die Analyseebene und logische Struktur der IKT-Wirkungsanalysen werden in der empirischen Reviewanalyse im Rahmen der Klassifikation der Methodenanwendung erhoben. Da die Richtung der Kausalbeziehung meist nicht explizit angegeben ist, wird dieses Kriterium nicht in die Klassifikation aufgenommen. Allerdings kann die Kausalbeziehung definitionsgemäß nur dem technologischen Imperativ bzw. der emergenten Perspektive folgen.

2.1.4 Forschungsziel

Das mit einer IKT-Wirkungsanalyse verfolgte Forschungsziel lässt sich hinsichtlich des verfolgten Erkenntnisinteresses und des angestrebten Gültigkeitsanspruchs der gewonnenen Erkenntnisse näher charakterisieren. Beide Kriterien bestimmen dabei den grundsätzlichen Charakter einer Forschungsarbeit.

Bezogen auf das Erkenntnisinteresse können zunächst deskriptiv und explanativ ausgerichtete Forschungsarbeiten unterschieden werden. Rein deskriptive Arbeiten dienen der Beschreibung von Phänomenen bzw. abhängigen Variablen und lassen dabei die verursachenden Variablen und damit die Kausalbeziehungen außer Acht. Demgegenüber betrachten explanative Forschungsarbeiten neben den abhängigen auch die unabhängigen Variablen und beziehen damit explizit die zwischen den Variablen existierenden Kausalbeziehungen ein.[81] Da der Forschungsgegenstand von IKT-Wirkungsanalysen die durch den Einsatz von IKT entstehenden Veränderungen sind, bedingt dies eine Untersuchung sowohl der unabhängigen als auch der abhängigen Variablen sowie der zwischen diesen bestehenden Kausalbeziehungen. Dementsprechend verfolgen IKT-Wirkungsanalysen per se ein explanatives Erkenntnisinteresse und können nie rein deskriptiv ausgerichtet sein. Die deskriptive Variablenbeschreibung kann höchstens als nebensächliches Forschungsziel aufgefasst werden.

Das mit einer IKT-Wirkungsanalyse verfolgte explanative Erkenntnisinteresse kann in Abhängigkeit des theoretischen Vorwissens über die Kausalzusammenhänge allerdings divergieren. Liegt bereits Vorwissen über die potenziellen IKT-Wirkungen vor,

---

[80] Vgl. DeLone/McLean (2003), S. 15-16; Markus/Robey (1988), S. 589-593.
[81] Vgl. De Vaus (1995), S. 27-31; Hyman (1955), S. 66-68.

so dass geschlossene Hypothesen über vermutete Kausalzusammenhänge aufgestellt werden können, dann werden IKT-Wirkungsanalysen zur Strukturprüfung bzw. Theorieprüfung[82] eingesetzt. Strukturprüfende IKT-Wirkungsanalysen stellen damit Falsifizierungsversuche geschlossener Hypothesen dar. Demgegenüber dienen strukturentdeckende bzw. theoriebildende IKT-Wirkungsanalysen der Untersuchung offener Hypothesen oder Forschungsfragen, in denen die Art der Wirkungsbeziehung nicht näher spezifiziert ist. Ziel ist in diesem Fall die Entdeckung bzw. Exploration möglichst aller ex ante unbekannter IKT-Wirkungen.[83]

Das zweite Kriterium ist der angestrebte Geltungsbereich einer IKT-Wirkungsanalyse. Hierbei kann grundsätzlich unterschieden werden, ob die Untersuchungsbefunde einen kleinen oder einen hohen Gültigkeitsanspruch haben. Bei ersterem steht die Gültigkeit der Untersuchungsbefunde für den untersuchten Objektbereich im Vordergrund, so dass diese nicht auf andere Personen, Situationen und/oder Zeitpunkte übertragen werden müssen. Ist es bspw. Ziel der IKT-Wirkungsanalyse, den IKT-Einsatz in einem speziellen Unternehmen zu evaluieren, dann müssen die Untersuchungsbefunde nicht zwingend für andere Einsatzkontexte gültig sein. Besteht dagegen ein hoher Gültigkeitsanspruch, dann steht die Generalisierbarkeit bzw. externe Validität der Ergebnisse im Vordergrund. Beide Formen markieren die Extreme eines Kontinuums, so dass mehrere Abstufungen denkbar sind.[84]

In Tabelle 2-3 ist das Klassifikationsschema des im Rahmen der IKT-Wirkungsanalyse verfolgten Forschungsziels dargestellt, das in die empirische Reviewanalyse eingeht (siehe *Kapitel 3.2*). Da der angestrebte Gültigkeitsbereich bei Durchführung von IKT-Wirkungsanalysen häufig nicht explizit angegeben ist, wird dieses Kriterium allerdings aus der empirischen Erhebung ausgeschlossen.

---

[82] Im engen Sinne wird das explanative Forschungsziel mit einer Strukturprüfung gleichgesetzt (siehe dazu bspw. Bortz/Döring (2002), S. 55). Im weiteren Sinne kann aber auch mit der Strukturentdeckung ein explanatives Forschungsziel verfolgt werden. Dies ist dann der Fall, wenn die Entdeckung von Ursachen oder Wirkungen im Rahmen von Kausalanalysen im Vordergrund steht (siehe dazu bspw. De Vaus (1995), S. 29, 34).

[83] Vgl. Bortz/Döring (2002), S. 17, 34-35; De Vaus (1995), S. 29-31; Schulz, S. 114-118; Zmud et al. (1989), S. 97.

[84] Vgl. Atteslander/Cromm (2006), S. 64; Bortz/Döring (2002), S. 56-57.

Forschungsziel	
Merkmalsdimension	Merkmalsausprägung
Erkenntnisinteresse	
Strukturentdeckend/theoriebildend	Untersuchung offener Forschungsfragen zur Entdeckung ex ante nicht determinierter IKT-Wirkungen
Strukturprüfend/theorieprüfend	Untersuchung geschlossener Hypothesen zur Überprüfung ex ante determinierter IKT-Wirkungen
Gültigkeitsanspruch	
Kleiner Geltungsbereich	Begrenzter Gültigkeitsanspruch der Untersuchungsbefunde (spezielle Erkenntnis)
Großer Geltungsbereich	Hoher Gültigkeitsanspruch der Untersuchungsbefunde (allgemeine Erkenntnis)

Tabelle 2-3: Klassifikation des Forschungsziels

2.2 Fachliche Spezifikation der IKT-Wirkungsanalyse

Zur Positionierung des Forschungsansatzes findet in den folgenden Abschnitten auch eine fachliche Einordnung der IKT-Wirkungsanalyse statt (siehe hierzu auch KINK/HESS (2008)). Dazu wird der Ansatz der IKT-Wirkungsanalyse zunächst in das Selbstverständnis der WI eingeordnet. In einem zweiten Schritt wird der Ansatz von ähnlichen, in angrenzenden Disziplinen verbreiteten Forschungsansätzen abgegrenzt.

2.2.1 Einordnung in das Selbstverständnis der WI

Das Selbstverständnis einer Disziplin ist im betrachteten Gegenstandsbereich, der mit den wissenschaftlichen Untersuchungen verfolgten Zielsetzungen und den verwendeten Forschungsmethoden manifestiert. Im Folgenden wird der Forschungsansatz der IKT-Wirkungsanalyse daher sowohl in den Gegenstandsbereich als auch in die Forschungsziele und -methoden der WI eingeordnet.

Erkenntnis- und Gestaltungsobjekt der WI sind betriebliche Informations- und Kommunikationssysteme (IKS) und deren Anwendungsbereiche.[85] Im Vordergrund der Betrachtung steht dabei der computergestützte Teil der IKS, nämlich die betrieblichen AS.[86] Gleichzeitig versteht sich die WI als Fach an der Schnittstelle zwischen Betriebswirtschaftslehre (BWL) und Informatik. Fasst man diese beiden Überlegungen zusammen, dann ergeben sich die in Abbildung 2-7 skizzierten Gegenstandsbe-

---

[85] Vgl. WKWI (1994), S. 80.
[86] AS zählen (neben Sprachen, Modellen und Methoden) zu den Artefakten der WI. Artefakte sind Produkte, die im Rahmen von Analyse, Entwurf und Implementierung von IKS entstehen oder zum Einsatz kommen (vgl. Becker/Pfeiffer (2006), S. 2; Hevner et al. (2004), S. 77).

reiche der WI.[87] Demnach sind das Informationsmanagement, die Analyse der von AS hervorgerufenen Veränderungen sowie die fachlichen Aspekte von AS eher der BWL-Sicht zuzuordnen. Die methodische Unterstützung der Entwicklung von AS, die in AS verwendeten Technologien sowie die technischen Aspekte von AS haben ihre Wurzeln dagegen eher in der Informatik.

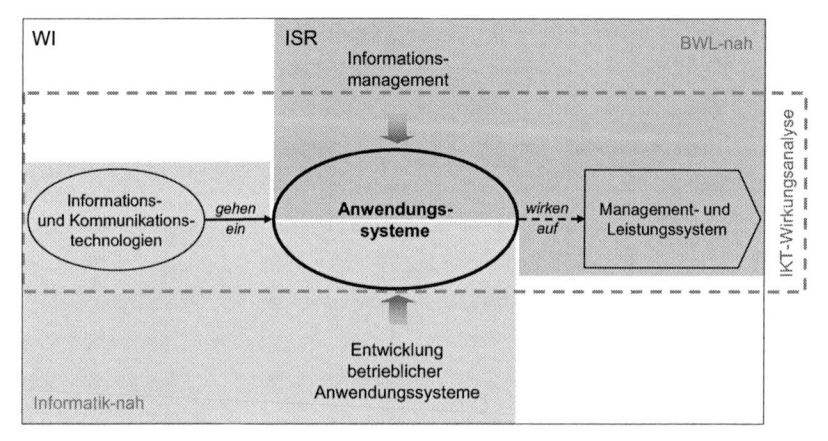

Abbildung 2-7: Fachliche Einordnung der IKT-Wirkungsanalyse

Der soziotechnische Erkenntnisgegenstand der IKT-Wirkungsanalyse bedarf der Einbeziehung technischer, ökonomischer und sozialer Kriterien sowie der Kenntnis des Verhaltens von Individuen.[88] Abbildung 2-7 macht deutlich, dass die WI bzw. das ISR dieser Forderung aufgrund ihrer interdisziplinären Ausrichtung gerecht werden und begründet damit eine Verortung der IKT-Wirkungsanalyse in dieser Disziplin.[89] [90] Kernelemente der Informatik sorgen für das Verständnis der technischen Seite und der damit einhergehenden Anforderungen.[91] Die BWL und dort bisher insbesondere die Organisationslehre stellen das nötige Wissen über Management- und Leistungssysteme eines Unternehmens bereit.[92] Einige Forscher, darunter bspw. AGARWAL/LUCAS JR. (2005), DESANCTIS (2003), HESS (2006a), KLEIN (2004a),

---

[87] Aufbauend auf Hess (2006a), S. 3-6. Die von den USA geprägte Schwesterdisziplin ISR fokussiert sich dagegen auf AS, deren Wirkungen sowie das Informationsmanagement.
[88] Vgl. Grün (1997), S. 52; WKWI (1994), S. 80-81.
[89] Vgl. Klein (2004a), S. 142-143.
[90] Hierbei ist anzumerken, dass die IKT-Wirkungsanalyse die Gegenstandsbereiche IKT, AS sowie Management- und Leistungssystem nicht vollständig abdeckt.
[91] Vgl. Agarwal/Lucas Jr. (2005), S. 395.
[92] Vgl. Orlikowski/Barley (2001), S. 152-154.

LEE/BARUA/WHINSTON (1997), MARKUS/ROBEY (1988), ORLIKOWSKY/BARLEY (2001), ROBEY (2003) und SWANSON (1987), weisen daher die IKT-Wirkungsforschung explizit als Forschungsschwerpunkt von WI und ISR aus. Aus dem Selbstverständnis der WI lassen sich zwei wesentliche Forschungsziele ableiten: das Erklärungs- und das Gestaltungsziel. Das Erklärungsziel der WI besteht darin, Erkenntnisse über AS, deren technologische Basis und deren Wirkung sowie über das Informationsmanagement und die Entwicklung von AS zu gewinnen (Ursache-Wirkungsbeziehungen).[93] Gestaltungsorientierte Forschung in der WI bedeutet dagegen, neue Lösungen für die genannten Felder zu entwickeln (Ziel-Mittel-Beziehungen). So können bspw. bisher unbekannte Anwendungsmöglichkeiten einer Technologie entdeckt werden. IKT-Wirkungsanalysen können sowohl an dem Erklärungs- als auch an dem Gestaltungsziel der WI anknüpfen. Obwohl die Wirkungsanalyse eines innovativen AS zunächst einen recht beschränkten Geltungsbereich hat, kann eine derartige Analyse als Einstieg in eine umfassendere Untersuchung der Wirkungen einer AS-Klasse dienen, womit das Erklärungsziel der WI adressiert wäre.

Da IKT-Wirkungsanalysen in der Regel empirisch fundiert sind, beschränkt sich vorliegende Arbeit auf die Analyse empirischer Forschungsmethoden. Allerdings ist an dieser Stelle zu betonen, dass grundsätzlich auch nicht-empirische Untersuchungsdesigns für die IKT-Wirkungsforschung denkbar sind. Bspw. analysieren PICOT/RIPPBERGER/WOLFF (1996) die Wirkungen des IKT-Einsatzes auf die Effizienz von Koordinationsformen mit Hilfe eines transaktionskostentheoretischen Bezugsrahmens.

2.2.2 Abgrenzung von ähnlichen Forschungsansätzen

Die Technologiefolgenabschätzung (TFA)[94] und die Technologieevaluation (TE) sind zwei in angrenzenden Disziplinen verbreitete Ansätze, die inhaltliche und methodische Überschneidungsbereiche zu dem in dieser Arbeit definierten Forschungsansatz aufweisen. Die in den nachfolgenden Abschnitten verfolgte Gegenüberstellung dient daher nicht nur der Abgrenzung der Forschungsansätze, sondern auch als Basis für die Ableitung methodischer Implikationen für die IKT-Wirkungsanalyse.

---

[93] Vgl. Chmielewicz (1994), S. 9-12.
[94] Auch als *technology assessment* bezeichnet.

2.2.2.1 Technologiefolgenabschätzung

Die TFA hat ihren Ursprung Mitte der 60er Jahre in den USA und ist aufgrund ihres politikberatenden Charakters mittlerweile in einigen Ländern institutionalisiert.[95] Da im Rahmen der TFA grundsätzlich ganz unterschiedliche Fragestellungen, Technologien und Standpunkte im Vordergrund stehen können, mangelt es an einer einheitlichen Konzeptualisierung.[96] Dem Verständnis des TAB folgend, werden TFA als Untersuchungen bezeichnet, die

- „Potenziale neuer wissenschaftlich-technischer Entwicklungen analysieren und die damit verbundenen Chancen ausloten,
- die Rahmenbedingungen der Realisierung und Umsetzung wissenschaftlich-technischer Entwicklungen untersuchen,
- ihre potenziellen Auswirkungen vorausschauend und umfassend analysieren sowie die Chancen des Technikeinsatzes ebenso wie Möglichkeiten zur Vermeidung oder Abmilderung seiner Risiken aufzeigen und auf dieser Grundlage
- alternative Handlungs- und Gestaltungsoptionen für politische Entscheidungsträger entwickeln."[97]

Nach gängiger Ansicht dient die TFA insbesondere der Antizipation der indirekten, unbeabsichtigten Technologiefolgen. Die Untersuchung ist nicht rein wissenschaftlich ausgerichtet und soll unter Partizipation der betroffenen gesellschaftlichen Gruppen erfolgen. Auf diese Weise soll eine Art gesellschaftliches Frühwarnsystem und Instrument der politischen Entscheidungsunterstützung geschaffen werden.[98]

Dem Konzeptpluralismus entsprechend gibt es kein eindeutig definiertes Forschungsdesign für TFA, sondern lediglich orientierungsweisende Ablaufschemata, wie bspw. das MITRE-Schema.[99] Aufgrund der Vielfältigkeit der Gegenstandsbereiche ist die TFA durch Interdisziplinarität und Methodenpluralität gekennzeichnet. Je nach Fragestellung können behavioristische oder konstruktionsorientierte Methoden sowie unterschiedliche Erhebungsverfahren zum Einsatz kommen, die nicht TFA-spezifisch sind. Zu den gängigsten Methoden bzw. Verfahren zählen Experimente,

---

[95] In Deutschland wurde 1990 das Büro für Technikfolgenabschätzung beim Deutschen Bundestag (TAB) eingerichtet (siehe http://www.tab.fzk.de und http://www.itas.fzk.de).
[96] Vgl. Meyer (1999), S. 4-11.
[97] TAB (2007), S. 7.
[98] Vgl. Lohmeyer (1984), S. 56-58, 61-63; Paschen et al. (1978), S. 16, 19-20; Paul (1987), S. 45-46.
[99] Vgl. Lohmeyer (1984), S. 70-72; Paschen et al. (1978), S. 55-56.

Fallstudien, Experten- und Gruppenbefragungen, Beobachtungen, Inhaltsanalysen, Modellierungen, Simulationen und Prognoseverfahren.[100]

2.2.2.2 Technologieevaluation

Die TE bezieht sich in einer weiten begrifflichen Fassung auf die vollständige Erfassung und Beurteilung möglichst aller direkten und indirekten Wirkungen – sei es technischer, gesellschaftlicher, wirtschaftlicher oder anderer Art. In diesem weiten Sinne kann die TE synonym zur TFA gesehen werden.[101] Nach gängigem engem Verständnis bezieht sich die TE „auf nur unmittelbare und mittelbare, positive und negative, kurz- und langfristige Folgen von Technologien auf *Zielerreichungsgrade eines Unternehmens.*"[102] Ausgehend von den Unternehmenszielen erfolgt also eine wert- und qualitätsorientierte Bewertung von Objekten (z. B. Entwicklungsprozess oder Technologie) anhand bestimmter Beurteilungskriterien.[103] Da sich die TE an den Zielsetzungen eines Auftraggebers ausrichtet, werden auch außerwissenschaftliche Erkenntnisinteressen verfolgt.[104] Die Evaluation kann in der Planungsphase, während der Implementierungsphase oder ex post in der Wirkungsphase durchgeführt werden und damit den gesamten Lebenszyklus eines IT-Projekts begleiten.[105]

In der Praxis wird TE auf sehr unterschiedliche Weise betrieben. Ausgehend von diversen Bewertungsobjekten und Beurteilungskriterien können verschiedene Evaluationsansätze gewählt und die Durchführung mehr oder weniger systematisch und formal gestaltet werden.[106] Betrachtungsschwerpunkt der TE sind die intendierten IKT-Wirkungen, wobei häufig die Dimension der Wirtschaftlichkeit im Vordergrund steht. Als Evaluationsansätze werden daher meist Wirtschaftlichkeitsanalysen durchgeführt. Daneben können auch strategische Analysen oder Methoden der empirischen Sozialforschung zum Einsatz kommen.[107]

---

[100] Vgl. Lohmeyer (1984), S. 56; Paschen et al. (1978), S. 65-66.
[101] Vgl. Wührer (2000), S. 213-214.
[102] Wührer (2000), S. 214.
[103] Vgl. Frank (2000), S. 36; Heinrich (2000), S. 9; Schmidt/Häntschel (2000), S. 24.
[104] Vgl. Stockmann (2006), S. 16.
[105] Vgl. Farbey et al. (1992), S. 110; Smithson/Hirschheim (1998), S. 169; Stockmann (2006), S. 17-19.
[106] Vgl. Heinrich (2000), S. 9, 19-20; Serafeimidis/Smithson (2003), S. 251.
[107] Vgl. Caracelli (2006), S. 185-190; Gunasekaran et al. (2006), S. 972-975; Schmidt/Häntschel (2000), S. 28; Wührer (2000), S. 218.

3 Inhaltliche Potenzialanalyse

3.1 Inhaltliche Anforderungen der IKT-Wirkungsanalyse

Die Untersuchung des IKT-Einsatzes und die Erfassung der dadurch bedingten Veränderungen sind mit speziellen Schwierigkeiten verbunden. Aus diesen Schwierigkeiten ergeben sich hohe Anforderungen an die Methodenwahl und -anwendung, deren Nichtbeachtung in der Vergangenheit häufig zu invaliden oder nicht generalisierbaren Ergebnissen geführt hat.[108] Aus diesem Grund ist bei der Planung einer IKT-Wirkungsanalyse ex ante die Methodenwahl auf die inhaltlichen Anforderungen des Forschungsbereichs abzustimmen.[109] Um dies zu erreichen, werden im Folgenden zunächst die inhaltlichen Anforderungen des Forschungsbereichs erläutert. Davon ausgehend kann dann in einem nächsten Schritt das inhaltliche Potenzial der Forschungsmethoden zur Untersuchung der verschiedenen Forschungsgegenstände bestimmt werden.

Die Schwierigkeiten der Erfassung IKT-bedingter Veränderungen werden häufig im Zusammenhang mit der ökonomischen Bewertung von IT-Investitionen thematisiert. Die in der Literatur diskutierten Schwierigkeiten können dabei fünf interdependenten Problemfeldern zugeordnet werden, die im Folgenden bezogen auf das Forschungsfeld der IKT-Wirkungsanalyse erläutert werden.

3.1.1 Zeitlich versetzte Ursache-Wirkungsbeziehungen

Die auf den IKT-Einsatz zurückzuführenden Veränderungen müssen nicht unmittelbar nach der IKT-Implementierung auftreten, sondern können mit einer zeitlichen Verzögerung einhergehen. Die Entfaltung der vollen IKT-Wirkungen ist mit einem mehr oder minder langwierigen individuellen und organisationalen Lern- und Anpassungsprozess verbunden, so dass zwischen dem IKT-Einsatz und der Realisation der damit verbundenen IKT-Wirkungen eine nicht unwesentliche Zeitspanne liegen kann, die es zu beachten gilt.[110]

---

[108] Vgl. Barua et al. (1995), S. 5-7; Brynjolfsson (1993); Galliers/Land (1987), S. 900.
[109] Vgl. Galliers/Land (1987), S. 900.
[110] Vgl. Brynjolfsson (1993), S. 73-75; Klein (2004b), S. 91; Nicolaou/Bhattacharya (2006), S. 20; Picot et al. (2003), S. 199-200; Pietsch (2003), S. 29-30; Poston/Grabski (2001), S. 279; Potthof (1998), S. 56.

Die zeitliche Verzögerung des Wirkungsanfalls ist gerade bei der Untersuchung neu im Unternehmen eingesetzter IKT relevant. Wird eine neue IKT implementiert, deren Leistung über die Substitution alter Abläufe hinausgeht, sind die damit einhergehenden Veränderungen ex ante nicht abschätzbar. Um dennoch das gesamte Wirkungsausmaß beurteilen zu können, muss die zeitliche Verzögerung der Wirkungen bei der Planung der IKT-Wirkungsanalyse einbezogen werden.[111] Das zeitliche Zurechnungsproblem erhöht sich auch mit der Komplexität und Unterstützungsebene der untersuchten IKT. Während bei der Erforschung eines komplexen AS von einer hohen Zeitspanne bis zur Realisation der vielfältigen Wirkungen ausgegangen werden kann, ist der Wirkungsbereich isolierter Designkomponenten tendenziell eingeschränkt und damit unmittelbar zurechenbar. Genauso ist bei analytischen oder übergreifend eingesetzten AS die Zeitspanne bis zur Realisation der Wirkungen tendenziell höher als bei operativen AS, die zu kurzfristigen Leistungsänderungen im Unternehmen führen.

Das Problem des zeitlich versetzten Wirkungsanfalls kann somit auch in Abhängigkeit der untersuchten Wirkungsart unterschiedlich stark zum Tragen kommen. Im Gegensatz zu kurzfristig bemerkbaren operativen Veränderungen gehen strategische und strukturelle Veränderungen häufig mit weiteren organisatorischen Veränderungen im Unternehmen einher, so dass deren Realisation einer größeren Zeitspanne bedarf. Aufgrund der langwierigen menschlichen Lern- und Erfahrungsprozesse kann auch die Realisation humanbezogener Wirkungen eine bestimmte Zeitspanne in Anspruch nehmen. Neben der untersuchten Wirkungsart ist auch die Wirkungsebene mit unterschiedlich starken Zeitverzögerungen verbunden. Während isolierte IKT-Wirkungen auf Arbeitsplatz- oder Bereichsebene relativ zeitnah mit der IKT-Implementierung einhergehen können, ist die Zeitspanne bis zur Realisation unternehmensweiter oder überbetrieblicher IKT-Wirkungen tendenziell größer.[112]

Neben dem untersuchten Forschungsgegenstand bestimmt auch das verfolgte Forschungsziel die inhaltlichen Anforderungen an die IKT-Wirkungsanalyse. Die Exploration ex ante unbekannter IKT-Wirkungen ist mit der Problematik einer möglichst vollständigen Wirkungserfassung verbunden. Daher müssen strukturentdeckende IKT-Wirkungsanalysen in der Lage sein, nicht nur die zeitlich unmittelbar auf den IKT-Einsatz folgenden, sondern auch die zeitlich versetzt auftretenden Wirkungen erfas-

---

[111] Vgl. Brynjolfsson (1993), S. 73; Pietsch (2003), S. 32-33.
[112] Vgl. Klein (2004b), S. 91-92; Pietsch (2003), S. 29; Poston/Grabski (2001), S. 279.

sen zu können. Demgegenüber werden bei Durchführung strukturprüfender IKT-Wirkungsanalysen die zu prüfenden Wirkungsbeziehungen ex ante spezifiziert, weswegen die Problematik des zeitlich versetzt auftretenden Wirkungsanfalls nicht notwendigerweise zum Tragen kommen muss.

3.1.2 Räumlich versetzte Ursache-Wirkungsbeziehungen

Der IKT-Einsatz hat meist über den direkten Einsatzort hinaus indirekte Auswirkungen auf andere Bereiche und Funktionen innerhalb eines Unternehmens oder zwischen mehreren Unternehmen. Die Schwierigkeit der verursachungsgerechten Zuordnung ist insbesondere durch den Querschnittscharakter der Informationsverarbeitungsfunktion bedingt. Die örtlich versetzt auftretenden Wirkungen sind einer bestimmten IKT daher nur schwer zurechenbar.[113]

Gerade bei der Untersuchung eines ganzheitlichen AS im realen Einsatzfeld, lässt sich schwierig beurteilen, welche im Unternehmen auftretenden Wirkungen auf dieses spezielle AS zurückgehen. Wird das AS dagegen nicht mehr als Blackbox betrachtet, sondern isolierte Systemkomponenten untersucht, lassen sich die beobachteten Wirkungen eindeutiger zuordnen. Die Problematik der räumlichen Zurechenbarkeit verstärkt sich auch mit der Unterstützungsebene des AS. So haben analytische AS häufig strategischen Charakter, weswegen die Leistungen meist indirekt und unterstützend erbracht werden, so dass die Wirkungen in anderen Bereichen als dem Einsatzort entstehen können. Auch AS, die mehrere Unterstützungsebenen abdecken, sind aufgrund ihres Querschnittscharakters stärker mit dem Problem räumlich auseinander liegender Ursache-Wirkungsbeziehungen verbunden als AS, die einen abgegrenzten Unterstützungsbereich haben.[114]

Neben der Art der untersuchten IKT ist auch die Art und Ebene der erforschten Wirkungen ausschlaggebend für die räumliche Zurechnungsproblematik. Bei einer Untersuchung von Wirkungen auf übergeordneter Ebene (bspw. Unternehmens-, zwischenbetriebliche oder Industrieebene) ist die Wahrscheinlichkeit größer, dass die Ebene des Wirkungsanfalls von dem Ort des IKT-Einsatzes (bspw. Arbeitsplatzebene) abweicht. Dementsprechend sind auch strukturelle oder strategische Wirkungen,

---

[113] Vgl. Krcmar (2003), S. 332; Picot et al. (2003), S. 199-200;Pietsch (2003), S. 28-30.
[114] Vgl. Krcmar (2003), S. 332.

die meist auf übergeordneter Ebene auftreten, einem bestimmten IKT tendenziell schwieriger zurechenbar als operative oder humanbezogene Veränderungen.[115] In Abhängigkeit des Forschungsgegenstands sind daher Methoden zu wählen, mit denen auch räumlich auseinander liegende Kausalbeziehungen erfasst werden können. Eine andere Möglichkeit ist die ex ante Definition eines abgegrenzten IKT-Wirkungsfelds, wie es bei strukturprüfenden IKT-Wirkungsanalysen erfolgt. Demgegenüber sind bei strukturentdeckenden IKT-Wirkungsanalysen sowohl direkte als auch indirekte Auswirkungen zu beachten, da keine Einschränkung des zu untersuchenden IKT-Wirkungsfelds erfolgt.

3.1.3 Interdependente Ursache-Wirkungsbeziehungen

Die Interaktion zwischen IKT und Unternehmen ist sehr komplex und wird durch eine Vielzahl an Faktoren moderiert. Bspw. können mit der IKT-Implementierung eine Reihe organisatorischer Veränderungen einhergehen oder dieser vorausgehen, so dass der IKT-Einsatz lediglich ein Einflussfaktor unter vielen auf die organisatorischen Leistungsabläufe und Gestaltungsvariablen ist. Aus diesem Grund sind bei Durchführung einer IKT-Wirkungsanalyse neben rein IKT-bezogenen Effekten auch organisationale, humanbezogene und andere externe Faktoren zu berücksichtigen (Ganzheitlichkeitsaspekt).[116]

Das Ganzheitlichkeitsproblem wiegt umso stärker, je komplexer die untersuchte IKT ist. Während bei der Erforschung eines kompletten AS grundsätzlich vielfältige Interdependenzen zwischen dem System und der Umwelt beachtet werden müssen, ist das Testen verschiedener Designkomponenten mit einer geringeren Komplexität verbunden. Da in diesem Fall lediglich ein bestimmter Ausschnitt isoliert analysiert wird, sinkt die Komplexität der Kausalbeziehung. Analog verhält es sich mit der Unterstützungsebene der untersuchten IKT. So weisen übergreifende IKT, die sowohl operative als auch analytische Funktionsbereiche unterstützen, tendenziell mehr Wechselwirkungen zu externen Faktoren auf als Systeme mit einem isolierten betrieblichen Einsatzgebiet.

Das Ganzheitlichkeitsproblem steigt allerdings nicht nur mit der Komplexität und dem Unterstützungsbereich der untersuchten IKT, sondern auch mit der Art und Breite der

---

[115] Vgl. Potthof (1998), S. 54.
[116] Vgl. Galliers/Land (1987), S. 900; Klein (2004b), S. 91-95; Krcmar (2003), S. 331; Picot et al. (2003), S. 199-200; Pietsch (2003), S. 28, 31-32; Potthof (1998), S. 55, 58.

betrachteten IKT-Wirkungen. Gerade langfristige strukturelle und strategische Veränderungen gehen häufig mit weiteren organisatorischen Maßnahmen einher, so dass der IKT-Einsatz einer unter vielen Einflussfaktoren auf diese abhängigen Variablen ist. Die Zahl externer Einflussfaktoren auf die Wirkungsbeziehung steigt auch mit der Ebene des Wirkungsanfalls. So sind bei einer Analyse unternehmensweiter oder überbetrieblicher IKT-Wirkungen mehr Interdependenzen mit organisatorischen oder sonstigen externen Variablen zu beachten als bei einer Analyse isolierter Wirkungen auf Arbeitsplatz- oder Bereichsebene.[117]

Dementsprechend ist das Ganzheitlichkeitsproblem auch von dem Erkenntnisziel der IKT-Wirkungsanalyse abhängig. Da bei Durchführung strukturprüfender IKT-Wirkungsanalysen die zu untersuchenden abhängigen Variablen ex ante in einem Wirkungsmodell spezifiziert werden, sind die zu analysierenden Wirkungsbeziehungen tendenziell weniger komplex. Demgegenüber müssen bei strukturentdeckenden IKT-Wirkungsanalysen die vielfältigen Wechselwirkungen zu externen Faktoren beachtet werden, um eine möglichst vollständige Wirkungserfassung zu gewährleisten.

3.1.4 Schwer messbare Wirkungen

Die mit dem IKT-Einsatz verbundenen Wirkungen sind zu einem Großteil qualitativer Art und lassen sich nur schwer quantifizieren, geschweige denn in monetäre Größen übertragen. Die schwierige Erfassbarkeit qualitativer, immaterieller Veränderungen, die einen nicht unwesentlichen Anteil der gesamten IKT-Wirkungen ausmachen, führt zu einem mit der IKT-Wirkungsanalyse verbundenen Maßgrößenproblem.[118]

Das Maßgrößenproblem erhöht sich mit der Unterstützungsebene der betrachteten AS. Während operative AS meist zu quantifizierbaren Effizienzsteigerungen führen, haben analytische AS häufig strategischen Charakter und ziehen damit qualitative Veränderungen immaterieller Art nach sich. Auch die Erforschung übergreifender AS, die sowohl operative als auch analytische Komponenten beinhalten, ist daher mit dem Problem der Wirkungsmessbarkeit verbunden.[119]

Neben der Unterstützungsebene der untersuchten IKT ist auch die Art der erforschten Wirkungen für das Auftreten des Maßgrößenproblems entscheidend. Die Unter-

---

[117] Vgl. Barua et al. (1995), S. 8; Klein (2004b), S. 92; Potthof (1998), S. 58.
[118] Vgl. Brynjolfsson (1993), S. 73-74; Klein (2004b), S. 91; Krcmar (2003), S. 331-332; Picot et al. (2003), S. 199-200; Pietsch (2003), S. 28-31.
[119] Vgl. Brynjolfsson (1993), S. 74; Farbey et al. (1995), S. 42; Krcmar (2003), S. 332; Pietsch (2003), S. 30-31.

suchung operativer und taktischer Wirkungen ist mit den geringsten Messproblemen behaftet, da diese Wirkungsart meist quantitativ messbar ist. Demgegenüber sind humanbezogene, strategische oder strukturelle Veränderungen überwiegend qualitativer Art und daher nur schwierig in quantitative Größen übertragbar.[120] Dementsprechend sind strukturentdeckende IKT-Wirkungsanalysen von vornherein mit dem Maßgrößenproblem verbunden. Da eine möglichst vollständige Wirkungserfassung erfolgen soll, sind auch qualitative Maßgrößen zur Erfassung immaterieller Auswirkungen einzubeziehen. Demgegenüber ist bei strukturprüfenden IKT-Wirkungsanalysen das Maßgrößenproblem von der Art der spezifizierten Wirkungsbeziehung abhängig und muss daher nicht notwendigerweise zum Tragen kommen.

3.1.5 Situationsabhängige Ursache-Wirkungsbeziehungen

Bei der Erforschung des realen Systemeinsatzes ist zu beachten, dass die Ergebnisse stark von den jeweiligen durch die Einsatzbedingungen gegebenen situativen Faktoren abhängen. Zu den situativen Faktoren zählen bspw. technologische Leistungsmerkmale, Einsatzbedingungen und Aufgabensituationen. Werden diese situativen Faktoren in der IKT-Wirkungsanalyse nicht beachtet und von der realen Anwendungssituation abstrahiert, dann können sowohl bei der Erfassung und Bewertung der Wirkungen, aber auch bei der Übertragbarkeit der Ergebnisse Probleme entstehen.[121]

Die spezifischen Situationsbedingungen sind unabhängig von der Art der untersuchten IKT und IKT-Wirkungen. Wird ein komplexes AS in der realen Anwendungssituation untersucht, dann sind die situativen Einflussfaktoren und die damit verbundenen Einschränkungen der Übertragbarkeit der Ergebnisse auf andere (bzw. reale) Situationen genauso zu beachten wie bei der Erforschung isolierter Designkomponenten. Damit ist das Situationsproblem weniger ein Problem, das in Abhängigkeit des Forschungsgegenstands entsteht, sondern mehr eine Schwierigkeit, die in Abhängigkeit des angestrebten Gültigkeitsbereichs zu beachten ist. Soll die Übertragbarkeit der Ergebnisse auf weitere Situationen gewährleistet sein, dann ist das Situationsproblem in die Planung einzubeziehen, da dieses unter Umständen dazu führen kann, dass von den untersuchten Einsatzbedingungen nicht auf andere Situationen ge-

---

[120] Vgl. Irani/Love (2000), S. 169; Krcmar (2003), S. 331-332.
[121] Vgl. Frank (2006), S. 10, 25; Picot et al. (2003), S. 199; Pietsch (2003), S. 31.

schlossen werden kann. Demgegenüber ist das Situationsproblem bei Untersuchungen mit kleinem Geltungsbereich tendenziell zu vernachlässigen.

Die mit den unterschiedlichen Forschungsgegenständen und -zielsetzungen verbundenen inhaltlichen Anforderungen sind in Tabelle 3-1 zusammengefasst.

	Inhaltliche Anforderungen					
Inhaltliche Anforderungen in Abhängigkeit des Forschungsbereichs	Zeitl. Zurechnungsproblem	Räuml. Zurechnungsproblem	Interdependenzproblem	Maßgrößenproblem	Situationsproblem	Gesamt
Unabhängige Variable: Untersuchte IKT						
Technologiesicht						
Technologie	/	/	/	/	/	/
Anwendungssystem	/	/	/	/	/	/
Entwicklungsphase						
Komplettes System	↑	↑	↑	/	/	↑
Designkomponenten	↓	↓	↓	/	/	↓
Unterstützungsebene						
Operative Ebene	↓	↓	↓	↓	/	↓
Analytische Ebene	↑	↑	→	↑	/	↑
Übergreifende Ebene	↑	↑	↑	↑	/	↑
Abhängige Variable: Untersuchte IKT-Wirkungen						
Wirkungsart						
Operative, taktische Wirkungen	↓	↓	↓	↓	/	↓
Strategische Wirkungen	↑	↑	↑	↑	/	↑
Strukturelle Wirkungen	↑	↑	↑	↑	/	↑
Humanbezogene Wirkungen	→	↓	↓	↑	/	→
Wirkungsebene						
Individuums-/Arbeitsplatzebene	↓	↓	↓	/	/	↓
Bereichs-/Abteilungsebene	→	→	→	/	/	→
Unternehmensebene	↑	↑	↑	/	/	↑
Zwischenbetriebliche Ebene	↑	↑	↑	/	/	↑
Industrie-/Marktebene	↑	↑	↑	/	/	↑
Forschungsziel						
Erkenntnisinteresse						
Strukturentdeckend	↑	↑	↑	↑	/	↑
Strukturprüfend	→	→	→	→	/	→
Gültigkeitsanspruch						
Kleiner Geltungsbereich	/	/	/	/	↓	↓
Großer Geltungsbereich	/	/	/	/	↑	↑

LEGENDE: / keine Aussage ↓ geringe Bedeutung → mittlere Bedeutung ↑ hohe Bedeutung

Tabelle 3-1: Inhaltliche Anforderungen in Abhängigkeit des Forschungsbereichs der IKT-Wirkungsanalyse

3.2 Basis der inhaltlichen Potenzialanalyse: Induktive Reviewanalyse

Zur Aufarbeitung des Forschungs- und Methodenprofils sowie einer davon ausgehenden Beurteilung des inhaltlichen Methodenpotenzials wurde eine empirische Reviewanalyse durchgeführt. Diese Methodik eignet sich sehr gut zur Untersuchung derartiger Fragestellungen, weswegen sie in der Disziplin häufig eingesetzt wird (siehe bspw. ORLIKOWSKI/BAROUDI (1991), PALVIA/LEARY/MAO/MIDHA/PINJANI/SALAM (2004) und PETTER/DELONE/MCLEAN (2008)). Darüber hinaus ist der induktive Erkenntnisweg dem deduktiven auch deshalb vorzuziehen, da theoretische Aussagen zur Beantwortung dieser Forschungsfrage fehlen.

Die empirische Reviewanalyse basiert auf Ansätzen der Forschungsmethoden Review und Meta-Analyse.[122] Gemäß der Klassifikation der Reviewforschung nach FETTKE (2006) handelt es sich bei vorliegender Untersuchung um ein mathematisch-statistisches Review zur qualitativen Aufarbeitung und quantitativen Zusammenfassung der Inhalte von Primäruntersuchungen[123]. Dabei wird eine neutrale und möglichst objektive Perspektive auf die Forschungsarbeiten eingenommen. Ziel ist es, die Methodenwahl und -anwendung der IKT-Wirkungsforschung zu analysieren und in einen umfassenden Bezugsrahmen einzugliedern.[124]

Die empirische Reviewanalyse erfüllt somit wesentliche Charakteristika einer Meta-Analyse, weswegen sie auch als meta-analytische Reviewforschung charakterisiert werden kann.[125] GLASS (1976), der als ein Begründer der Meta-Analyse gilt, definiert diese als Verfahren, welches Primäruntersuchungen zu einem Forschungsgebiet statistisch auswertet und zusammenfasst.[126] Die über die Jahre erfolgte Ausdifferenzierung der Forschungsmethode führte allerdings zu einer engen begrifflichen Definition der Meta-Analyse, bei der die quantitative statistische Ergebniszusammenfassung in den Vordergrund gestellt wird.[127] In diesem Punkt unterscheidet sich die durchgeführte Reviewanalyse von der Methodik der Meta-Analyse. Da keine aggre-

---

[122] Für eine ausführliche Gegenüberstellung der Forschungsmethoden Review und Meta-Analyse siehe Beaman (1991).
[123] Eine Primäruntersuchung ist definiert als „(...) the original analysis of data in a research study (...)." Glass (1976), S. 3.
[124] Vgl. Fettke (2006), S. 258-259.
[125] Siehe dazu auch Kraemer/Dutton (1991), S. 5.
[126] Vgl. Glass (1976), S. 3.
[127] Vgl. Bortz/Döring (2002), S. 628-629; Drinkmann (1990), S. 11; Judd et al. (1991), S. 427-428.

gierte Effektgröße bzw. -variabilität berechnet wird, geht vorliegende Reviewanalyse über eine rein quantitative Überprüfung von Effektgrößen hinaus und erlaubt so eine Beschreibung und Erklärung der charakteristischen Forschungslandschaft der IKT-Wirkungsforschung.[128]

Das für Reviews und Meta-Analysen gängige Ablaufschema ist in Abbildung 3-1 dargestellt.[129] Es bildet den Bezugspunkt für die in dieser Arbeit durchgeführte Reviewanalyse, die sich aus einer Vorstudie (siehe hierzu KINK/HÖHNE/HESS (2008)) und einer Hauptuntersuchung zusammensetzt.

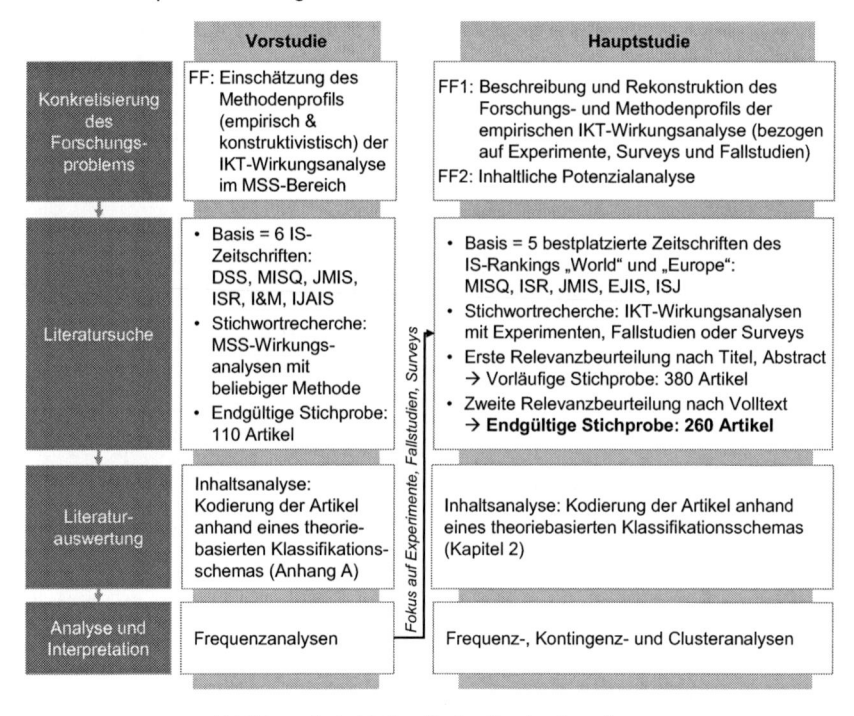

	Vorstudie	Hauptstudie
Konkretisierung des Forschungsproblems	FF: Einschätzung des Methodenprofils (empirisch & konstruktivistisch) der IKT-Wirkungsanalyse im MSS-Bereich	FF1: Beschreibung und Rekonstruktion des Forschungs- und Methodenprofils der empirischen IKT-Wirkungsanalyse (bezogen auf Experimente, Surveys und Fallstudien) FF2: Inhaltliche Potenzialanalyse
Literatursuche	• Basis = 6 IS-Zeitschriften: DSS, MISQ, JMIS, ISR, I&M, IJAIS • Stichwortrecherche: MSS-Wirkungsanalysen mit beliebiger Methode • Endgültige Stichprobe: 110 Artikel	• Basis = 5 bestplatzierte Zeitschriften des IS-Rankings „World" und „Europe": MISQ, ISR, JMIS, EJIS, ISJ • Stichwortrecherche: IKT-Wirkungsanalysen mit Experimenten, Fallstudien oder Surveys • Erste Relevanzbeurteilung nach Titel, Abstract → Vorläufige Stichprobe: 380 Artikel • Zweite Relevanzbeurteilung nach Volltext → **Endgültige Stichprobe: 260 Artikel**
Literaturauswertung	Inhaltsanalyse: Kodierung der Artikel anhand eines theoriebasierten Klassifikationsschemas (Anhang A)	Inhaltsanalyse: Kodierung der Artikel anhand eines theoriebasierten Klassifikationsschemas (Kapitel 2)
Analyse und Interpretation	Frequenzanalysen	Frequenz-, Kontingenz- und Clusteranalysen

Abbildung 3-1: Methodik der Reviewforschung

3.2.1 Konkretisierung des Forschungsproblems

Hauptzweck der Vorstudie ist es, eine erste Einschätzung des Profils der IKT-Wirkungsanalyse hinsichtlich der eingesetzten Forschungsmethoden zu gewinnen. Daher wurde in diesem ersten Schritt keine Einschränkung hinsichtlich des der IKT-

---

[128] Vgl. Petter et al. (2008), S. 239-240.
[129] Vgl. Fettke (2006), S. 258, 260.

Wirkungsanalyse zugrunde liegenden Paradigmas vorgenommen, so dass sowohl konstruktivistische als auch behavioristische Methoden in die Untersuchung aufgenommen wurden. Die Vorstudie hat sich allerdings auf einen begrenzten Forschungsbereich, die Wirkungsanalyse analytischer IKT bzw. AS, beschränkt (siehe S. 18ff). Analytische Systeme stellen einen bedeutenden Anwendungs- und Forschungsbereich der Disziplin dar, weswegen davon ausgegangen werden kann, dass die Untersuchungsergebnisse der Vorstudie eine repräsentative Einschätzung der IKT-Wirkungsforschung im Generellen erlauben.

Der Zweck der Hauptstudie besteht darin, das Forschungs- und Methodenprofil der empirischen IKT-Wirkungsanalyse zu bestimmen (Forschungsfrage 1), um davon ausgehend das inhaltliche Potenzial der eingesetzten Forschungsmethoden zur Untersuchung der verschiedenen Forschungsbereiche beurteilen zu können (Forschungsfrage 2).[130]

3.2.2 Literatursuche

Da im Rahmen der Vorstudie eine Stichwortrecherche in Zeitschriften der deutschsprachigen WI zu kaum relevanten Treffern führte, hat sich die Literaturauswahl auf den englischsprachigen IS-Bereich beschränkt. Um generalisierbare Ergebnisse zu gewinnen, folgte die Literaturauswahl in der Vorstudie keiner Sampling-, sondern einer Replikationslogik und bezog sich auf folgende sechs Zeitschriften: MIS Quarterly (MISQ), Information & Management (I&M), Information Systems Research (ISR), Journal of Management Information Systems (JMIS), Decision Support Systems (DSS) und International Journal of Accounting Information Systems (IJAIS). Diese Zeitschriften zeichnen sich durch eine Thematisierung der Schnittstelle zwischen IKT und Organisation aus und liefern einen repräsentativen Ausschnitt der IS-Forschungslandschaft. In den elektronischen Datenbanken der Zeitschriften wurden mittels Stichwortrecherche alle ab Erscheinungsjahr[131] veröffentlichten Artikel nach den verschiedenen MSS-Klassen durchsucht. Dabei wurden sowohl die den MSS zugrunde liegenden IKT (DWH, OLAP, Data Mining) als auch die konkreten MSS-

---

[130] Da sich in der Vorstudie herausgestellt hat, dass Experimente, Fallstudien und Surveys unabhängig vom zugrunde liegenden Paradigma die am häufigsten eingesetzten Forschungsmethoden sind, hat sich die Hauptstudie auf diese empirischen Methoden beschränkt.

[131] Erscheinungsjahre der Zeitschriften: MISQ: 1977, I&M: 1977, ISR: 1990, JMIS: 1984, DSS: 1985, IJAIS: 2000.

Klassen (MIS/EIS, (G)DSS, ESS) einbezogen (vgl. Abbildung 2-2).[132] Aus allen angezeigten Treffern wurden diejenigen Artikel selektiert, welche Primäruntersuchungen von MSS-Wirkungen darstellen, wobei keine Einschränkung hinsichtlich der angewandten Methode vorgenommen wurde. Diese Relevanzbeurteilung führte zu einer endgültigen Stichprobe von 110 Primäruntersuchungen.

Für die Hauptstudie wurden die jeweils fünf bestgerankten Zeitschriften des IS-World- und IS-Europe-Rankings nach LOWRY/ROMANS/CURTIS (2004) herangezogen und aus der daraus resultierenden Schnittmenge von sieben Zeitschriften folgende fünf ausgewählt: MISQ, ISR, JMIS, European Journal of Information Systems (EJIS) und Information Systems Journal (ISJ).[133] Das Zeitschriftenranking nach LOWRY/ROMANS/CURTIS (2004) basiert auf der bisher größten szientometrischen Studie im IS-Bereich. Da das Zeitschriftenranking auf mehreren Datenerhebungstechniken aufbaut, kann davon ausgegangen werden, dass es die methodische Güte der Zeitschriften valide repräsentiert. Durch den Einbezug europäischer IS-Zeitschriften wird darüber hinaus ein US-Amerikanischer Bias vermieden. Das sehr gute Ranking der Zeitschriften sichert somit eine hohe methodische Güte und inhaltliche Relevanz der untersuchten IKT-Wirkungsanalysen.

In den elektronischen Datenbanken der fünf Zeitschriften wurden mittels Stichwortrecherche alle ab Erscheinungsjahr[134] veröffentlichten Artikel nach experimentellen, survey- oder fallstudienbasierten IKT-Wirkungsanalysen durchsucht. Die Stichwortrecherche setzte sich aus folgenden Begriffen zusammen: „impact", „effect", „change" AND „information system", „information technology" OR „experiment", „case study/studies", „survey". Durch die Variation der Begriffskombination wurde eine sehr hohe Trefferzahl von über 1.700 Artikeln erreicht und damit eine möglichst vollständige Erfassung der relevanten IKT-Wirkungsanalysen sichergestellt. Aus allen angezeigten Treffern wurden zunächst anhand des Titels und Abstracts diejenigen Artikel selektiert, welche eine IKT-Wirkungsanalyse durchführen. Diese erste Relevanzbeur-

---

[132] Da Business Intelligence (BI) weder eine eigenständige IKT noch ein konkretes AS darstellt (sondern lediglich als Überbegriff für eine Vielzahl an Technologien und Systemen der Managementunterstützung verwendet wird), wurde dieser Begriff aus der Untersuchung ausgeklammert.

[133] Die Zeitschrift Management Science wurde in Anlehnung an andere IS-Studien (siehe bspw. De Vries (2005)) aus vorliegender Arbeit ausgeklammert, da diese keine "reine" IS-Zeitschrift darstellt. Die Zeitschrift Communications of the ACM wurde ausgeschlossen, da sie aufgrund der mangelnden Offenlegung der Untersuchungsmethodik für eine methodologische Analyse ungeeignet ist.

[134] Erscheinungsjahre der Zeitschriften: MISQ: 1977, ISR: 1990, JMIS: 1984, EJIS: 1991, ISJ: 1994. Da die Volltextausgabe der Zeitschrift ISJ erst seit 1997 verfügbar ist, sind die früheren Jahrgänge nicht in der Analyse enthalten.

teilung führte zu einer Zwischenstichprobe von über 380 Artikeln. In einem zweiten Schritt wurden diese Artikel anhand ihres Volltextes dahingehend überprüft, ob es sich um Primäruntersuchungen von IKT-Wirkungen handelt, als Hauptmethode die Fallstudien-, Experimental- oder Surveymethode verwendet wird und die Wirkungsrichtung dem technologischen Imperativ oder der emergenten Perspektive (siehe S. 26ff) folgt. Diejenigen Zeitschriften, die nur in Papierform verfügbar waren, wurden anhand ihres Volltextes manuell durchsucht. Diese zweite Relevanzbeurteilung führte zu einer endgültigen Stichprobe von 260 Artikeln. Eine komplette Liste der in der Hauptstudie untersuchten Artikel ist in Anhang B auf S. XXVIIIff. aufgeführt.

3.2.3 Literaturauswertung

Die Auswertung der in der Vor- und Hauptstudie enthaltenen Primäruntersuchungen erfolgte mittels einer Inhaltsanalyse nach dem positivistischen Paradigma. Demzufolge repräsentiert der zu analysierende Text eine objektive Realität, die vom Forscher erfasst und analysiert werden kann. Dabei soll vom Forscher eine möglichst objektive und unabhängige Außenperspektive auf den Inhaltstext eingenommen werden.[135]

Um die Objektivität und Reliabilität der Ergebnisse zu gewährleisten, wurde sowohl das Klassifikationsschema der Vorstudie als auch das der Hauptstudie deduktiv erstellt und im Rahmen der empirischen Literaturauswertung induktiv leicht angepasst. Das Klassifikationsschema der Vorstudie orientiert sich an der Methodenklassifikation nach WILDE/HESS (2007) (siehe Anhang A, Tabelle A-1). Das Klassifikationsschema der Hauptuntersuchung wurde im Rahmen von *Kapitel 2.1* theoriebasiert hergeleitet.

Die Kodierung wurde vom Autor vorliegender Arbeit und einem weiteren Forscher durchgeführt, welcher umfassend in die Thematik eingearbeitet wurde. Um die Intra- und Interkoder-Reliabilität sicherzustellen, wurde in mehreren Sitzungen ein ausführlicher Kodierplan mit umfangreichen Kodieranweisungen und Beispielen erstellt. Im Rahmen eines Pretests wurden das Klassifikationsschema sowie der Kodierplan getestet und davon ausgehend leicht angepasst. Dies führte zu einem finalen Klassifikationsschema und Kodierplan, welche den Kodierern während der gesamten Auswertung als Referenzpunkt dienten.

---

[135] Vgl. Lacity/Janson (1994), S. 139-143.

Um die Objektivität und Reliabilität der durchgeführten Inhaltsanalyse beurteilen zu können, wurden 26 Artikel der Hauptstudie (=10% der Stichprobe) zufällig ausgewählt und von beiden Forschern unabhängig voneinander kodiert. Ausgehend von den Kodierungen wurden zwei Reliabilitätsmaße berechnet. Zum einen wurde Krippendorff's Alpha (siehe HAYES/KRIPPENDORFF (2007)) als Reliabilitätsmaß gewählt, da dieser Index sehr gut zur Überprüfung der Übereinstimmung mehrerer Kodierer bei Vorliegen unterschiedlicher Skalenniveaus geeignet ist.[136] Zum anderen wurde Cohen's Kappa (siehe COHEN (1960)) berechnet, da dieser Index gemeinhin als geeignetes Reliabilitätsmaß anerkannt ist.[137] Da beide Indizes die Interkoder-Reliabilität um die Wahrscheinlichkeit zufälliger Übereinstimmungen bereinigen, gelten diese Reliabilitätsmaße als eher konservativ.[138] Mit Werten von $\alpha=0.78$ und $\kappa=0.76$ übersteigt die Interkoder-Reliabilität der durchgeführten Reviewanalyse das empfohlene Minimum von $\alpha=0.70$ und $\kappa=0.60$ deutlich, weswegen davon ausgegangen werden kann, dass die Inhaltsanalyse reliabel ist (siehe Anhang B, Tabelle B-1).

3.2.4 Analyse und Interpretation

Die in Excel vorgenommenen Kodierungen wurden im Anschluss in SPSS übertragen und statistisch ausgewertet. Da das Forschungsziel der durchgeführten Reviewforschung in der Exploration von Zusammenhängen liegt, wurden vorwiegend strukturentdeckende Analysen durchgeführt.

Die Bestimmung des Forschungs- und Methodenprofils basiert auf den inhaltsanalytischen Techniken der klassifizierenden Frequenzanalyse, Kontingenzanalyse und objektorientierten Clusteranalyse. Zur Überprüfung der Unabhängigkeit der in den Kreuztabellen enthaltenen Variablen wurde der χ^2-Test nach Pearson durchgeführt.[139] Als Fusionierungsverfahren der Clusteranalyse wurde ein hierarchisches Verfahren mit agglomerativen Algorithmen, das Weighted-Average-Linkage-Verfahren, gewählt. Dieses Verfahren eignet sich für nicht-metrische Ausgangsdaten, wie sie in vorliegender Studie gegeben sind und sollte dem Average-Linkage-Verfahren vorgezogen werden. Als Proximitätsmaß wurde die quadrierte euklidische Distanz verwendet. Da die in vorliegender Studie verwendeten Skalen unterschiedlich dimensioniert sind,

---

[136] Vgl. Lombard et al. (2002), S. 592.
[137] Vgl. Dewey (1983).
[138] Vgl. Lombard et al. (2002).
[139] Vgl. Backhaus et al. (2003), S. 230, 240-256; Bühl/Zöfel (2005), S. 244-247.

wurde zur Vergleichbarkeit der Daten eine z-Transformation durchgeführt.[140] Für die Berechnung von Signifikanzwerten wurde ein Signifikanzniveau von α=0.05 festgelegt.

Die Bestimmung des inhaltlichen Potenzials der Forschungsmethoden basiert auf Kontingenz- und Frequenzanalysen, in denen der Zusammenhang zwischen der Methodenwahl und dem untersuchten Forschungsbereich analysiert wurde. Dazu wurde sowohl die Signifikanz als auch die Stärke des Zusammenhangs (Effektgröße) berechnet. Zur Bestimmung der Signifikanz des Zusammenhangs wurde der χ^2-Test zur Überprüfung der Unabhängigkeit verwendet. Zur Bestimmung der Stärke des Zusammenhangs wurde der Methodenanteil an dem jeweiligen Forschungsbereich (% within) in Relation zum Methodenanteil an der Gesamtstichprobe (% total) gesetzt. Ist der Methodenanteil an dem jeweiligen Forschungsbereich um mind. 10% (bzw. 30%) höher als an der Gesamtstichprobe, dann wird angenommen, dass die Methode ein hohes (bzw. sehr hohes) Potenzial zur Untersuchung dieses Forschungsbereichs hat. Ist der Methodenanteil an dem jeweiligen Forschungsbereich um mind. 10% (bzw. 30%) niedriger als an der Gesamtstichprobe, dann wird angenommen, dass die Methode ein geringes (bzw. kein) Potenzial zur Untersuchung dieses Forschungsbereichs hat. Die Stärke eines als signifikant erkannten Zusammenhangs ist somit die Maßgröße für das inhaltliche Potenzial der Methoden.

3.3 Bestimmung des Forschungs- und Methodenprofils

Zur Bestimmung des Profils der IKT-Wirkungsforschung werden im Folgenden zunächst die Ergebnisse der Vorstudie erläutert, die eine erste Einschätzung des Methodenprofils liefern. Davon ausgehend werden anhand der Ergebnisse der Hauptstudie der Status quo und die zeitliche Entwicklung des Forschungs- und Methodenprofils rekonstruiert und damit Forschungsfrage 1 beantwortet (siehe S. 5).

3.3.1 Erste Einschätzung des Methodenprofils (Vorstudie)

Die Stichprobe der Vorstudie besteht aus 110 Primäruntersuchungen zu den Wirkungen von MSS. In Abbildung 3-2 ist das Erscheinungsmedium und das Erscheinungsjahr der in der Vorstudie enthaltenen MSS-Wirkungsanalysen abgebildet.

---

[140] Vgl. Bacher (1996), S. 199, 211, 273; Backhaus et al. (2003), S. 505, 538-539; Bühl/Zöfel (2005), S. 494.

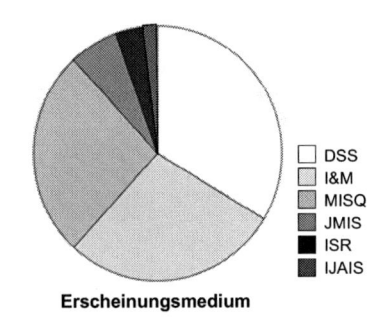

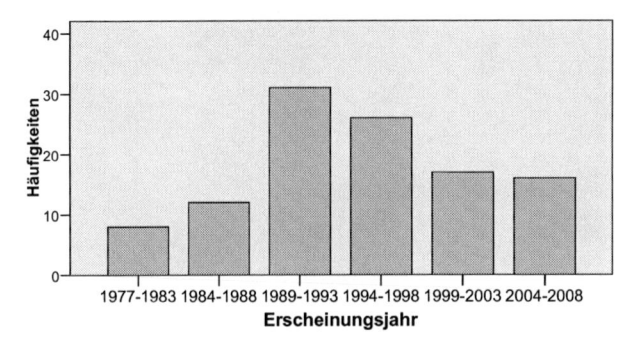

Abbildung 3-2: Stichprobe der Vorstudie

Von den 110 MSS-Wirkungsanalysen wurde ein Großteil in den Zeitschriften DSS, I&M und MISQ veröffentlicht. Die Zeitschriften JMIS, ISR und IJAIS sind mit knapp 12% nur selten vertreten. Betrachtet man die zeitliche Entwicklung der veröffentlichten Wirkungsanalysen, dann zeigt sich, dass über 50% der Studien in den Jahren 1989-1998 veröffentlicht wurden. Der Schwerpunkt der MSS-Wirkungsforschung liegt damit deutlich in den 90er Jahren und aktuell flacht die Bedeutung tendenziell ab.

Ziel der Vorstudie ist es, eine erste Einschätzung des für die IKT-Wirkungsanalyse charakteristischen Methodenprofils zu erhalten, um so die weitere Arbeit auf die wichtigsten Forschungsmethoden fokussieren zu können. Dazu sollen im Folgenden die zur MSS-Wirkungsforschung eingesetzten Methoden in Relation sowohl zum Methodenprofil der WI als auch zum Methodenprofil des ISR gesetzt werden.

In Abbildung 3-3 ist das Methodenprofil der MSS-Wirkungsanalyse (dunkel schraffiert) zunächst dem Methodenprofil der WI (hell schraffiert) gegenübergestellt.[141]

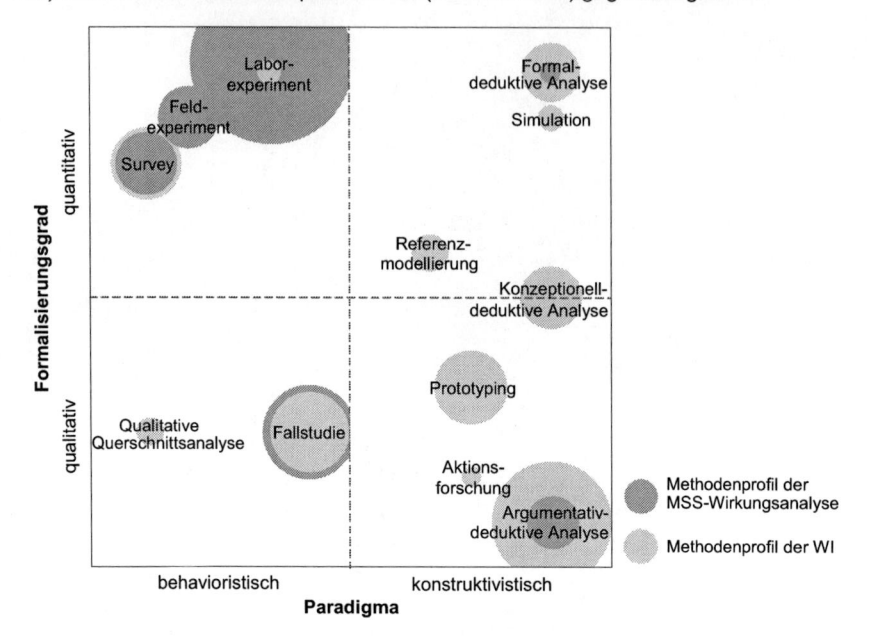

Abbildung 3-3: Vergleich des Methodenprofils der MSS-Wirkungsanalyse mit dem Methodenprofil der WI

Der Vergleich zeigt, dass von den insgesamt elf Methoden der WI lediglich sechs für die IKT-Wirkungsforschung im MSS-Bereich eingesetzt werden. Insbesondere Labor- und Feldexperimente haben mit 57% und 8% einen deutlich größeren Anteil am MSS-Methodenprofil als am WI-Methodenprofil. Fallstudien und Surveys[142] nehmen mit 19% und 9% einen ähnlich hohen Anteil an. Argumentativ-deduktive und formal-deduktive Analysen sind mit 6% und 1% kaum im Methodenprofil der MSS-Wirkungsforschung vertreten.

Der Vergleich der Methodenprofile weist damit deutliche Unterschiede sowohl hinsichtlich des zugrunde liegenden Paradigmas als auch des Formalisierungsgrads auf. Die MSS-Wirkungsforschung ist mit einem Anteil von 94% behavioristischen

---

[141] Zum Vergleich der Methodenprofile wurde die relative Einsatzhäufigkeit der jeweiligen Methode (in Prozent) an der Gesamtstichprobe berechnet (entspricht Kreisdurchmesser). Die relativen Einsatzhäufigkeiten der WI-Methoden sind der Studie von WILDE/HESS (2007) entnommen. Dem WI-Methodenprofil liegt eine Stichprobe von 296 zugrunde (vgl. Wilde/Hess (2007), S. 284).

[142] Auch als quantitative Querschnittsanalyse bezeichnet (vgl. Wilde/Hess (2007), S. 282).

Methoden stark verhaltenswissenschaftlich ausgerichtet, während die WI-Forschung überwiegend konstruktionsorientierte Methoden einsetzt.[143] Dies ist unter anderem mit den unterschiedlichen Zielsetzungen der Paradigmen zu erklären. Während die wesentliche Zielsetzung des behavioristischen Paradigmas gerade darin besteht, die Wirkungen bestehender IKT im Unternehmen zu analysieren, strebt das konstruktivistische Paradigma dagegen die Entwicklung und Gestaltung neuer IKT an.[144] Des Weiteren ist aus Abbildung 3-3 ersichtlich, dass die MSS-Wirkungsforschung einen Schwerpunkt bei den quantitativen Forschungsmethoden aufweist, wohingegen die WI-Forschung stärker qualitativ orientiert ist.[145]

Da alle in die Vorstudie einbezogenen Primäruntersuchungen aus dem ISR stammen, für das das behavioristische Forschungsparadigma charakteristisch ist, soll im Folgenden überprüft werden, ob die stark behavioristische Ausrichtung der MSS-Wirkungsanalyse durch einen Vergleich mit dem Methodenprofil des ISR relativiert wird. In Abbildung 3-4 ist das Methodenprofil der MSS-Wirkungsanalyse (dunkel schraffiert) dem Methodenprofil des ISR (hell schraffiert) gegenübergestellt.[146]

---

[143] Vgl. Wilde/Hess (2007), S. 284.
[144] Vgl. Becker/Pfeiffer (2006), S. 3, 12-13; Hevner et al. (2004), S. 75-77.
[145] Vgl. Wilde/Hess (2007), S. 284.
[146] Die relativen Einsatzhäufigkeiten der ISR-Methoden sind der Studie von WILDE/HESS (2007) entnommen. Dem ISR-Methodenprofil liegt eine Stichprobe von 2493 Artikeln zugrunde (vgl. Wilde/Hess (2007), S. 283).

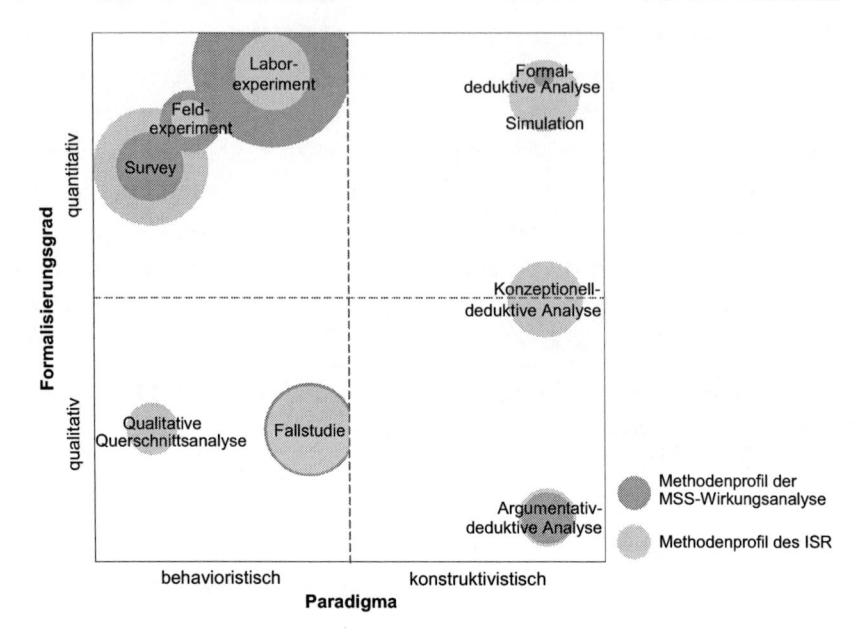

Abbildung 3-4: Vergleich des Methodenprofils der MSS-Wirkungsanalyse mit dem Methodenprofil des ISR

Abbildung 3-4 zeigt, dass das Methodenprofil der MSS-Wirkungsanalyse das Methodenprofil des ISR besser repräsentiert, aber dennoch deutliche Unterschiede vorhanden sind. Feld- und insbesondere Laborexperimente bleiben das Spezifikum der MSS-Wirkungsanalyse. Fallstudien und argumentativ-deduktive Analysen werden in ähnlichem Umfang, Surveys und formal-deduktive Analysen in etwas geringerem Umfang angewandt. Somit zeichnet sich auch in der Gegenüberstellung mit dem Methodenprofil des ISR die deutlich quantitativ behavioristische Ausrichtung der MSS-Wirkungsforschung ab.

Insgesamt kommt die Vorstudie daher zu dem Ergebnis, dass die IKT-Wirkungsforschung im MSS-Bereich deutlich behavioristisch ausgerichtet ist. Experimente, Fallstudien und Surveys sind mit einem Gesamtanteil von 93% die wichtigsten Forschungsmethoden der MSS-Wirkungsanalyse. Diese drei Forschungsmethoden sind auch in der WI-Forschung insgesamt als die wichtigsten empirischen Forschungsmethoden und in der IS-Forschung sogar als die wichtigsten aller Forschungsmethoden – sowohl empirischer als auch konstruktivistischer – anerkannt.[147] Aus diesem Grund beschränkt sich vorliegende Arbeit im Weiteren auf diese drei Kernmethoden.

3.3.2 Rekonstruktion des Forschungs- und Methodenprofils (Hauptstudie)

Die endgültige Stichprobe der Hauptstudie setzt sich aus 260 Primäruntersuchungen zusammen. In Abbildung 3-5 ist das Erscheinungsmedium und das Erscheinungsjahr der in der Stichprobe enthaltenen Primäruntersuchungen dargestellt.

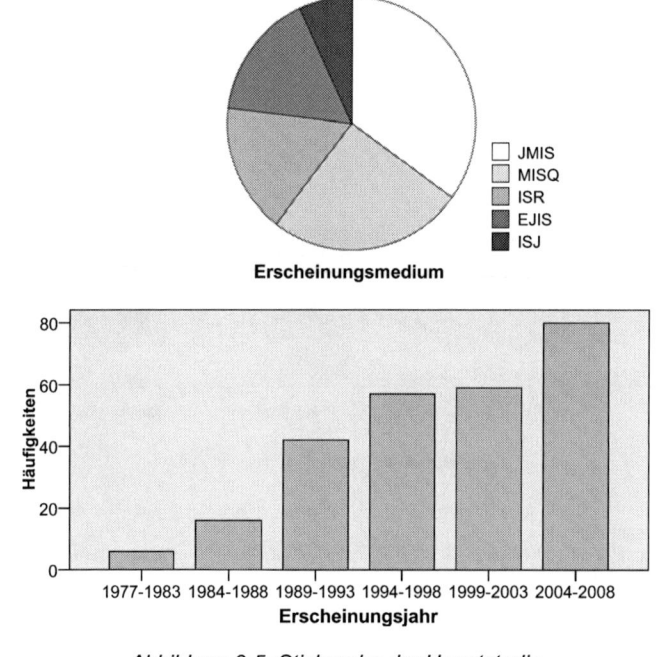

Abbildung 3-5: Stichprobe der Hauptstudie

Mit einem Anteil von 77% stammt ein Großteil der IKT-Wirkungsanalysen aus den US-amerikanischen IS-Zeitschriften JMIS, MISQ und ISR. Die Europäischen IS-Zeitschriften EJIS und ISJ sind dagegen in geringerem Umfang vertreten. Die Analyse der zeitlichen Entwicklung zeigt deutlich, dass mit dem Erscheinungsjahr der Zeitschriften die Anzahl der veröffentlichten IKT-Wirkungsanalysen kontinuierlich

---

[147] Vgl. Adelman (1991), S. 293; Galliers (1992), S. 146; Palvia et al. (2004), S. 531; Wilde/Hess (2007), S. 284-285.

zunimmt. Über 30% der IKT-Wirkungsanalysen wurden alleine in den letzten fünf Jahren veröffentlicht. Die Bedeutung der IKT-Wirkungsforschung nimmt also stetig zu.

3.3.2.1 Forschungsprofil der IKT-Wirkungsanalyse

In den folgenden Abschnitten wird das Forschungsprofil der IKT-Wirkungsanalyse erläutert, wobei sowohl eine statische Betrachtung als auch eine Analyse der zeitlichen Entwicklung erfolgt.

In Abbildung 3-6 ist die Verteilung der im Rahmen der IKT-Wirkungsanalysen erforschten IKT-Arten dargestellt.[148]

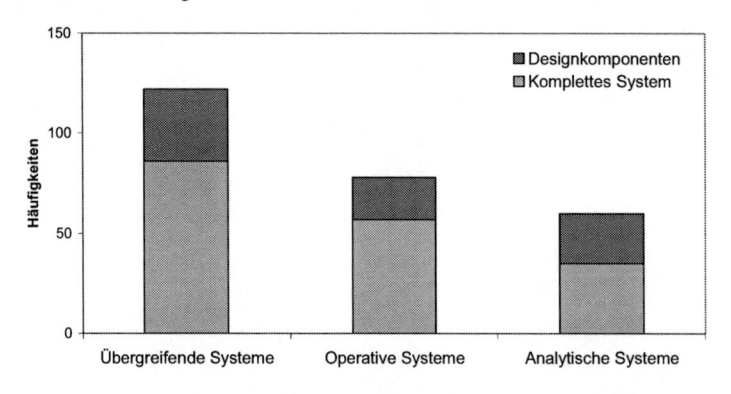

Abbildung 3-6: Untersuchte IKT-Art

Gegenstand der IKT-Wirkungsforschung sind vorwiegend konkrete AS, die meist als komplettes System untersucht werden. In 32% der IKT-Wirkungsanalysen werden die Systeme nicht als „Blackbox" betrachtet, sondern die Wirkungen einzelner Systemkomponenten erforscht. Der Fokus der IKT-Wirkungsforschung liegt auf Systemen, die sowohl operative als auch analytische Unterstützungsleistungen bieten (siehe S. 20f). In dieser übergreifenden Systemklasse werden sehr häufig GSS zur Unterstützung der Kommunikation und Zusammenarbeit auf operativer und Managementebene erforscht. Des Weiteren finden sich zahlreiche Studien zu unternehmensweit eingesetzten Enterprise- bzw. ERP-Systemen, aber auch zum inner- oder

---

[148] An dieser Stelle soll darauf hingewiesen werden, dass die Skalenhöhe der in dieser Arbeit dargestellten Häufigkeitsverteilungen variieren kann. Da anhand der Häufigkeitsverteilungen ein Vergleich der Ausprägungen einer Variablen und kein variablenübergreifender Vergleich erfolgt, ergeben sich daraus keine Einschränkungen des Aussagegehalts.

zwischenbetrieblichen IS-Einsatz generell. Die zweithäufigste Systemklasse sind AS zur Unterstützung operativer Geschäftstätigkeiten (siehe S. 16f), wobei vorwiegend zwischenbetrieblich integrierte Systeme erforscht werden. Wichtige Forschungsgegenstände sind hierbei E-Commerce- und SCM-Systeme, aber auch der zugrunde liegende EDI-Standard. Die Klasse der analytischen Systeme (siehe S. 18ff) macht den geringsten Anteil an den insgesamt erforschten AS aus, wobei der Forschungsschwerpunkt bei den analytischen Systemen deutlich auf DSS zur Entscheidungsunterstützung von Gruppen oder Individuen liegt.

Mittels Kontingenzanalysen konnte gezeigt werden, das die Art der untersuchten IKT einen signifikanten Zusammenhang zum Zeitpunkt der IKT-Wirkungsanalyse aufweist (x^2=75.08, p=0.000).[149] Die Schwankungen im Zeitablauf sind in Abbildung 3-7 dargestellt.

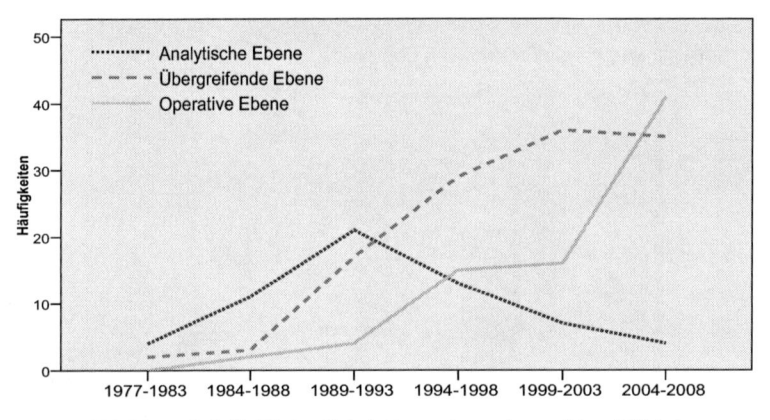

Abbildung 3-7: Zeitliche Entwicklung der untersuchten IKT-Art

Die Erforschung analytischer Systeme nimmt zunächst stetig zu und erreicht Anfang der 90er Jahre einen Höhepunkt. Nach dieser Spitze nimmt das Interesse an der Erforschung analytischer IKT allerdings kontinuierlich ab und aktuell werden kaum Forschungsarbeiten im MSS-Bereich durchgeführt. Dieser charakteristische Verlauf spiegelt die historische Entwicklung der verschiedenen MSS-Klassen wieder. Seit 1960 gab es stetig neue Bestrebungen, die Entscheidungen des Managements durch verbesserte analyseorientierte Systeme zu unterstützen. Diese Entwicklung endete 1990 mit der Einführung und Verbreitung von integrierten DWH-Lösungen

---

[149] Da zwischen den untersuchten Wirkungen und dem Erscheinungsjahr kaum signifikante Zusammenhänge bestehen, werden diese Variablen aus der Trendbetrachtung ausgeschlossen.

und den darauf aufsetzenden OLAP- und Data-Mining-Technologien, die bis zum heutigen Zeitpunkt den aktuellen Technologiestand darstellen. Aus diesem Grund kann davon ausgegangen werden, dass mit dieser Entwicklung auch der Forschungshype um neuartige MSS endete. Während das Interesse an rein analyseorientierten IKT abnimmt, wächst das Forschungsinteresse an operativen und übergreifenden Unterstützungsleistungen deutlich. Die Verschiebung des Forschungsinteresses hin zu operativen und übergreifenden IKT ist wohl auch auf die Entwicklung des Internets zurückzuführen. Einhergehend mit einer zunehmenden Digitalisierung der Geschäftstransaktionen rücken E-Business-Systeme und großintegrierte Unternehmenslösungen, wie ERP-Systeme oder IOS, in den Vordergrund.

In Abbildung 3-8 ist die Art der in den Primäruntersuchungen erforschten IKT-Wirkungen dargestellt.[150] Der überwiegende Teil der IKT-Wirkungsanalysen (80%) ist dabei strukturprüfend ausgerichtet, d. h. es werden ex ante definierte IKT-Wirkungsbeziehungen konfirmatorisch überprüft.

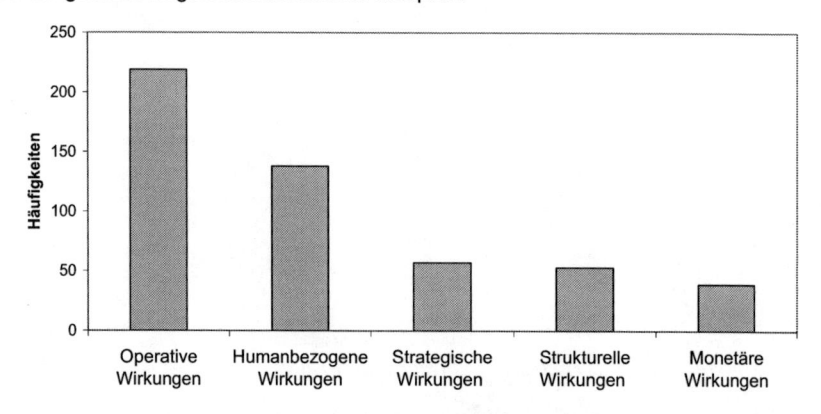

Abbildung 3-8: Untersuchte Wirkungsart

Bei den erforschten Wirkungen stehen IKT-bedingte operative Veränderungen der Leistungsprozesse eines oder mehrerer Unternehmen im Vordergrund. Dabei handelt es sich meist um durch Kostensenkungen oder Zeitverkürzungen hervorgerufene Effizienzsteigerungen oder Produktivitätsverbesserungen. Daneben werden häufig auch die Auswirkungen der IKT-Nutzung auf die Entscheidungsqualität erforscht. Ein weiterer Schwerpunkt der IKT-Wirkungsforschung ist die Analyse von IKT-bedingten

---

[150] Die Anzahl der insgesamt betrachteten IKT-Wirkungen übersteigt die Anzahl der Primäruntersuchungen, da im Rahmen einer Primäruntersuchung auch mehrere Wirkungsarten untersucht werden können.

psychologischen Veränderungen der Humansituation.[151] Im Vordergrund steht dabei die kunden- oder mitarbeiterbezogene Einstellung zu und Zufriedenheit mit einer IKT. Daneben werden auch Veränderungen der Arbeitssituation untersucht, die sich in einer Zunahme der Motivation, aber auch der Stressbelastung äußern können. In 20% der Studien werden strategische und strukturelle Veränderungen erforscht. Bei den strategischen Wirkungen handelt es sich vorwiegend um Auswirkungen des IKT-Einsatzes auf die Marktmacht und Wettbewerbsposition von Unternehmen, aber auch um langfristige Veränderungen des Geschäftsmodells oder Leistungsangebots. Die untersuchten strukturellen Wirkungen beziehen sich auf inner- und zwischenbetriebliche Veränderungen der Aufbau- und Ablauforganisation. Dazu zählen Veränderungen der Arbeitsaufgaben oder der Verteilung von Verantwortlichkeiten. In 15% der IKT-Wirkungsanalysen werden – neben anderen Wirkungen – auch indirekte Auswirkungen des IKT-Einsatzes auf den wirtschaftlichen Unternehmenserfolg betrachtet. Primäruntersuchungen, die sich ausschließlich auf diese monetären Wirkungen beziehen, wurden allerdings aus der Reviewanalyse ausgeschlossen, da sie dem in dieser Arbeit definierten Forschungsansatz der IKT-Wirkungsanalyse nicht entsprechen (siehe Abbildung 2-1).

In Abbildung 3-9 sind die im Rahmen der IKT-Wirkungsforschung betrachteten Wirkungsebenen dargestellt.

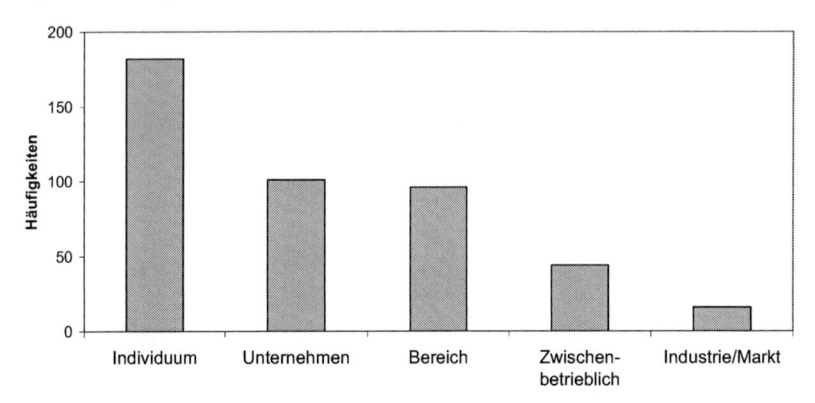

Abbildung 3-9: Untersuchte Wirkungsebene

---

[151] Da humanbezogene Wirkungen in mehr als 50% der IKT-Wirkungsanalysen thematisiert werden, wurde diese Kategorie, die ursprünglich nicht Teil des theoriebasiert erstellen Klassifikationsschemas war, induktiv ergänzt.

Die IKT-Wirkungsforschung bezieht sich demnach vorwiegend auf räumlich eingegrenzte Wirkungsbereiche. Am häufigsten werden Veränderungen auf Individuumsebene erforscht, die auf Mitarbeiter- oder Kundenseite auftreten. Häufig werden auch Auswirkungen auf eine bestimmte Abteilung oder Gruppe innerhalb eines Unternehmens oder unternehmensweite Wirkungen erforscht. Der Fokus der IKT-Wirkungsforschung liegt damit auf den innerbetrieblichen Veränderungen. Eine Analyse überbetrieblicher Veränderungen der Beziehungen mit Transaktionspartnern bzw. der Marktstruktur erfolgt in 17% bzw. 6% der Fälle.

Zur Identifikation der wesentlichen Forschungsstränge der IKT-Wirkungsforschung wurde eine Clusteranalyse durchgeführt, mit Hilfe derer aus den untersuchten IKT-Arten, Wirkungsarten und Wirkungsebenen Forschungscluster gebildet werden konnten. Die mit diesen drei Variablen durchgeführte Clusteranalyse führte zur Identifikation dreier verschiedener Forschungscluster, die in Abbildung 3-10 dargestellt sind.

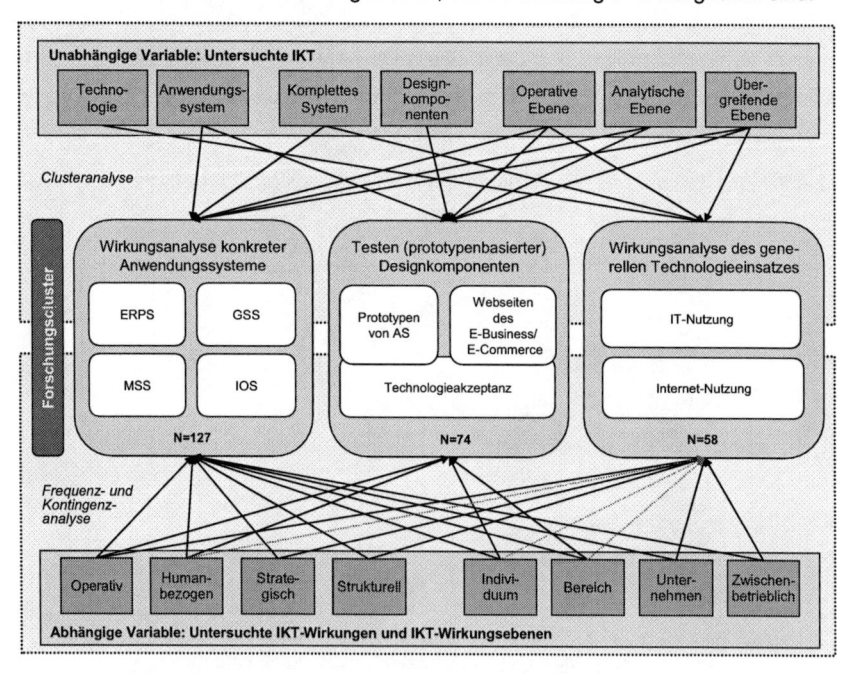

Abbildung 3-10: Forschungscluster der IKT-Wirkungsanalyse

Der 1. Forschungsstrang besteht aus 127 Studien und kann als Wirkungsanalyse konkreter AS bezeichnet werden. In diesem Forschungscluster werden komplette AS erforscht, die sich bereits im Unternehmen im betrieblichen Einsatz befinden. Die am häufigsten untersuchten AS-Klassen sind dabei ERP-Systeme, MSS, GSS und zwischen mehreren interagierenden Unternehmen eingesetzte IOS. Damit werden in diesem Forschungsstrang sowohl operative als auch analytische Unterstützungsleistungen betrachtet. Frequenz- und Kontingenzanalysen zeigen, dass in diesem Forschungsstrang eine hohe Bandbreite unterschiedlicher Wirkungsarten und Wirkungsebenen analysiert wird. Im Vordergrund stehen aber die Wirkungen des AS-Einsatzes auf operative Leistungsprozesse und die individuelle Humansituation.

Der 2. Forschungsstrang besteht aus 74 Studien und bezieht sich auf das Testen (prototypenbasierter) Designkomponenten. In diesem Cluster werden ausschließlich die Wirkungen verschiedener Systemkomponenten gegeneinander getestet. Dazu werden entweder Prototypen von AS entwickelt, die unterschiedliche Designkomponenten aufweisen. Derartige Designkomponenten sind bspw. unterschiedliche AS-Benutzeroberflächen oder Entscheidungsmodelle von DSS. Eine andere Möglichkeit ist die Ausstattung von Webseiten mit unterschiedlichen Features, deren Wirkungen im Rahmen des E-Business untersucht werden. Derartige Komponenten sind bspw. unterschiedliche Personalisierungsgrade, Empfehlungssysteme oder Navigationsfunktionen. Die Studien aus dem 2. Forschungscluster basieren dabei häufig auf den Grundgedanken der Technologieakzeptanzforschung, wie sie bspw. im Technology Acceptance Model (TAM) verankert sind. Aus diesem Grund werden in diesen Studien sehr häufig humanbezogene Wirkungen, wie Einstellungsänderungen oder Nutzungsintentionen, untersucht, die vorwiegend auf Ebene einzelner Mitarbeiter oder Kunden auftreten.

Der 3. Forschungsstrang besteht aus 58 Studien, die sich mit den Folgen des generellen Technologieeinsatzes innerhalb eines oder zwischen mehreren Unternehmen beschäftigen. Innerhalb eines Unternehmens steht dabei der IT-Einsatz bzw. Digitalisierungsgrad, bspw. gemessen an den IT-Ausgaben eines Unternehmens, im Vordergrund. Zwischen mehreren Unternehmen oder zwischen Unternehmen und Kunden werden häufig die Folgen der zunehmenden Integration, sei es durch den Einsatz von Integrationstechnologien oder die internetbasierte Geschäftsabwicklung, beurteilt. Aus diesem Grund werden in diesem Forschungscluster häufig die auf Unternehmens- oder zwischenbetrieblicher Ebene entstehenden operativen Veränderungen, aber auch strategische und strukturelle Folgen untersucht.

3.3.2.2 Methodenprofil der IKT-Wirkungsanalyse

In den folgenden Abschnitten wird das Methodenprofil der IKT-Wirkungsforschung dargestellt, wobei sowohl eine zeitpunkt- als auch eine zeitraumbezogene Betrachtung gewählt wird.

In Abbildung 3-11 ist die Häufigkeitsverteilung der eingesetzten Forschungsmethoden dargestellt.

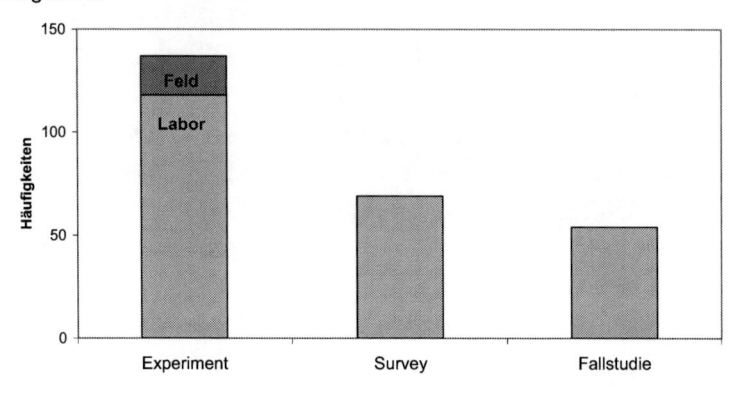

Abbildung 3-11: Methodenprofil der IKT-Wirkungsanalyse

Mehr als 50% der IKT-Wirkungsanalysen verwenden die Experimentalmethode, wobei davon lediglich 14% im Feld durchgeführt werden. 27% der IKT-Wirkungsanalysen basieren auf der Surveymethode und 21% führen eine fallstudienbasierte IKT-Wirkungsforschung durch. Entsprechend dieser Methodenausrichtung ist der Formalisierungsgrad der Ergebnisse vorwiegend quantitativ. Da die Datenerhebung meistens zu einem Zeitpunkt erfolgt, stellen die IKT-Wirkungsanalysen hauptsächlich Momentaufnahmen der IKT-Wirkungen dar. Lediglich in knapp 20% der Studien erfolgt die Wirkungserfassung über einen längeren Zeitraum. Zur Wirkungserfassung werden hauptsächlich schriftliche Befragungen mittels Fragebögen durchgeführt. Beobachtungen und sekundäre Datenanalysen kommen jeweils in ca. der Hälfte der IKT-Wirkungsanalysen zum Einsatz und in 29% der Studien werden Interviews durchgeführt. Ein Großteil der IKT-Wirkungsanalysen verwendet zur Datenerhebung eine Kombination mehrerer Erhebungstechniken.

Analysiert man die Entwicklung des Methodeneinsatzes über den Zeitablauf, dann ergibt sich ein signifikanter Zusammenhang zwischen dem Erscheinungsjahr und dem Methodeneinsatz (x^2=29.96, p=0.001). Dieser Zusammenhang ist in Abbildung 3-12 dargestellt.

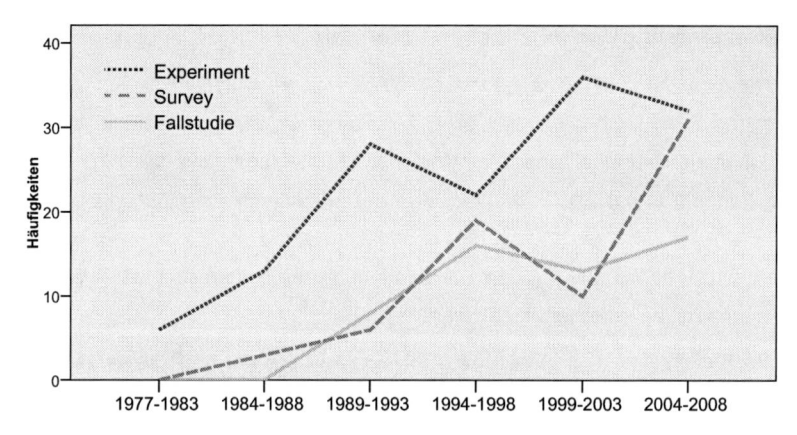

Abbildung 3-12: Zeitliche Entwicklung des Methodenprofils der IKT- Wirkungsanalyse

Zu Beginn und damit tendenziell in frühen Technologie-Entwicklungsstadien werden ausschließlich Experimente eingesetzt. Die Bedeutung von Experimenten steigt im Zeitablauf weiter an. Allerdings zeichnet sich Mitte der 90er Jahre und zum heutigen Zeitpunkt ein leichter Rückgang ab. Surveys dagegen werden in frühen IKT-Entwicklungsstadien selten eingesetzt. Die Bedeutung nimmt allerdings im weiteren Zeitverlauf tendenziell zu und zum heutigen Zeitpunkt sind Surveys anteilsmäßig gleichbedeutend zu Experimenten. Fallstudien finden in frühen Entwicklungsphasen überhaupt keine Anwendung. Erst in den mittleren Entwicklungsstadien, also vorwiegend dann, wenn sich die IKT bereits im betrieblichen Einsatz befinden, können Fallstudien eingesetzt werden. Danach flacht der Fallstudieneinsatz tendenziell ab.

Diese Entwicklung zeigt eine sehr typische Abstimmung der Methodenwahl auf die IKT-Entwicklungsphase. Experimente werden vorwiegend in den frühen IKT-Entwicklungsstadien eingesetzt, wenn das Testen verschiedener (prototypenbasierter) Designfeatures im Vordergrund steht. Surveyuntersuchungen und Fallstudien kommen erst dann zum Einsatz, wenn die IKT bereits im realen betrieblichen Umfeld implementiert ist.[152]

---

[152] Vgl. Adelman (1991), S. 293.

3.4 Bestimmung des inhaltlichen Potenzials

Basierend auf der in den vorangegangenen Abschnitten erfolgten Rekonstruktion des Forschungs- und Methodenprofils der IKT-Wirkungsforschung werden die Methoden im Folgenden einer inhaltlichen Potenzialanalyse unterzogen und damit Forschungsfrage 2 beantwortet (siehe S. 6). Dazu wird ausgehend von einer Gegenüberstellung des Forschungs- und Methodenprofils beurteilt, inwiefern die eingesetzten Methoden das Potenzial haben, die mit den verschiedenen Forschungsgegenständen verbundenen inhaltlichen Anforderungen zu erfüllen.

Für die Bestimmung des inhaltlichen Potenzials wurde der Methodenanteil an der Gesamtstichprobe (% *total*) in Relation zum Methodenanteil an dem jeweiligen Forschungsbereich (% *within*) gesetzt. Die Richtwerte zur Bestimmung des inhaltlichen Potenzials ergeben sich aus dem Methodenanteil an der Gesamtstichprobe (% *total*) ± 10% bzw. ± 30% (siehe dazu S. 50) und sind in Tabelle 3-2 angegeben. Durch einen Abgleich der Richtwerte mit den Methodenanteilen an dem jeweiligen Forschungsbereich (% *within*) (siehe Anhang B, Tabelle B-2) lässt sich das inhaltliche Potenzial der jeweiligen Methode bestimmen. Die Analyse des inhaltlichen Potenzials einer Methode erfolgt damit immer in Relation zu den anderen Methoden.

		Fallstudie	Experiment	Survey
		Anteil an der Gesamtstichprobe *(% total)*		
		20.8%	52.7%	26.5%
Potenzial	Abweichung von % *total* um	Richtwerte		
Sehr hohes Potenzial	+++	≥ 30% *(pos.)*	≥ 50.8%	≥ 82.7%	≥ 56.5%
Hohes Potenzial	++	≥ 10% *(pos.)*	30.8% - 50.7%	62.7% - 82.6%	36.5% - 56.4%
Mittleres Potenzial	+	< 10%	10.9% - 30.7%	42.8% - 62.6%	16.6% - 36.4%
Geringes Potenzial	-	≥ 10% *(neg.)*	≤ 10.8%	22.8% - 42.7%	≤ 16.5%
Kein Potenzial	- -	≥ 30% *(neg.)*	0%	≤ 22.7%	0%

Tabelle 3-2: Richtwerte der inhaltlichen Potenzialanalyse

3.4.1 Inhaltliches Potenzial der Fallstudienmethode

Das inhaltliche Potenzial der Fallstudienmethode zur Untersuchung der jeweiligen Forschungsbereiche ist in Tabelle 3-3 angegeben. In Spalte zwei sind die mit dem jeweiligen Forschungsbereich verbundenen inhaltlichen Anforderungen aufgeführt (siehe dazu auch *Kapitel 3.1*). In Spalte drei ist das inhaltliche Potenzial der Fallstudienmethode bestimmt. In Spalte vier ist angegeben, ob ein signifikanter Zusammenhang zwischen dem Forschungsbereich und der Methodenwahl besteht, wobei sich zeigt, dass alle Zusammenhänge mit einer Ausnahme hoch signifikant sind. Lediglich die Erforschung operativer Wirkungen weist keinen signifikanten Zusammenhang zur Methodenwahl auf. Das bedeutet, dass sich alle Methoden gleichermaßen für die Untersuchung operativer Veränderungen eignen.

Bestimmung des inhaltlichen Potenzials von Fallstudien	Inhaltliche Anforderung	Inhaltliches Potenzial	Sign.
Unabhängige Variable: Untersuchte IKT			
Technologiesicht			
Technologie	/	+	p=0.000
Anwendungssystem	/	+	p=0.000
Entwicklungsphase			
Komplettes System	↑	+	p=0.000
Designkomponenten	↓	- -	p=0.000
Unterstützungsebene			
Operative Ebene	↓	+	p=0.000
Analytische Ebene	↑	+	p=0.000
Übergreifende Ebene	↑	+	p=0.000
Abhängige Variable: Untersuchte IKT-Wirkungen			
Wirkungsart			
Operative, taktische Wirkungen	↓	+	p=0.570
Humanbezogene Wirkungen	→	+	p=0.000
Strategische Wirkungen	↑	+++	p=0.000
Strukturelle Wirkungen	↑	+++	p=0.000
Monetäre Wirkungen	/	+	p=0.000
Wirkungsebene			
Individuums-/Arbeitsplatzebene	↓	+	p=0.000
Bereichs-/Abteilungsebene	→	+	p=0.003
Unternehmensebene	↑	++	p=0.000
Zwischenbetriebliche Ebene	↑	++	p=0.000
Industrie-/Marktebene	↑	+++	p=0.000
Forschungsziel			
Strukturentdeckend	↑	+++	p=0.000
Strukturprüfend	/	-	p=0.000

/ keine Aussage   ↓ geringe Bedeutung   → mittlere Bedeutung   ↑ hohe Bedeutung
- - kein Potenzial   - geringes Potenzial   + mittleres Potenzial   ++ hohes Potenzial
+++ sehr hohes Potenzial

Tabelle 3-3: Inhaltliches Potenzial der Fallstudienmethode

Aus Tabelle 3-3 ist ersichtlich, dass der Einsatzbereich von Fallstudien zur IKT-Wirkungsforschung sehr breit ist. Mit Fallstudien können sowohl abstrakte Technologien als auch konkrete AS auf allen Unterstützungsebenen eines Unternehmens untersucht werden. Der Anwendungsbereich ist lediglich dadurch eingeschränkt, dass sich Fallstudien nicht zur Erforschung einzelner Systemkomponenten eignen.

Um die Fallstudienmethodik anwenden zu können, muss die zu erforschende IKT bereits im realen Einsatzfeld implementiert sein, so dass diese nur ganzheitlich und nicht zerlegt in isolierte Designkomponenten betrachtet werden kann. Die Fallstudienmethode lässt sich nicht nur zur Untersuchung verschiedener Technologiearten einsetzen, sondern erlaubt auch eine sehr umfassende Wirkungserfassung. Bei Durchführung von Fallstudienuntersuchungen kann das gesamte Spektrum an IKT-bedingten Veränderungen auf allen Ebenen in und zwischen Unternehmen untersucht werden. Im Gegensatz zu den anderen Methoden eignen sich Fallstudien insbesondere zur Untersuchung struktureller und strategischer Veränderungen, was hohe inhaltliche Anforderungen an die eingesetzte Methode stellt. Strukturelle und strategische Wirkungen sind häufig immaterieller Art und damit nur bedingt quantitativ erfassbar. Des Weiteren treten derartige Wirkungen meist indirekt und zeitlich versetzt auf, so dass sie einer bestimmten IKT nur schwierig zurechenbar sind. Fallstudien haben also das besondere Potenzial, komplexe sowie räumlich und zeitlich versetzte Ursache-Wirkungsbeziehungen zu erfassen. Damit sind der Fallstudienmethodik im Gegensatz zu den anderen Methoden auch IKT-Wirkungen zugänglich, die abteilungsübergreifend auf Unternehmensebene oder sogar über Unternehmensgrenzen hinaus bis auf Industrieebene auftreten.

Aufgrund der Möglichkeit zur umfassenden Wirkungserfassung hat die Fallstudienmethode in Relation zu den anderen Methoden das größte Potenzial zur Durchführung strukturentdeckender bzw. theoriebildender IKT-Wirkungsanalysen. Die Schwierigkeit derartiger Analysen liegt darin, dass die zu untersuchenden Wirkungen ex ante nicht spezifiziert sind, weswegen eine möglichst vollständige Wirkungserfassung notwendig ist. Da somit auch komplexe, qualitative und schwierig zurechenbare Wirkungen erfasst werden müssen, sind strukturentdeckende IKT-Wirkungsanalysen mit hohen inhaltlichen Anforderungen verbunden. Dennoch können mit Fallstudien grundsätzlich auch strukturprüfende Untersuchungen durchgeführt werden, was sich in vorliegender Studie bestätigt.[153] Im Rahmen der IKT-Wirkungsforschung werden 24% der Fallstudien zur Untersuchung geschlossener Hypothesen über vermutete IKT-Wirkungen eingesetzt.

Insgesamt kann festgehalten werden, dass Fallstudien im Vergleich zu den anderen Methoden ein sehr hohes Potenzial zur Erfüllung der inhaltlichen Anforderungen der

---

[153] Vgl. Dubé/Paré (2003), S. 598.

IKT-Wirkungsforschung haben. Die Fallstudienmethode wird also insbesondere dann angewandt, wenn ein Forschungsbereich untersucht werden soll, der mit vielen inhaltlichen Schwierigkeiten verbunden ist.

3.4.2 Inhaltliches Potenzial der Experimentalmethode

Das Potenzial der Experimentalmethode zur Erfüllung der inhaltlichen Anforderungen ist in Tabelle 3-4 dargestellt. Bei der Ergebnisinterpretation ist zu beachten, dass sich die untersuchte Stichprobe zu 86% aus Labor- und lediglich zu 14% aus Feldexperimenten zusammensetzt. Da zwischen der Experimentalumgebung und dem untersuchten Forschungsbereich allerdings kein signifikanter Zusammenhang besteht, kann die Unterscheidung zwischen Feld- und Laborexperimenten im Rahmen der inhaltlichen Potenzialanalyse vernachlässigt werden.

Bestimmung des inhaltlichen Potenzials von Experimenten	Inhaltliche Anforderung	Inhaltliches Potenzial	Sign.
Unabhängige Variable: Untersuchte IKT			
Technologiesicht			
Technologie	/	- -	p=0.000
Anwendungssystem	/	++	p=0.000
Entwicklungsphase			
Komplettes System	↑	-	p=0.000
Designkomponenten	↓	+++	p=0.000
Unterstützungsebene			
Operative Ebene	↓	-	p=0.000
Analytische Ebene	↑	++	p=0.000
Übergreifende Ebene	↑	+	p=0.000
Abhängige Variable: Untersuchte IKT-Wirkungen			
Wirkungsart			
Operative, taktische Wirkungen	↓	+	*p=0.570*
Humanbezogene Wirkungen	→	++	p=0.000
Strategische Wirkungen	↑	- -	p=0.000
Strukturelle Wirkungen	↑	- -	p=0.000
Monetäre Wirkungen	/	- -	p=0.000
Wirkungsebene			
Individuums-/Arbeitsplatzebene	↓	+	p=0.000
Bereichs-/Abteilungsebene	→	++	p=0.003
Unternehmensebene	↑	- -	p=0.000
Zwischenbetriebliche Ebene	↑	- -	p=0.000
Industrie-/Marktebene	↑	- -	p=0.000
Forschungsziel			
Strukturentdeckend	↑	--	p=0.000
Strukturprüfend	/	++	p=0.000

/ keine Aussage   ↓ geringe Bedeutung   → mittlere Bedeutung   ↑ hohe Bedeutung
- - kein Potenzial   - geringes Potenzial   + mittleres Potenzial   ++ hohes Potenzial
+++ sehr hohes Potenzial

Tabelle 3-4: Inhaltliches Potenzial der Experimentalmethode

Aus Tabelle 3-4 ist klar ersichtlich, dass der Anwendungsbereich der Experimentalmethode im Vergleich zur Fallstudienmethode deutlich eingeschränkt ist. Experimente können die mit der IKT-Wirkungsforschung verbundenen inhaltlichen Anforderungen nicht in der gleichen Breite erfüllen. Aus diesem Grund muss die Eignung der Experimentalmethode vor dem Hintergrund des jeweilig zu untersuchenden Forschungsbereichs differenziert beurteilt werden.

Hauptanwendungsbereich und Spezifikum der Experimentalmethode ist die Erforschung isolierter AS-Designkomponenten, wobei sich diese vorwiegend auf die analytische oder übergreifende Unterstützungsebene beziehen. Durch die mit der Experimentalmethode verbundenen Manipulations- und Kontrollmöglichkeiten ist der Forscher in der Lage, einzelne Designkomponenten, wie grafische und textuelle Benutzeroberflächen, gegeneinander zu testen. Die Wirkungen eines komplexen ganzheitlichen AS werden dagegen selten experimentell erforscht, da sich diese erst unter realen Einsatzbedingungen entfalten.

Hinsichtlich der untersuchten Wirkungen zeigt sich, dass die Experimentalmethode insbesondere zur Analyse kurzfristig auftretender Veränderungen in isolierten Wirkungsbereichen angewandt wird. Dazu zählen humanbezogene Wirkungen auf Individuums- und Bereichsebene, wie bspw. Einstellungsänderungen oder die Nutzerzufriedenheit mit verschiedenen Systemkomponenten. Daneben werden häufig auch operative Wirkungen untersucht, wie individuell ablaufende Lernprozesse oder die Qualität von Entscheidungen. Für eine Analyse komplexer Wirkungsbeziehungen auf übergeordneten Wirkungsebenen sind Experimente dagegen im Vergleich zu den anderen Methoden ungeeignet. Bei Durchführung einer experimentellen IKT-Wirkungsanalyse ist es also möglich, einen isolierten Realitätsausschnitt in seiner Tiefe, dafür aber nicht in seiner Breite zu erforschen.

Der besondere Anwendungsbereich der Experimentalmethode spiegelt sich in der Tatsache wieder, dass diese hauptsächlich für strukturprüfende IKT-Wirkungsanalysen eingesetzt wird. Die umfangreichen Kontrollmöglichkeiten erlauben es, geschlossene Hypothesen über vermutete Wirkungszusammenhänge in klar abgegrenzten Wirkungsbereichen zu überprüfen. Eine explorative Untersuchung ex ante unvermuteter Wirkungsbeziehungen, in denen eine möglichst vollständige Erfassung vielfältiger Wirkungen erfolgt, ist dagegen mit Experimenten nicht gut realisierbar.

Insgesamt kann festgehalten werden, dass sich Experimente nur für bestimmte Forschungsbereiche der IKT-Wirkungsforschung eignen. Die Experimentalmethode kann den inhaltlichen Anforderungen, die sich insbesondere bei der Untersuchung zeitlich und räumlich versetzt auftretender, interdependenter Ursache-Wirkungsbeziehungen ergeben, nicht in gleichem Maße gerecht werden wie die Fallstudienmethode. Aus diesem Grund werden Experimente vorwiegend zur Erforschung isolierter Wirkungsbereiche eingesetzt.

3.4.3 Inhaltliches Potenzial der Surveymethode

In Tabelle 3-5 ist das inhaltliche Potenzial der Surveymethode zur Untersuchung der jeweiligen Forschungsbereiche angegeben.

Bestimmung des inhaltlichen Potenzials von Surveys	Inhaltliche Anforderung	Inhaltliches Potenzial	Sign.
Unabhängige Variable: Untersuchte IKT			
Technologiesicht			
Technologie	/	+++	p=0.000
Anwendungssystem	/	+	p=0.000
Entwicklungsphase			
Komplettes System	↑	+	p=0.000
Designkomponenten	↓	-	p=0.000
Unterstützungsebene			
Operative Ebene	↓	++	p=0.000
Analytische Ebene	↑	-	p=0.000
Übergreifende Ebene	↑	+	p=0.000
Abhängige Variable: Untersuchte IKT-Wirkungen			
Wirkungsart			
Operative, taktische Wirkungen	↓	+	p=0.570
Humanbezogene Wirkungen	→	+	p=0.000
Strategische Wirkungen	↑	++	p=0.000
Strukturelle Wirkungen	↑	+	p=0.000
Monetäre Wirkungen	/	+++	p=0.000
Wirkungsebene			
Individuums-/Arbeitsplatzebene	↓	+	p=0.000
Bereichs-/Abteilungsebene	→	-	p=0.003
Unternehmensebene	↑	++	p=0.000
Zwischenbetriebliche Ebene	↑	++	p=0.000
Industrie-/Marktebene	↑	+	p=0.000
Forschungsziel			
Strukturentdeckend	↑	-	p=0.000
Strukturprüfend	/	+	p=0.000

/ keine Aussage   ↓ geringe Bedeutung   → mittlere Bedeutung   ↑ hohe Bedeutung
- - kein Potenzial   - geringes Potenzial   + mittleres Potenzial   ++ hohes Potenzial
+++ sehr hohes Potenzial

Tabelle 3-5: Inhaltliches Potenzial der Surveymethode

Aus Tabelle 3-5 ist ersichtlich, dass der Anwendungsbereich der Surveymethode zwar breiter ist als der von Experimenten, aber enger als der von Fallstudien. Surveybasierte Untersuchungen eignen sich zur Erforschung von AS oder Technologien vorwiegend auf operativer aber auch auf übergreifender Ebene, wobei diese vorwiegend ganzheitlich und nicht komponentenbasiert betrachtet werden. Im Gegensatz zu den anderen Methoden, die sich meist auf spezifische AS bzw. Technologien beziehen, werden mit Surveys häufig die Auswirkungen der generellen Technologie- bzw. Internetdurchdringung in und zwischen Unternehmen erforscht. Der Technologisierungsgrad wird dabei häufig durch die Höhe der IT-Ausgaben eines Unternehmens operationalisiert.

Die im Rahmen von Surveyuntersuchungen identifizierten Wirkungen sind sehr vielfältig. Neben operativen, humanbezogenen und strukturellen Veränderungen werden mit Surveys insbesondere auch strategische und monetäre[154] Wirkungen erforscht. Die identifizierten Wirkungen ziehen sich durch das gesamte Unternehmen bis auf die zwischenbetriebliche und Industrie-Ebene. Dies liegt auch darin begründet, dass sich Fragbögen mit relativ geringem Aufwand im gesamten Unternehmen und zwischen Transaktionspartnern distribuieren lassen. Zur Analyse von Gruppenphänomenen auf Bereichsebene eignen sich quantitativ ausgerichtete schriftliche Befragungen dagegen weniger.

Hinsichtlich des Forschungsziels ist zu beachten, dass sich Surveyuntersuchungen hauptsächlich zur Überprüfung vermuteter Wirkungszusammenhänge eignen. Eine offene Exploration ex ante nicht spezifizierter IKT-Wirkungen erfolgt dagegen in lediglich 7% der Surveys. Daher kann davon ausgegangen werden, dass die Surveymethode zwar eine sehr vielfältige, dafür aber weniger eine vollständige Wirkungserfassung erlaubt.

Insgesamt zeigt sich, dass Surveyuntersuchungen durchaus das Potenzial für eine vielfältige Wirkungserfassung haben, was sich mitunter auf die einfache Fragebogendistribution zurückführen lässt. Die Eignung der Surveymethode muss bei der Planung einer IKT-Wirkungsanalyse aber vor dem Hintergrund des angestrebten Forschungsziels differenziert beurteilt werden, da sich diese vorwiegend zur quantitativen Überprüfung und weniger zur explorativen Erfassung von IKT-Wirkungen eignet.

---

[154] Rein monetär ausgerichtete Untersuchungen zählen allerdings nicht mehr zum Gegenstandsbereich der in dieser Arbeit definierten IKT-WA (siehe Abbildung 2-1).

4 Methodische Potenzialanalyse

4.1 Methodische Anforderungen der IKT-Wirkungsanalyse

Bei der Planung und Durchführung von IKT-Wirkungsanalysen sind neben den mit dem Forschungsbereich verbundenen inhaltlichen Schwierigkeiten auch die methodischen Gütekriterien zu beachten. Wird die Wirkungsforschung methodisch nicht korrekt durchgeführt, dann können auch die inhaltlichen Anforderungen nicht erfüllt werden. Genauso ist bei Vernachlässigung der inhaltlichen Anforderungen eine methodisch korrekte Wiedergabe von Kausalbeziehungen unmöglich. Aus diesem Grund müssen in Abhängigkeit des konkreten Forschungsbereichs der IKT-Wirkungsanalyse ex ante Methoden gewählt werden, die den inhaltlichen und methodischen Anforderungen des Forschungsbereichs gerecht werden. Die Methoden sind dann ex post so anzuwenden, dass die methodische Güte maximiert wird.

Die im Folgenden erläuterten methodischen Anforderungen sind aus der allgemeinen Methodenliteratur abgeleitet und beziehen sich dabei nicht auf einzelne Forschungsmethoden, sondern sind grundsätzlich bei der Durchführung von empirischen Studien zu beachten.[155] Die Bedeutung der methodischen Anforderungen kann aber in Abhängigkeit des Forschungsziels und die Umsetzbarkeit der methodischen Anforderungen in Abhängigkeit der Forschungsmethode variieren. In den folgenden Abschnitten werden daher zunächst die methodischen Anforderungen erläutert und die Stellschrauben definiert, die zur Erfüllung der methodischen Anforderungen angewandt werden können. Die Anwendbarkeit der Stellschrauben kann entweder unabhängig oder abhängig von der eingesetzten Methode sein. Diejenigen Stellschrauben, die methodenabhängig sind, gehen in die methodische Potenzialanalyse ein.

4.1.1 Objektivität

Die Objektivität bezieht sich auf die Frage, ob die Ergebnisse unabhängig vom Forscher sind. Objektivität liegt also dann vor, wenn mehrere Forscher unabhängig voneinander zum gleichen Ergebnis kommen. Der Grad der Objektivität kann anhand eines Koeffizienten bestimmt werden, der angibt, wie hoch die Messergebnisse

---

[155] Vgl. Jenkins (1991), S. 113; Judd et al. (1991), S. 27-36; Shadish et al. (2002), S. 54, 63; Yin (2003), S. 33-39.

zweier Forscher korrelieren. Damit bildet die Objektivität einer Untersuchung die Grundvoraussetzung für die Reliabilität der Ergebnisse. In Anlehnung an den Forschungsablauf lassen sich die Formen der Durchführungs-, Auswertungs- und Interpretationsobjektivität unterscheiden. Zur Gewährleistung der Objektivität dienen in der Regel klare Instruktionen zu den einzelnen Phasen des Forschungsablaufs.[156] Da die Objektivität nicht von der Art der eingesetzten Forschungsmethode, sondern vom Forschungsprozess und Forscher abhängt, wird diese Anforderung nicht in die methodische Potenzialanalyse aufgenommen.

4.1.2 Reliabilität

Die Reliabilität (Zuverlässigkeit) einer Untersuchung bezieht sich auf die Frage, ob präzise gemessen wird, und ist ein Maß für die formale Genauigkeit der IKT-Wirkungsanalyse. Unter der Voraussetzung konstanter Messbedingungen ist die Reliabilität einer IKT-Wirkungsanalyse dann gegeben, wenn wiederholte Untersuchungen zum selben Ergebnis führen und somit frei von Messfehlern sind. Die Reliabilität einer Untersuchung ist eine wesentliche Voraussetzung für die Validität der Ergebnisse.[157]

Die Ursachen mangelnder Reliabilität und damit auch die Stellschrauben zur Erhöhung der Messgenauigkeit liegen in der Datenerhebung, wobei sowohl die Erhebungssituation als auch das Erhebungsinstrument ausschlaggebend sind.

1. Mangelnde Bedingungskonstanz

Mangelnde Bedingungskonstanz ist gegeben, wenn äußere Einflüsse zu schwankenden Messergebnissen führen. Gerade die Wirkungsentfaltung des IKT-Einsatzes kann von vielen situativen Faktoren abhängig sein, die sich aus dem Zusammenspiel von Mensch und Technik ergeben. Die operative Leistung eines in einem Unternehmen im Einsatz befindlichen AS kann bspw. in Abhängigkeit der Zugriffszahlen stark schwanken.

Eine Stellschraube zur Sicherstellung der Reliabilität ist damit die Isolation der Erhebungssituation von äußeren Einflüssen. Wird eine kontrollierte Untersuchungssituation geschaffen, die frei von Störungen ist, kann eine formal optimale Testsituation

---

[156] Vgl. Berekoven et al. (2006), S. 87; Rost (2005), S. 129-130.
[157] Vgl. Berekoven et al. (2006), S. 88; Jenkins (1991), S. 113; Yin (2003), S. 37.

erreicht werden. Dadurch lässt sich sicherstellen, dass wiederholte Untersuchungen unter konstanten Messbedingungen stattfinden können.

2. Mangelnde instrumentale Konstanz

Die mangelnde instrumentale Konstanz bezieht sich auf die Veränderung des zur Datenerhebung angewandten Messinstruments. Werden bspw. die Folgen des IKT-Einsatzes durch qualitative Interviews erhoben, dann können die Ergebnisse in Abhängigkeit des Vorwissens oder der Interpretationen des jeweiligen Interviewers stark schwanken.

Eine weitere Stellschraube zur Erhöhung der Reliabilität liegt damit in der Gestaltung des Messinstruments. Je standardisierter das Messinstrument ist, desto leichter lässt sich die Reliabilität der IKT-Wirkungsanalyse sicherstellen und das Ergebnis in weiteren Untersuchungen testen. Idealerweise sollte das Messinstrument dabei aus mehreren Items bestehen, die theoretisch und/oder empirisch abgesichert sind.[158]

Die Reliabilität von Ergebnissen kann anhand verschiedener Tests überprüft werden. Mit der Test-Retest-Methode werden die Ergebnisse zweier zu unterschiedlichen Zeitpunkten mit demselben Messinstrument durchgeführter Messungen verglichen. Mit der Paralleltest-Methode werden die Ergebnisse zweier zum gleichen Zeitpunkt mit unterschiedlichen Messinstrumenten durchgeführter Messungen verglichen. Die Korrelation der beiden Messergebnisse wird als Maß für die Reliabilität herangezogen. Besteht ein Messinstrument aus mehreren Items kann eine Reliabilitätsbeurteilung anhand dessen interner Konsistenz erfolgen. Dazu wird das Messinstrument in mehrere Itemgruppen geteilt, deren Korrelation anhand eines Gütekoeffizienten, wie bspw. dem Cronbach's Alpha, gemessen wird. Der Cronbach's-Alpha-Koeffizient gibt darüber Auskunft, inwiefern die Items eines Messinstruments inhaltlich das Gleiche erfassen, weswegen er auch ein Indikator für die Konstruktvalidität ist.[159]

Die Stellschrauben zur Erhöhung der Reliabilität sind in Tabelle 4-1 zusammengefasst.

---

[158] Vgl. Berekoven et al. (2006), S. 88; Judd et al. (1991), S. 52-53; Yin (2003), S. 34, 37.
[159] Vgl. Berekoven et al. (2006), S. 88; Judd et al. (1991), S. 51-52; Rost (2005), S. 130-131; Schnell et al. (2005), S. 151-153.

Störgrößen der Reliabilität	Methodische Stellschrauben
1 Mangelnde Bedingungskonstanz	Isolierte und kontrollierte Untersuchungssituation
2 Mangelnde instrumentale Konstanz	Standardisiertes Messinstrument

Tabelle 4-1: Stellschrauben zur Erhöhung der Reliabilität

Die Validität (Gültigkeit) bezieht sich auf die Frage, ob tatsächlich der eigentlich interessierende Sachverhalt gemessen wird. Übertragen auf IKT-Wirkungsanalysen sind die Ergebnisse dann als valide zu betrachten, wenn der Kausalzusammenhang zwischen dem IKT-Einsatz und den IKT-Wirkungen korrekt wiedergegeben wird. Die Validität von Untersuchungen kann anhand verschiedener Dimensionen beurteilt werden.[160] SHADISH/COOK/CAMPBELL (2002) differenzieren zwischen Konstruktvalidität, Inferenzvalidität, interner und externer Validität. Diese vier Typen sind nicht unabhängig voneinander und deren relative Bedeutung ist vor dem Hintergrund des Erkenntnisinteresses der jeweiligen Untersuchung zu beurteilen. Im Rahmen explorativer Untersuchungen, die nicht auf Hypothesentests ausgerichtet sind, ist die Inferenzvalidität und interne Validität zu vernachlässigen, wobei großer Wert auf die valide Messung von Konstrukten gelegt werden muss. Gegenteilig ausgerichtet sind strukturprüfende Untersuchungen, bei denen besonderer Wert auf die Validität des statistischen Schlusses sowie die interne Validität zu legen ist.[161]

4.1.3 Konstruktvalidität

Die Konstruktvalidität bezieht sich auf die Frage, inwieweit die interessierenden Variablen einer Untersuchung durch geeignete Konstrukte repräsentiert werden. Mit der Konstruktvalidität wird demnach die Qualität der Messkonstrukte und damit insbesondere der vorgenommenen Operationalisierungen überprüft. Konstruktvalidität ist dann gegeben, wenn die interessierenden theoretischen Konstrukte anhand adäquater Operationalisierungen gemessen werden und sich aus den Messkonstrukten überprüfbare Zusammenhänge theoretisch ableiten und empirisch nachweisen lassen. Damit bildet die Konstruktvalidität die grundlegende Voraussetzung für intern valide Ergebnisse. Die Konstruktvalidität lässt sich mit Multitrait-Multimethod-Techniken überprüfen. Damit lässt sich eine Aussage treffen, ob die Messung eines

---

[160] Da sich die Inhalts- und Kriteriumsvalidität von Untersuchungen nur bedingt anhand objektiver Kriterien beurteilen lassen, werden diese Kriterien nicht zur Validitätsbeurteilung von Untersuchungen herangezogen (siehe dazu auch Schnell et al. (2005), S. 155-156).
[161] Vgl. Judd et al. (1991), S. 29.

Konstrukts mit unterschiedlichen Methoden zu hoch korrelierten Ergebnissen führt (konvergente Validität) und angenommene gegensätzliche Konstrukte keine Korrelation aufweisen (diskriminante Validität).[162]

In der Literatur findet sich eine Reihe von Ursachen mangelnder Konstruktvalidität. Auf die wesentlichen Ursachen, die sich durch eine Anpassung des Untersuchungsdesigns vermeiden lassen, soll im Folgenden eingegangen werden.

1. Mono-Operation Bias und Mono-Method Bias (bzw. Common Method Bias)[163]

Mangelnde Konstruktvalidität kann durch *mono-operation bias* und *mono-method bias* entstehen. Darunter sind Verzerrungen subsumiert, die durch zu einseitige Operationalisierungen von Konstrukten auftreten können. Während sich *mono-operation bias* auf die Operationalisierung der unabhängigen Variablen bezieht, richtet sich *mono-method bias* auf die Messung der abhängigen Variablen.

Bezogen auf IKT-Wirkungsanalyse kann ein *mono-operation bias* dadurch bedingt sein, dass das Konstrukt IKT zu einseitig gemessen wird, indem nur ein einzelnes, in einem speziellen Unternehmen implementiertes AS untersucht wird. Konstruktvalidität und externe Validität stehen damit in einer engen Beziehung zueinander. Zur Verminderung derartiger Verzerrungen sollten daher mehrere IKT-Einsatzsituationen untersucht werden, da dadurch das Konstrukt IKT besser repräsentiert werden kann.

Demgegenüber kann ein *mono-method bias* dadurch entstehen, dass die IKT-bedingten Veränderungen zu einseitig operationalisiert bzw. gemessen; bspw. indem nur subjektive Selbsteinschätzungen als Datenerhebungsverfahren angewandt werden. Zur Vermeidung derartiger Verzerrungen sollten die Hauptkonstrukte durch mehrere Items repräsentiert und mehrere Datenerhebungsverfahren zur Erfassung der IKT-Wirkungen kombiniert werden.

2. Reaktive Effekte auf die Untersuchungssituation

Reaktives Verhalten in Untersuchungssituationen kann verschiedene Ausprägungen haben. So kann es vorkommen, dass sich die Versuchspersonen bewusst wünschenswert bzw. korrekt verhalten. Reaktives Verhalten kann sich auch in einem Placeboeffekt äußern, indem alleine die Tatsache, dass sich die Versuchspersonen der Treatmentsetzung bewusst sind, einen Effekt auslöst.

---

[162] Vgl. Judd et al. (1991), S. 27-28; Straub (1989), S. 150-151.
[163] Siehe dazu auch Podsakoff et al. (2003).

Zur Verminderung reaktiver Effekte sollten daher zur Erfassung der IKT-Wirkungen mehrere Datenerhebungstechniken angewandt werden, die auch nicht-reaktive, externe Messungen einbeziehen, welche nicht auf einer Selbsteinschätzung der Versuchspersonen basieren. Um die Bildung von Erwartungen und entsprechender Reaktionen zu vermeiden, kann zudem der Hintergrund der Untersuchung (wie die untersuchten IKT-Wirkungen oder vermuteten Wirkungszusammenhänge) sowohl für die Versuchspersonen als auch die Versuchsleiter verdeckt gehalten werden.[164]

Die Stellschrauben zur Erhöhung der Konstruktvalidität sind in Tabelle 4-2 zusammengefasst.

	Störgrößen der Konstruktvalidität	Methodische Stellschrauben
1	Mono-operation bias	Replikation
2	Mono-method bias	Datentriangulation (Kombination von Datenerhebungsverfahren)
3	Reaktive Effekte	Datentriangulation (Kombination von Datenerhebungsverfahren)

Tabelle 4-2: Stellschrauben zur Erhöhung der Konstruktvalidität

4.1.4 Inferenzvalidität

Die Inferenzvalidität bzw. Validität des statistischen Schlusses bezieht sich auf die Frage, wie zuverlässig der angenommene Zusammenhang zwischen den unabhängigen und abhängigen Variablen ist. Die Validität des statistischen Schlusses bezieht sich dabei auf zwei Komponenten, zum einen auf das Vorhandensein eines Zusammenhangs (Signifikanz) und zum anderen auf die Größe des Zusammenhangs (Effektstärke). Invalide Signifikanzaussagen haben zwei Fehlerquellen (siehe Abbildung 4-1).

Wahrer Zustand / Entscheidung	H_0 (Kein Zusammenhang zwischen der IKT und der abhängigen Variablen)	H_1 (Zusammenhang zwischen der IKT und der abhängigen Variablen)
Beibehaltung H_0 (Kein Zusammenhang zwischen der IKT und der abhängigen Variablen)	Richtige Entscheidung $(1-\alpha)$	Fehler 2. Art (β)
Ablehnung H_0 (Zusammenhang zwischen der IKT und der abhängigen Variablen)	Fehler 1. Art (α)	Richtige Entscheidung $(1-\beta = \text{Power})$

Abbildung 4-1: Validität von Signifikanzaussagen

---

[164] Vgl. Judd et al. (1991), S. 30-32; Shadish et al. (2002), S. 72-81; Söhnchen (2007); Yin (2003), S. 47.

Die erste Invaliditätsursache (Fehler 1. Art bzw. α-Fehler) besteht darin, aufgrund der Untersuchungsergebnisse fälschlicherweise einen signifikanten Zusammenhang anzunehmen, obwohl dieser nicht vorhanden ist (Ablehnung von H_0, obwohl H_0 wahr ist). Die zweite Invaliditätsursache (Fehler 2. Art bzw. β-Fehler) ist dann gegeben, wenn aufgrund der Untersuchungsergebnisse fälschlicherweise kein signifikanter Zusammenhang angenommen wird, obwohl dieser vorhanden ist (Beibehaltung von H_0, obwohl H_1 wahr ist). Der Fehler 1. Art kann durch Vorgabe des Signifikanzniveaus α kontrolliert werden. Je größer das Signifikanzniveau ist, desto geringer ist die Irrtumswahrscheinlichkeit $1-\alpha$. Demgegenüber kann der Fehler 2. Art aufgrund der Unkenntnis des wahren Zusammenhangs nicht kontrolliert werden. Das maximale Risiko für einen Fehler 2. Art ist allerdings auf $1-\alpha$ begrenzt.[165]

Wird ein vorhandener Zusammenhang als signifikant erkannt, dann bedeutet dies noch nicht, dass dieser Zusammenhang auch bedeutsam ist. Daher gilt es neben der Signifikanz auch die Effektstärke bzw. Bedeutsamkeit zu bestimmen. Signifikanz und Effektstärke stehen für zwei unterschiedliche Konzepte, sind aber voneinander abhängig. Die Effektstärke kann durch unterschiedliche Effektstärkenmaße quantifiziert werden, die, zusammen mit Richtwerten interpretiert, eine Abschätzung der Bedeutsamkeit eines signifikanten Effekts ermöglichen.[166]

Valide Aussagen zur Signifikanz und Größe eines Zusammenhangs hängen zum Großteil von der Gestaltung des Untersuchungsdesigns ab. Im Folgenden soll daher auf die wesentlichen Ursachen invalider Signifikanzaussagen eingegangen und methodische Stellschrauben zur Überwindung der Problembereiche vorgeschlagen werden. Dabei werden keine Stellschrauben aufgeführt, die unabhängig von der Ausgestaltung des Untersuchungsdesigns und damit nicht methodenspezifisch sind.[167]

1. Geringe statistische Power[168]

Eine wesentliche Ursache für invalide Signifikanzaussagen ist eine zu geringe statistische Power. Je geringer die statistische Power $(1-\beta)$ eines Tests ist, desto größer ist

---

[165] Vgl. Bourier (2006), S. 288-290; Shadish et al. (2002), S. 42-44; Straub (1989), S. 152.
[166] Vgl. Cohen (1992), S. 156-157; Rost (2005), S. 172-173; Shadish et al. (2002), S. 42-44.
[167] Eine nicht-methodenspezifische Stellschraube ist bspw. die Erhöhung der Power durch eine Zunahme des zu entdeckenden Effekts.
[168] Auch als Teststärke bezeichnet.

die Wahrscheinlichkeit, einen in Wahrheit signifikanten Zusammenhang nicht zu erkennen (β). Über eine Steigerung der Power von IKT-Wirkungsanalysen lässt sich damit die Validität des statistischen Schlusses erheblich beeinflussen. Zur Erhöhung der Power gibt es einige Stellschrauben, die sich in der gewählten Methode und dem angewandten Untersuchungsdesign manifestieren.

Eine Stellschraube zur Erhöhung der Power ist die Anzahl der Untersuchungseinheiten. Mit einer Erweiterung der Stichprobe wird der Standardfehler des Stichprobenmittelwerts reduziert und damit die Wahrscheinlichkeit erhöht, auch eine geringe Effektgröße als signifikant zu erkennen. Des Weiteren ist auch darauf zu achten, die Stichprobe anteilsmäßig relativ gleich in Teilstichproben bzw. Gruppen aufzuteilen. Da allerdings mit einer hinreichend großen Stichprobe die Gefahr besteht, auch nicht bedeutsame Effekte als signifikant auszuweisen, sollte die Erhöhung der Stichprobe nicht unreflektiert erfolgen. Wenn aufgrund inhaltlicher Überlegungen ein höheres β-Risiko toleriert werden kann, dann kann es sinnvoll sein, die Stichprobe zu reduzieren. Gängigerweise wird die Bestimmung der Stichprobengröße und Effektgröße dann als optimal betrachtet, wenn eine Power von 80% erreicht wird.[169] Allerdings sollte bei poweranalytischen Überlegungen zur IKT-Wirkungsanalyse beachtet werden, dass die Effektgrößen in diesem Bereich im Vergleich zu anderen Forschungsbereichen tendenziell gering ausfallen.[170] Eine Anhebung der Stichprobengröße kann also gerade bei der Planung von IKT-Wirkungsanalysen von hoher Bedeutung sein.

Eine andere Maßnahme besteht darin, die Stärke und Variabilität des Treatments zu erhöhen. Voraussetzung dafür ist die Möglichkeit einer aktiven und kontrollierten Stimulussetzung. Werden IKT in ihrem natürlichen Einsatzkontext untersucht, dann sind einer kontrollierten Stimulussetzung grundsätzlich Grenzen gesetzt und die Stärke bzw. Variabilität des Treatments muss weitestgehend als gegeben betrachtet werden.[171]

Eine weitere Stellschraube zur Erhöhung der Power liegt in der Ausgestaltung der Messung. Zum einen ist es grundsätzlich möglich, die Power durch die Einführung

---

[169] Siehe dazu Cohen (1988).
[170] Vgl. Baroudi/Orlikowski (1989), S. 90.
[171] Vgl. Shadish et al. (2002), S. 47.

mehrerer Messzeitpunkte zu erhöhen.[172] Zum anderen trägt eine hohe Messgenauigkeit bspw. durch Ausweitung der Antwortmöglichkeiten zur Steigerung der Power bei. Letztlich kann die Power auch durch Aufnahme äußerer Einflussfaktoren (Kontrollvariablen bzw. Kovariaten) in das Untersuchungsmodell erhöht werden. Die Messung von Kontrollvariablen und deren Auswertung, bspw. im Rahmen einer Kovarianzanalyse, führt über eine Steigerung der Effektgröße zur Erhöhung der statistischen Power.[173]

Daneben gibt es eine Reihe weiterer Möglichkeiten zur Erhöhung der Power, auf die allerdings nicht näher eingegangen werden soll, da diese weitestgehend unabhängig von den Stellschrauben der Forschungsmethoden sind. Dazu zählt bspw., bei der Datenanalyse einen adäquaten statistischen Test zu wählen und auf die Erfüllung der Testannahmen zu achten. So haben parametrische Tests bei gleicher Stichprobengröße grundsätzlich eine höhere Power als nichtparametrische Tests. Des Weiteren haben Tests zur Überprüfung einseitiger Fragestellungen eine höhere Power als diejenigen zur Überprüfung zweiseitiger Fragen.[174]

2. Verletzung von Annahmevoraussetzungen statistischer Tests

Invalide Signifikanzaussagen können auch durch eine Verletzung von Testannahmen bedingt sein. Werden falsche Tests angewandt und/oder Annahmevoraussetzungen verletzt, wie bspw. die Normalverteilung und Unabhängigkeit der Stichproben, dann kann es zu einer Erhöhung des Fehlers 1. und 2. Art kommen. Dazu zählt auch die fehlerhafte Anwendung von Methoden zur Messung der Effektgröße.

Da diese Invaliditätsursache hauptsächlich auf den Prozess der Datenanalyse und nicht auf die Ausgestaltung des Untersuchungsdesigns zurückzuführen ist, wird diese aus der weiteren Analyse ausgeschlossen.

3. α-Fehler-Kumulierung

Werden bezogen auf eine Fragestellung gleichzeitig mehrere unabhängige Signifikanztests durchgeführt, dann besteht die Gefahr einer α-Fehler-Kumulierung und damit einer Unterschätzung der tatsächlichen α-Fehler-Wahrscheinlichkeit.

---

[172] Vgl. Maxwell (1998).
[173] Vgl. Maxwell (1998), S. 257.
[174] Vgl. Baroudi/Orlikowski (1989); Rost (2005), S. 174-180; Shadish et al. (2002), S. 45-48.

Eine einfache und konservative Korrekturmöglichkeit ist die Bonferroni-Korrektur, bei der α durch die Anzahl der Tests geteilt wird. Ob eine α-Fehler-Adjustierung durchgeführt werden sollte, ist allerdings abhängig von der relativen Bedeutung des α- und β-Fehlers, da bei jeder α-Fehler-Adjustierung das Risiko für einen β-Fehler steigt. Da auch diese Invaliditätsursache nicht durch methodische Stellschrauben beeinflusst werden kann, wird diese aus der weiteren Analyse ausgeklammert.

4. Unreliable und restriktive Messungen

Invalide Signifikanzaussagen können auch auf unreliable Messungen der unabhängigen und/oder abhängigen Variablen zurückzuführen sein. Die Gefahr unreliabler Messungen ist insbesondere bei Längsschnittsstudien zu beachten, mit denen zeitliche Veränderungen erfasst werden sollen. Daneben kann auch eine zu geringe Spannweite der möglichen Messwerte der Variablen zu invaliden Schlüssen führen.

Zur Vermeidung von Einschränkungen der Inferenzvalidität, die durch unreliable und/oder zu restriktive Messungen bedingt sind, können multiple Messungen durchgeführt (bspw. durch mehrere Items oder mehrere Forscher), die Qualität und Spannbreite der Messungen erhöht (bspw. durch die Nutzung abgesicherter Items und die Ausweitung des möglichen Wertebereichs) oder latente Analysetechniken angewandt werden. Da diese Stellschrauben nur sehr begrenzt von der angewandten Methode abhängen, werden sie von der weiteren Potenzialanalyse ausgeschlossen.

5. Unreliable und restriktive Treatmentsetzung

Die Inferenzvalidität von IKT-Wirkungsanalysen ist auch gefährdet, wenn Treatments inkonsistent eingesetzt werden (bspw. von Person zu Person verschieden) und/oder die Treatments eine zu geringe Spannbreite bzw. Variabilität aufweisen.

Die Spannbreite der Treatmentsetzung kann durch deutlich unterschiedliche Treatments (bspw. keine IKT vs. IKT) ausgeweitet werden. Dazu müssen einerseits eine aktive Stimulussetzung und andererseits eine kontrollierte Stimulussetzung möglich sein. Letzteres ist insbesondere in einer Laborumgebung gegeben.

6. Einflüsse der Untersuchungsumgebung

Die Korrektheit des statistischen Schlusses kann auch dadurch beeinträchtigt sein, dass äußere Einflüsse der Untersuchungsumgebung auf die abhängigen Variablen wirken.

Ein möglicher Lösungsansatz ist die Kontrolle der Umgebungseinflüsse durch randomisierte Gruppenbildung. Eine andere Stellschraube ist die Isolierung der Untersuchung von äußeren Einflüssen. Sind die Möglichkeiten der randomisierten Gruppenbildung oder Isolation (bspw. in Feld- oder Surveyuntersuchungen) eingeschränkt, sollten die Ursachen der externen Varianz als Kontrollvariablen mit in die Messung einbezogen und bei der Auswertung berücksichtigt werden.

7. Heterogenität der Analyseeinheiten

Je heterogener die Untersuchungseinheiten bezogen auf die abhängige Variable sind, desto schwieriger ist es, Zusammenhänge zu erkennen. Die Fehlerwahrscheinlichkeit erhöht sich auch, wenn Interaktionen zwischen den Eigenschaften der Untersuchungspersonen und der abhängigen Variablen unkontrolliert bleiben.

Dieser Interaktionseffekt kann durch die Auswahl einer, bezogen auf die zu kontrollierenden Eigenschaften, homogenen Stichprobe vermieden werden. Allerdings schränkt dieses Vorgehen die externe Validität der Untersuchungsergebnisse ein. Da dieses Vorgehen nicht methodenspezifisch ist, wird es nicht als Stellschraube in die Potenzialanalyse aufgenommen.[175]

Die methodenspezifischen Stellschrauben zur Erhöhung der Inferenzvalidität sind in Tabelle 4-3 zusammengefasst.

---

[175] Vgl. Shadish et al. (2002), S. 45-52.

	Störgrößen der Inferenzvalidität	Methodische Stellschrauben
1	Geringe statistische Power	Stichprobengröße
		Aktive Stimulussetzung
		Isolierte und kontrollierte Untersuchungssituation
		Mehrere Messzeitpunkte
		Messung von Kontrollvariablen
2	Unreliable und restriktive Treatmentsetzung	Isolierte und kontrollierte Untersuchungssituation
		Aktive Stimulussetzung
3	Einflüsse der Untersuchungsumgebung	Isolierte und kontrollierte Untersuchungssituation
		Randomisierte Gruppenkonfiguration
		Messung von Kontrollvariablen

Tabelle 4-3: Stellschrauben zur Erhöhung der Inferenzvalidität

4.1.5 Interne Validität

Die interne Validität steht in enger Interaktion mit der Inferenzvalidität, da sich beide Konzepte mit dem Zusammenhang zwischen einer unabhängigen und einer abhängigen Variablen befassen. Während sich die Inferenzvalidität auf die Frage bezieht, ob ein relevanter Zusammenhang zwischen der unabhängigen und abhängigen Variablen besteht, stellt sich bei der Beurteilung der internen Validität die Frage, ob der Zusammenhang wirklich auf eine Kausalbeziehung zurückzuführen ist. Die interne Validität spielt demnach nur bei Forschungsarbeiten eine Rolle, in denen ein Kausalzusammenhang untersucht wird.[176] Da sich IKT-Wirkungsanalysen per se mit Kausalzusammenhängen beschäftigen, ist die interne Validität für diesen Forschungsbereich von sehr hoher Bedeutung.

Intern valide Ergebnisse sind dann gegeben, wenn das Forschungsdesign einen untersuchten Kausalzusammenhang korrekt wiedergibt, d. h. die empirisch beobachtete Variation der abhängigen Variablen eindeutig auf die Manipulation der unabhängigen Variablen zurückzuführen ist. Je weniger unkontrollierte Störeinflüsse den Kausalzusammenhang beeinflussen, desto höher ist die interne Validität der Untersuchung. Zu den Ursachen mangelnder interner Validität zählen also alle Faktoren bzw. Störeinflüsse, die neben der als ursächlich angenommenen Variablen auf die abhängige Variable wirken und damit den angenommenen Kausalzusammenhang beeinträchtigen. Können derartige Störgrößen eliminiert, konstant gehalten oder kontrolliert werden, dann lässt sich die interne Validität von IKT-Wirkungsanalysen

---

[176] Vgl. Yin (2003), S. 36.

erhöhen. Die wichtigsten Störgrößen, die nicht unabhängig voneinander sind, sondern sich gegenseitig beeinflussen, sind im Folgenden aufgeführt.[177]

1. Zeiteinflüsse

Unter Zeiteinflüssen sind externe Einflüsse zu verstehen, die zwischen der Stimulussetzung und dem Posttest zusätzlich wirken und damit die abhängige Variable beeinträchtigen können.[178] Im Rahmen der IKT-Wirkungsforschung sind dabei insbesondere organisatorische Entscheidungen zu beachten, die auf die IKT-Einführung folgen und damit ursächlich für wahrgenommene Veränderungen sein können.

Die wirkungsvollste Technik zur Kontrolle derartiger Störgrößen ist die Isolation der Untersuchung durch die Schaffung einer Laborumgebung. Ist eine Elimination zeitlicher Einflüsse nicht möglich, dann kann durch eine randomisierte Gruppenkonfiguration sichergestellt werden, dass sich die Einflüsse konstant auf die verschiedenen Gruppen auswirken.

2. Maturationseffekte

Bei Maturationseffekten handelt es sich um im Zeitablauf der Untersuchung wirkende biologisch-psychologische Veränderungen der Versuchspersonen. Derartige Entwicklungseffekte können sich bspw. in Einstellungsänderungen oder Müdigkeit äußern, die dann die eigentliche Ursache einer beobachteten Veränderung darstellen. Eine methodische Maßnahme zur Kontrolle von Maturationseffekten ist die Einführung einer randomisierten Kontrollgruppe.

3. Mess- bzw. Testeffekte

Messeffekte sind Auswirkungen des Pretests auf den Posttest. So kann die Anwendung eines Pretests bei Versuchspersonen bspw. Lerneffekte oder sonstige reaktive Effekte auslösen.

Derartige reaktive Effekte können im Rahmen von IKT-Wirkungsanalysen durch die Einführung einer randomisierten Kontrollgruppe, welche keinem Pretest ausgesetzt ist, gemessen und dadurch kontrolliert werden.

---

[177] Siehe hierzu und im Folgenden Campbell/Stanley (1966), S. 5; Judd et al. (1991), S. 32-34, 75-79; Rost (2005), S. 86-91; Shadish et al. (2002), S. 54-61; Straub (1989), S. 151-152; Zimmermann (1972), S. 76-78.

[178] Im weitesten Sinne können damit alle der im Folgenden genannten Beeinträchtigungen der internen Validität als Zeiteinflüsse charakterisiert werden.

4. Instrumentationseffekte

Unter Instrumentationseffekten werden im Zeitverlauf auftretende Veränderungen des Messinstruments bzw. -prozesses subsumiert, die insbesondere bei weit auseinander liegenden Messungen in Langzeituntersuchungen zu beachten sind. Derartige Effekte entstehen nicht auf Seiten der Versuchspersonen, sondern beziehen sich auf die Datenerhebung bzw. Messung.

Eine Möglichkeit zur Reduktion von Instrumentationseffekten ist die Kalibrierung der Messinstrumente, was allerdings unabhängig von der eingesetzten Methode ist. Eine andere Stellschraube liegt in der Bildung randomisierter Subgruppen, so dass sich möglicherweise auftretende Instrumentationseffekte auf beide Gruppen in gleicher Weise auswirken.

5. Statistische Regressionseffekte

Werden Versuchspersonen aufgrund ihrer extremen Merkmalsausprägungen untersucht, dann können statistische Regressionseffekte auftreten. Da bei einer weiteren Messung dementsprechend die Ausprägungsmöglichkeiten der abhängigen Variablen eingeschränkt sind, wird sich die Merkmalsausprägung tendenziell zum Mittelwert verschieben.

Möglichkeiten zur Vermeidung einer Mittelwertsregression sind die Bildung randomisierter Subgruppen innerhalb der Extremgruppe oder die Erhöhung der Reliabilität der Messkonstrukte.

6. Selektionseffekte

Im Rahmen der Gruppenzuordnung der Analyseeinheiten können Selektionseffekte wirken, die dazu führen, dass Unterschiede zwischen den Analyseeinheiten die eigentliche Ursache für wahrgenommene Veränderungen sind. So können Versuchspersonen bereits vor der Stimulussetzung hinsichtlich bestimmter Variablen vom Durchschnitt divergieren und beobachtete Effekte werden dann fälschlicherweise der Treatmentsetzung zugeschrieben.

Verzerrungen bei der Gruppenzuordnung können am besten durch eine randomisierte Gruppenbildung oder, falls dies nicht möglich ist, durch eine Parallelisierung der Subgruppen verhindert werden.

7. Stichprobenmortalität

Dieser Effekt bezieht sich auf Ausfälle unter den Versuchspersonen, die im Laufe der IKT-Wirkungsanalyse auftreten können. Stichprobenmortalität ist somit eine Form der Auswahlverzerrung, die allerdings erst nach der Stimulussetzung eintritt und sich damit auch nicht durch Randomisierung vermeiden lässt. Da sich das Problem der Stichprobenmortalität nicht durch methodische Stellschrauben lösen lässt, wird diese Invaliditätsursache aus der weitergehenden Analyse ausgeschlossen.

8. Unklarheit über die zeitliche Abfolge von Variablen

Ist nicht eindeutig bestimmbar, ob die als unabhängig angenommene Variable tatsächlich der potenziell abhängigen Variablen vorausgeht, können keine kausalen Schlüsse gezogen werden. So ist es im Falle einer IKT-Wirkungsanalyse unter Umständen schwierig einzuschätzen, ob organisatorische Veränderungen dem IKT-Einsatz vorausgegangen sind oder diesem folgen.

Durch zusätzliche Messungen im Sinne eines Längsschnittsdesigns lässt sich die Richtung des Kausalzusammenhangs mit größerer Sicherheit bestimmen.

9. Interaktionseffekte

Interagieren mehrere der dargestellten Effekte, dann liegen Interaktionseffekte vor. So können bspw. Auswahlverzerrungen dazu führen, dass in den jeweiligen Gruppen unterschiedliche Maturationseffekte wirken.

Zur Vermeidung derartiger Interaktionseffekte ist eine Kombination der auf den Einzeleffekt bezogenen Maßnahmen notwendig. Aus diesem Grund wird diese Invaliditätsursache nicht weiter betrachtet.

Die methodenspezifischen Stellschrauben zur Erhöhung der internen Validität sind in Tabelle 4-4 zusammengefasst.

	Störgrößen der internen Validität	Methodische Stellschrauben
1	Zeiteinflüsse	Isolierte Untersuchungssituation
		Randomisierte Gruppenkonfiguration
2	Maturationseffekte	Randomisierte Gruppenkonfiguration
3	Mess- bzw. Testeffekte	Randomisierte Gruppenkonfiguration
4	Instrumentationseffekte	Randomisierte Gruppenkonfiguration
5	Statistische Regressionseffekte	Randomisierte Gruppenkonfiguration
6	Selektionseffekte	Randomisierte Gruppenkonfiguration
7	Unklarheit über die zeitliche Abfolge von Variablen	Mehrere Messzeitpunkte

Tabelle 4-4: Stellschrauben zur Erhöhung der internen Validität

4.1.6 Externe Validität

Die externe Validität beschäftigt sich mit der Frage, inwiefern sich der beobachtete kausale Zusammenhang auch auf andere Personen, Situationen, Objekte, Zeitpunkte usw. übertragen lässt und damit generalisierbar ist. Je nachdem, für welche Objektbereiche Aussagen gewonnen werden sollen, bezieht sich die Übertragbarkeit der Untersuchungsergebnisse auf einen breiteren Kontext (bspw. größere Stichprobe), einen engeren Kontext (bspw. Individuum), einen ähnlichen Kontext (bspw. ähnliche Stichprobe), einen andersartigen Kontext (bspw. andere Stichprobe) oder die interessierende Grundgesamtheit (Population). Aus diesem Grund ist es entscheidend, zu Beginn der IKT-Wirkungsanalyse festzulegen, für welchen Kontext die (hypothetisierte) Kausalbeziehung Gültigkeit besitzen soll.[179]

Notwendige Bedingung für externe Validität ist das Vorhandensein intern valider Ergebnisse. Unter der Voraussetzung intern valider Ergebnisse ist die Übertragbarkeit der IKT-Wirkungsanalyse dann eingeschränkt, wenn Interaktionseffekte zwischen der Kausalbeziehung und den untersuchten Analyseeinheiten, Treatments, Ergebnissen und Situationen auftreten. Die im Folgenden erläuterten Interaktionseffekte können damit als Ursachen mangelnder externer Validität betrachtet werden.

1. Interaktion der Kausalbeziehung mit den Analyseeinheiten

Diese Ursache bezieht sich auf die Frage, ob ein beobachteter Effekt auch für andere als die in der Stichprobe enthaltenen Analyseeinheiten bzw. für die interessierende Population Gültigkeit besitzt. Bestehen Interaktionsbeziehungen mit der Auswahl der Untersuchungseinheiten, dann sind die beobachteten Wirkungen nur auf die für die jeweilige Stichprobe typischen Reaktionen zurückzuführen. Je verzerrter die Stichprobe ist, desto wahrscheinlicher sind derartige Interaktionseffekte und umso geringer damit die Übertragbarkeit der Ergebnisse.

Zur Erhöhung der Übertragbarkeit der Ergebnisse einer IKT-Wirkungsanalyse auf die interessierende Population sollte daher eine repräsentative Stichprobe herangezogen werden. Die Repräsentativität lässt sich zum einen durch eine Zufallsauswahl der Analyseeinheiten aus der interessierenden Population sicherstellen. Da bei Durchführung von IKT-Wirkungsanalysen die Analyseeinheiten häufig durch die Nutzergruppen eines bestimmten Systems vorgegeben sind, ist eine randomisierte

---

[179] Vgl. Campbell/Stanley (1966), S. 5; Judd et al. (1991), S. 35; Shadish et al. (2002), S. 83-84.

Stichprobenziehung allerdings schwierig zu realisieren.[180] Zum anderen wird die Wahrscheinlichkeit für eine repräsentative Stichprobe nach dem Gesetz der Großen Zahlen durch eine Ausweitung der Stichprobengröße erhöht. Neben der Untersuchung einer repräsentativen Stichprobe lässt sich die Stabilität bzw. Übertragbarkeit der Ergebnisse durch eine Replikation der Untersuchung mit weiteren Analyseeinheiten überprüfen.[181]

2. Interaktion der Kausalbeziehung mit den Treatments

Interaktionsbeziehungen mit der Treatmentsetzung führen dazu, dass die Übertragbarkeit der beobachteten Kausalbeziehung auf andere bzw. natürliche Treatments eingeschränkt ist. So besteht bei einer künstlichen Treatmentsetzung die Gefahr, dass das Treatment die eigentlich interessierende unabhängige Variable nicht repräsentiert. Die Repräsentativität eines Treatments kann bspw. dadurch eingeschränkt sein, dass es zu kurz oder isoliert von anderen Einflüssen dargeboten wird. Je künstlicher die Treatmentsetzung ist, desto weniger lassen sich die Ergebnisse auf natürliche Situationen übertragen. Im Rahmen der IKT-Wirkungsforschung kann es bspw. vorkommen, dass bei einer Untersuchung eines in einem Labor isoliert eingesetzten AS nicht die gleichen Wirkungen identifiziert werden können wie bei einer Untersuchung des AS unter realen Einsatzbedingungen, die sich durch vielfältige Interaktionsbeziehungen zu äußeren Einflüssen auszeichnen.

Eine Stellschraube liegt damit in der Untersuchung eines natürlich auftretenden Treatments, wie es bspw. in Feld-, aber auch Surveyuntersuchungen der Fall ist. Zur Kontrolle der Übertragbarkeit der Untersuchungsergebnisse auf andere Treatments kann die Untersuchung auch mit weiteren Treatments repliziert werden.[182]

3. Interaktion der Kausalbeziehung mit den Untersuchungsergebnissen

Hierbei stellt sich die Frage, ob die Untersuchungsergebnisse auch bei einer Veränderung der Operationalisierung bzw. Messung Gültigkeit besitzen. Im Rahmen von IKT-Wirkungsanalysen setzt sich bspw. die Vorteilhaftigkeit eines AS aus vielen verschiedenen Teileffekten zusammen und kann verschiedenartig gemessen werden.

---

[180] Vgl. Lucas Jr (1991), S. 278
[181] Vgl. Campbell/Stanley (1966), S. 6; Rost (2005), S. 93; Shadish et al. (2002), S. 87-88; Zimmermann (1972), S. 227.
[182] Vgl. Shadish et al. (2002), S. 87-89.

Aus diesem Grund sollte vor der Untersuchung bspw. durch Experteninterviews geklärt werden, wie die zu untersuchenden abhängigen Variablen zu operationalisieren sind, damit diese nicht zu einseitig gemessen werden. Zur Vermeidung zu einseitiger Messungen sollten die Hauptkonstrukte auch durch mehrere Items repräsentiert sein und mehrere Datenerhebungsverfahren kombiniert werden.

4. Interaktion der Kausalbeziehung mit den Untersuchungssituationen

Diese Invaliditätsursache bezieht sich darauf, dass sich die in einer bestimmten Situation beobachteten Effekte nicht notwendigerweise auf andere bzw. die interessierende natürliche Situation übertragen lassen. So kann bspw. ein durch künstliche Versuchsanordnungen bedingtes unnatürliches Verhalten der Versuchspersonen (Hawthorne-Effekt) die Übertragbarkeit der Untersuchungsergebnisse einschränken.

Eine Stellschraube ist damit die Wahl natürlicher Versuchsbedingungen. Um die situationsübergreifende Übertragbarkeit zu erhöhen, können auch Replikationen der Untersuchung mit weiteren IKT-Einsatzorten durchgeführt werden.[183]

5. Kontextabhängige Mediationseffekte

Weist der Mediator[184] einer Kausalbeziehung Interaktionen mit dem Kontext auf, dann ist nicht sicher, dass die beobachteten Mediationseffekte auch in anderen Kontexten (Situationen, Personen, Operationalisierungen) Gültigkeit besitzen. Führt bspw. die Einführung eines AS in einem Unternehmen zu einer verstärkten Aufgabendelegation, muss dieser Effekt nicht zwingend auch bei anderen Unternehmen gelten. In diesem Fall tritt die AS-Implementierung nur in bestimmten Kontexten als Mediator der Aufgabendelegation auf.

Um die Folgen kontextabhängiger Mediationseffekte zu vermeiden, können Replikationen durchgeführt werden, in denen die Stabilität der Mediatoren in weiteren Kontexten überprüft wird.[185]

---

[183] Vgl. Rost (2005), S. 93; Shadish et al. (2002), S. 89.
[184] Mediatorvariablen sind definiert als Variablen, die einen Kausaleffekt zwischen der unabhängigen und abhängigen Variablen erklären. Demgegenüber sind Moderatorvariablen definiert als Variablen, die einen Einfluss auf die Beziehung zwischen der unabhängigen und abhängigen Variablen ausüben. Moderatorvariablen können weiterhin in Kontroll- und Störvariablen differenziert werden. Während man bei Ersteren die Ausprägungen erfasst, um sie bei der Datenanalyse auszuwerten, werden die Ausprägungen bei Letzteren nicht beachtet (siehe dazu Baron/Kenny (1986)).
[185] Vgl. Shadish et al. (2002), S. 89-90.

Grundsätzlich kann festgehalten werden, dass die Realitätsnähe der Untersuchungsbedingungen – unter der Voraussetzung intern valider Ergebnisse – eine wesentliche Stellschraube zur Erhöhung der Übertragbarkeit der Ergebnisse auf natürliche Kontexte ist (externe bzw. ökologische[186] Validität). Wie in den vorangegangenen Abschnitten deutlich wurde, bezieht sich die Realitätsnähe dabei auf die Gesamtheit der Versuchsbedingungen, also die untersuchte Stichprobe, die Treatmentsetzung, die vorgenommenen Operationalisierungen und das erforschte Umfeld. In Tabelle 4-5 sind die methodischen Stellschrauben zur Erhöhung der externen Validität zusammengefasst.

	Störgrößen der externen Validität	Methodische Stellschrauben
1	Interaktionsbeziehung mit den Analyseeinheiten	Zufallsauswahl
		Stichprobengröße
		Replikation (mit weiteren Untersuchungseinheiten)
2	Interaktionsbeziehung mit den Treatments	Natürliche Untersuchungssituation (natürliche Treatmentsetzung)
		Replikation (mit weiteren Treatments)
3	Interaktionsbeziehung mit den Untersuchungsergebnissen	Datentriangulation (durch Kombination von Datenerhebungsverfahren)
4	Interaktionsbeziehung mit den Untersuchungssituationen	Natürliche Untersuchungssituation
		Replikation (mit weiteren Situationen)
5	Kontextabhängige Mediationseffekte	Replikation (mit weiteren Kontexten)

Tabelle 4-5: Stellschrauben zur Erhöhung der externen Validität

Die relative Bedeutung der methodischen Anforderungen, die eine IKT-Wirkungsanalyse erfüllen muss, ist abhängig von dem verfolgten Forschungsziel, worauf im Folgenden eingegangen wird. Da die methodischen Anforderungen sich gegenseitig bedingen, kann allerdings kein Gütekriterium völlig außer Acht gelassen werden. So ist bspw. bei fehlender Reliabilität auch die Validität des angenommenen Kausalzusammenhangs nicht gewährleistet. Aus diesem Grund muss das Zusammenspiel der methodischen Anforderungen bei der Planung der IKT-Wirkungsanalyse berücksichtigt werden.

Bei Durchführung explorativer IKT-Wirkungsanalysen, im Rahmen derer kein statistischer Nachweis ex ante spezifizierter Kausalzusammenhänge erfolgt, kommt einer

---

[186] Das Konzept der ökologischen Validität steht in enger Beziehung zur externen Validität. Eine Untersuchung besitzt dann ökologische Validität, wenn sie in den natürlichen Lebensbereichen ausgeführt wird und damit Objekte und Aktivitäten des Alltagslebens repräsentiert (vgl. Rost (2005), S. 92).

validen Messung der untersuchten Konstrukte eine größere Bedeutung zu als der Validität des statistischen Schlusses oder der internen Validität. Da aber auch bei Durchführung explorativer IKT-Wirkungsanalysen Kausalzusammenhänge untersucht werden, können die Anforderungen der Inferenzvalidität und internen Validität nicht gänzlich außer Acht gelassen werden. Im Gegensatz dazu steht bei strukturprüfenden IKT-Wirkungsanalysen ein statistisch valider Test von Kausalhypothesen im Vordergrund, weswegen hoher Wert auf die Validität des statistischen Schlusses und die interne Validität zu legen ist.[187] Darüber hinaus kommt der Reliabilität bei strukturprüfenden Untersuchungen eine hohe Bedeutung zu, da es möglich sein muss, den angenommenen Kausalzusammenhang in weiteren Fällen zu falsifizieren. Die relative Bedeutung der externen Validität ist nicht durch den Grad der Wirkungsspezifikation vorbestimmt, sondern durch den interessierenden Gültigkeitsbereich der IKT-Wirkungsanalyse.

Sollen mit der IKT-Wirkungsanalyse nur für einen begrenzten Objektbereich Aussagen gewonnen werden, dann ist die externe Validität zu vernachlässigen. Dies ist bspw. bei Auftragsstudien der Fall, die der Evaluation des Systemeinsatzes in einem speziellen Unternehmen dienen. In diesem Fall müssen die für den interessierenden Objektbereich gültigen Ergebnisse nicht auf andere Kontexte übertragbar sein, weswegen die externe Validität und Inferenzvalidität geringere Bedeutung haben. Demgegenüber muss bei Anstreben eines hohen Geltungsbereichs besonderes Augenmerk auf die Übertragbarkeit und damit die externe Validität der Untersuchungsergebnisse gelegt werden. Soll bspw. der generelle Zusammenhang zwischen dem IKT-Einsatz und dem wirtschaftlichen Unternehmenserfolg untersucht werden, dann sind Interaktionsbeziehungen zwischen den beobachteten Zusammenhängen und den untersuchten Einsatzsituationen auszuschließen. Die Bedeutung der methodischen Anforderungen der Reliabilität, Konstruktvalidität und internen Validität ist dagegen nicht vom Geltungsbereich abhängig. Allerdings ist es bei Anstreben eines großen Geltungsbereichs grundsätzlich schwieriger, die interne Validität der IKT-Wirkungsanalyse sicherzustellen.[188]

---

[187] Vgl. Judd et al. (1991), S. 29.
[188] Vgl. Bortz/Döring (2002), S. 56-57.

Methodische Anforderungen in Abhängigkeit des Forschungsziels	Methodische Anforderungen					Gesamt
	Reliabilität	Konstruktvalidität	Inferenzvalidität	Interne Validität	Externe Validität	
Forschungsziel						
Erkenntnisinteresse						
Strukturentdeckend	→	↑	→	→	/	→
Strukturprüfend	↑	↑	↑	↑	/	↑
Gültigkeitsanspruch						
Kleiner Geltungsbereich	/	/	→	/	↓	→
Großer Geltungsbereich	/	/	↑	/	↑	↑

LEGENDE: / keine Aussage ↓ geringe Bedeutung → mittlere Bedeutung ↑ hohe Bedeutung

Tabelle 4-6: Methodische Anforderungen in Abhängigkeit des Forschungsziels der IKT-Wirkungsanalyse

4.2 Basis der methodischen Potenzialanalyse: Deduktive Literaturanalyse

Im Rahmen der methodischen Potenzialanalyse soll untersucht werden, inwiefern die Methoden über die relevanten Stellschrauben zur Erfüllung der in den vorangegangenen Abschnitten erläuterten methodischen Anforderungen verfügen, womit Forschungsfrage 3 beantwortet wird (siehe S. 6). Die methodische Potenzialanalyse lässt sich anhand eines Regelsystems darstellen (siehe Abbildung 4-2).[189]

```
                    Planung
        ┌──────────────────────────┐
        ↓                          ↑
   Stellschrauben              Zielvariablen
 Designkomponenten         Methodische Anforderungen
 der Methoden
 [A] [B] [C] [D]           [1] [2] [3] [4]
                                ↑       ↑
 theor. vorhanden              FF3     GE2
 tatsächl. eingesetzt    Regelstrecke
```

FF3 Methodische Potenzialanalyse *(Kap. 4.3)*
GE2 Methodische Potenzialausschöpfung *(Kap. 5.2.2)*

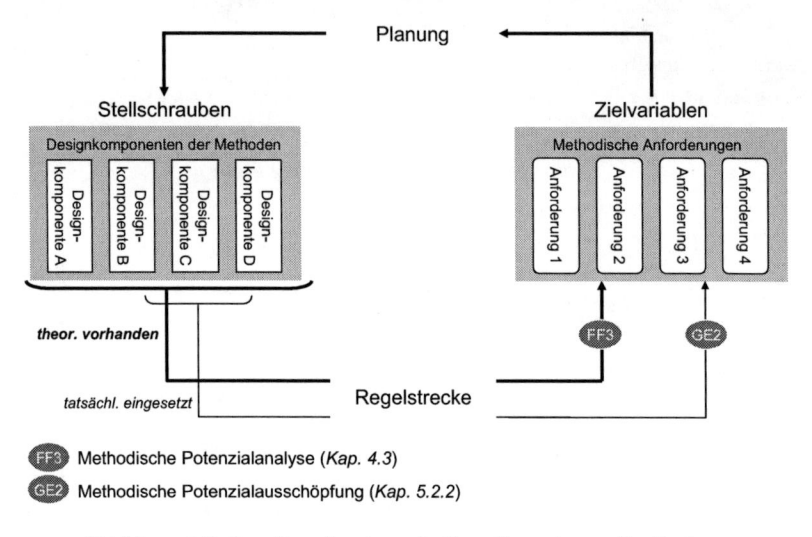

Abbildung 4-2: Das Regelsystem als Grundlage der methodischen Potenzialanalyse

Ausgangspunkt des Regelsystems ist die Planung einer IKT-Wirkungsanalyse. Bei der Planung müssen die methodischen Anforderungen der IKT-Wirkungsanalyse beachtet werden, weswegen diese als Zielvariablen des Regelsystems in die Planung eingehen. Die Stellschrauben zur Erfüllung dieser Zielvariablen sind die einzelnen Designkomponenten der Forschungsmethoden. So kann bspw. über die Schaffung einer kontrollierten Untersuchungsumgebung (Stellschraube) die interne Validität der IKT-Wirkungsforschung (Zielvariable) erhöht werden (Regelstrecke). Dabei stehen je nach angewandter Forschungsmethode unterschiedliche Designkomponenten bzw. Stellschrauben zur Verfügung. So können bspw. nicht-experimentelle

---

[189] Vgl. Opp (1999), S. 56.

Methoden oftmals mit repräsentativeren Konstrukten und Situationen arbeiten und dadurch die Anforderung der externen Validität besser erfüllen als experimentelle Methoden. Dagegen verfügen nicht-experimentelle Methoden über weniger Stellschrauben zur Sicherstellung der internen Validität.[190]

Die methodische Potenzialanalyse basiert nun auf einem Abgleich der Designkomponenten der Forschungsmethoden mit den methodischen Anforderungen der IKT-Wirkungsanalyse. Die Designkomponenten können aus der relevanten Methodenliteratur und damit deduktiv abgeleitet werden. Dieser deduktive Erkenntnisweg ist für eine methodologische Auseinandersetzung weit verbreitet.[191] Darüber hinaus ist der deduktive Erkenntnisweg dem induktiven auch deshalb vorzuziehen, da eine empirische Untersuchung der Methodenanwendung der IKT-Wirkungsanalyse kein valider Indikator für das grundsätzliche Methodenpotenzial ist.

In den folgenden Abschnitten werden die methodenspezifischen Designkomponenten der Forschungsmethoden deduktiv abgeleitet. Diese gehen dann als Stellschrauben zur Erfüllung der methodischen Anforderungen der IKT-Wirkungsanalyse in die methodische Potenzialanalyse in *Kapitel 4.3* ein.

4.2.1 Designkomponenten der Fallstudienmethode

Die Methodik der Fallstudie wird eingesetzt, um kontextgebundene Phänomene in ihrem natürlichen Umfeld zeitnah zu untersuchen. Meist wird ein Fall oder eine geringe Fallzahl anhand mehrerer Datenquellen intensiv erforscht, wobei keine experimentelle Kontrolle oder Manipulation von Variablen erfolgt. Aufgrund des besonderen Einsatzgebiets von Fallstudien, finden diese in der WI und dem ISR sehr breite Anwendung.[192] Der IKT-Einsatz ist ein Untersuchungsgegenstand, der häufig nicht losgelöst vom organisatorischen Einsatzkontext erforscht werden kann. Zur Erfassung der komplexen und dynamischen Zusammenhänge zwischen IKT und Unternehmen ist es daher notwendig, Erfahrungen aus dem praktischen Einsatzfeld zu gewinnen und zu verarbeiten.[193] Die in der Disziplin durchgeführten Fallstudien thematisieren meist die Entwicklung und Implementierung innovativer AS (wie bei MARKUS (1983) und SARKER/LEE (2000)). Daneben rücken vermehrt auch managementorientierte

---

[190] Vgl. Shadish et al. (2002), S. 98-99.
[191] Vgl. Braun et al. (2004), S. 16.
[192] Vgl. Orlikowski/Baroudi (1991), S. 4; Wilde/Hess (2007), S. 284.
[193] Vgl. Benbasat et al. (1987), S. 370; Orlikowski (1992).

Untersuchungen (wie bei SAMBAMURTHY/ZMUD (1999)) sowie die fallstudienbasierte Erforschung der IKT-Wirkungen auf Unternehmen (wie bei RIKHARDSSON/KRAEMMERGAARD (2006), ROBEY (1981) und WATSON/GOODHUE/WIXOM (2002)) in den Vordergrund.

Die Fallstudienforschung kann einer positivistischen, einer interpretativen und einer kritischen philosophischen Grundhaltung folgen. Das zugrunde liegende Paradigma bestimmt dabei die konkrete Anwendung und Zielsetzung der Fallstudienmethode.[194] Vertreter der positivistischen Fallstudienforschung sind unter anderem BENBASAT/GOLDSTEIN/MEAD (1987), LEE (1989) und YIN (2003). Zu den Vertretern einer interpretativen Ausrichtung zählt unter anderem WALSHAM (1995). Eine Anwendung des kritischen Paradigmas auf die Fallstudienforschung findet sich bei ALVESSON/DEETZ (2000). Da die IS-Forschung vorwiegend dem positivistischen Paradigma folgt, werden zur Klassifizierung und Anwendung der Fallstudienmethode in dieser Arbeit hauptsächlich Vertreter der positivistischen Ausrichtung herangezogen.[195] Die methodischen Ausprägungen und Regelsätze besitzen aber auch für die anderen Paradigmen Gültigkeit.

Die Fallstudienforschung muss explizit von den qualitativen Methoden der Aktionsforschung, Ethnographie und Grounded Theory[196] unterschieden werden.[197] Auch diese Methoden erforschen Phänomene in ihrem natürlichen Einsatzkontext und setzen ähnliche Datenquellen ein. Allerdings bestehen deutliche Unterschiede hinsichtlich Zielsetzung und Durchführung. Ein eindeutiges Unterscheidungskriterium ist die Rolle des Forschers im Forschungsprozess. Im Rahmen der Aktionsforschung nimmt der Forscher aktiv an der Implementierung von AS teil und ruft Veränderungen hervor. Zielsetzung ist dabei sowohl die Problemlösung als auch das Verständnis des vom Forscher ausgehenden Veränderungsprozesses. Damit nimmt der Forscher nicht mehr die Rolle eines unabhängigen Beobachters ein, sondern wird selbst Teil des Forschungsprozesses.[198] Der teilnehmenden Rolle des Forschers wird bei der ethnographischen Forschung eine noch stärkere Bedeutung beigemessen. Durch die Integration des Forschers in das Forschungsfeld über einen langen Zeitraum soll ein

---

[194] Vgl. Chen/Hirschheim (2004), Klein/Myers (1999), Orlikowski/Baroudi (1991) und Richardson/Robinson (2007).
[195] Vgl. Orlikowski/Baroudi (1991), S. 6.
[196] In der deutschen Übersetzung: gegenstandsverankerte Theoriebildung.
[197] Vgl. Dubé/Paré (2003), S. 600-601.
[198] Vgl. Benbasat et al. (1987), S. 371; Susman/Evered (1978), S. 587-589.

tief greifendes Verständnis des sozialen und kulturellen Kontextes erreicht werden. Wichtige Datenquelle ist dabei die teilnehmende Beobachtung.[199] Mit der Methode der Grounded Theory wird durch die intensive Erforschung des Untersuchungsgegenstands die Gewinnung neuer Theorien angestrebt. Das induktive Vorgehen der Theoriegewinnung folgt dabei einem systematischen Datenerhebungs- und -auswertungsprozess.[200] Die Tatsache, dass Grounded Theory und Ethnographie meist nicht auf bestehenden Theorien ansetzen, ist ein weiteres Unterscheidungskriterium zu Fallstudienuntersuchungen, die – zumindest im Sinne des Positivismus – theoriebasiert vorgehen.[201] Des Weiteren sind Fallstudien von rein deskriptiven Arbeiten abzugrenzen, die häufig in Form von Erfahrungsberichten über AS-Implementierungen vorzufinden sind. Derartige Beschreibungen von Phänomenen verfolgen mehr den Zweck der Illustration als der Gewinnung von Erkenntnissen. Da rein deskriptive Arbeiten keinem klar definierten Forschungsprozess folgen, stellen sie keine Forschungsmethode dar.[202]

Zur Gewinnung der Designkomponenten der Fallstudienmethode kann auf eine Reihe vorangegangener Arbeiten zurückgegriffen werden. Derartige Arbeiten beschäftigen sich häufig im Sinne der Reviewforschung mit der Anwendung von Fallstudien im IS-Bereich. Zu den wesentlichen zählen die Arbeiten von BENBASAT/GOLDSTEIN/MEAD (1987), DE VRIES (2005), DUBÉ/PARÉ (2001), DUBÉ/PARÉ (2003) und PARÉ (2004). Die Autoren orientieren sich bei der Analyse der Fallstudien häufig an den von YIN (2003) vorgegebenen Phasen und Designkomponenten Fallauswahl, Auswahl der Analyseeinheiten, Messzeitpunkte, Datenerhebung und -auswertung.[203]

Auswahl der Fälle

Die erste Designkomponente ist die Fallauswahl, wobei zwischen einzelfall- und mehrfallbasierten Fallstudienuntersuchungen zu unterscheiden ist. Dabei ist auch zu definieren, was als Fall[204] betrachtet wird, also z. B. eine Person, ein Unternehmen,

---

[199] Vgl. Myers (1999), S. 3-4.
[200] Vgl. Strauss/Corbin (1999), S. 7-8.
[201] Vgl. Yin (2003), S. 28.
[202] Vgl. Benbasat et al. (1987), S. 371; Dubé/Paré (2001), S. 6.
[203] Bei Fallstudien stellt die Stimulussetzung keine Designkomponente dar, da die Manipulation der unabhängigen Variablen nicht vom Forscher vorgenommen wird, sondern in der natürlichen Situation erfolgt.
[204] Die Definition des Falls ist nicht mit der Festlegung des untersuchten Objekts (Analyseeinheit) zu verwechseln. Auch bei der Analyse eines einzigen Falls können mehrere Untersuchungseinheiten betrachtet werden (vgl. Paré (2004), S. 240).

eine Entscheidung oder eine IKT.[205] Die Besonderheit von Fallstudienuntersuchungen ist, dass die Fallauswahl keinem Zufallsprinzip zu folgen hat und somit auch ein einzelner Fall (*single-case design*) betrachtet werden kann. Die Fallauswahl bei der Einzelfalluntersuchung sollte allerdings dadurch begründet sein, dass der Fall einzigartig, extrem, repräsentativ, aufschlussreich oder im Sinne der Theorieprüfung kritisch ist bzw. über einen langen Zeitraum betrachtet wird. Werden mehrere Fälle (*multiple-case design*) untersucht, dann muss die Auswahl der Fälle einer Replikationslogik – und keiner Stichprobenlogik – folgen. Diese kann entweder darin bestehen, dass die Falleigenschaften auf dieselben Ergebnisse (*literal replication logic*) hindeuten oder widersprüchliche Ergebnisse (*theoretical replication logic*) vermuten lassen, die theorieseitig vorhersagbar sind.[206]

Auswahl der Analyseeinheiten

Die zweite Designkomponente von Fallstudien ist die Auswahl der Analyseeinheiten. Dabei ist zum einen zu entscheiden, ob ein Fall in seiner Gänze analysiert wird (*holistic design*) oder ob mehrere in einem Fall eingebettete Analyseeinheiten untersucht werden (*embedded design*). Des Weiteren ist auch zu klären, was als Analyseeinheit definiert wird, also bspw. ein Individuum, eine Gruppe oder ein Unternehmen. Handelt es sich bei dem definierten Fall um ein Unternehmen, dann würde es bei Anwendung des holistischen Designs global betrachtet werden und damit gleichzeitig als Analyseeinheit gelten. Wendet man dagegen das eingebettete Design an, könnten bspw. mehrere Individuen oder Personengruppen als Untereinheiten analysiert werden.[207] Die Entscheidungsparameter Fallzahl und Analyseeinheit ergeben eine 2x2-Matrix mit vier grundlegenden Fallstudiendesigns (siehe Abbildung 4-3).

---

[205] Vgl. Paré (2004), S. 239-240; Yin (2003), S. 22-23.
[206] Vgl. Paré (2004), S. 241-243; Yin (2003), S. 39-42, 46-50.
[207] Vgl. Benbasat et al. (1987), S. 372; Yin (2003), S. 42-45.

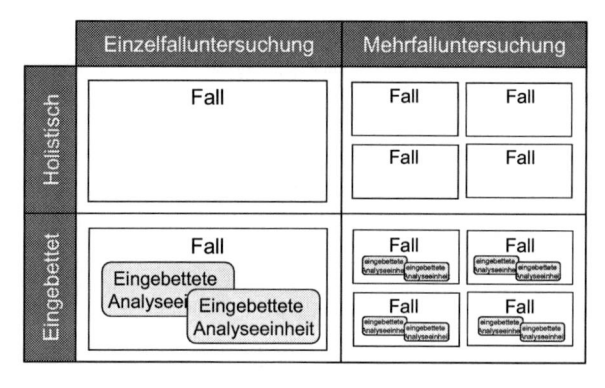

Abbildung 4-3: Grundlegende Fallstudiendesigns[208]

Da Fallstudienuntersuchungen grundsätzlich keiner Samplinglogik folgen müssen, hat die Anzahl der untersuchten Analyseeinheiten nicht die gleiche Bedeutung wie die Stichprobengröße bei Surveyuntersuchungen. Bei bestimmten Datenerhebungsverfahren kann aber auch bei Anwendung der Fallstudienmethode die Anzahl der untersuchten Analyseeinheiten angegeben werden. Aus diesem Grund wird die „Stichproben"-Größe als optionale Designkomponente in den Analyserahmen aufgenommen.

Messzeitpunkte

Neben der Auswahl der Fälle und Analyseeinheiten ist des Weiteren festzulegen, ob die Daten zu einem oder zu verschiedenen Zeitpunkten erhoben werden. Werden die Daten zu einem einzigen Zeitpunkt im Sinne eines Posttests erhoben, dann liegt nicht notwendigerweise (wie bei der Surveymethode) eine Querschnittsuntersuchung vor, da sich Fallstudien auch auf nur einen Fall konzentrieren können. Nur bei Vorliegen einer Mehrfalluntersuchung kann die Analysetechnik der *cross-case synthesis* (siehe S. 100) durchgeführt und damit der Charakter von Querschnittsuntersuchungen erreicht werden. Werden die Daten zu verschiedenen Messzeitpunkten erhoben, bei Kausaluntersuchungen idealerweise durch vor und nach dem Stimulus liegende Pre- und Posttests, dann haben Fallstudien den Charakter von Längsschnittsuntersuchungen.[209]

---

[208] Vgl. Yin (2003), S. 40.
[209] Vgl. Dubé/Paré (2001), S. 10.

Datenerhebung

Die Datenerhebung ist eine wesentliche Stellschraube bei der Sicherstellung der Qualität von Fallstudienuntersuchungen. Aus diesem Grund sollten bei der Datenerhebung drei Prinzipien verfolgt werden:
1. Kombination mehrerer Beweisquellen (Triangulation),
2. Dokumentation der Datenerhebung in einer Datenbank und
3. Aufstellen einer Beweiskette.[210]

Wichtige Datenquellen bei Fallstudienuntersuchungen sind teilnehmende und nichtteilnehmende Beobachtungen, mündliche (Interviews) und schriftliche Befragungen (Fragebögen), Sekundärdatenquellen (Dokumentationen, Archivdaten, Logfiles etc.) sowie physische Artefakte.[211] Die erhobenen Sachverhalte können damit sowohl verbal als auch numerisch repräsentiert sein, wobei der Fokus auf den qualitativen Daten liegt.[212] Die Besonderheit der Fallstudienmethodik liegt in der gut durchführbaren Kombination mehrerer Datenerhebungsquellen. Eine Datentriangulation liegt allerdings nur dann vor, wenn ein und dasselbe Phänomen anhand der verschiedenen Datenquellen analysiert wird und die Erkenntnisse zusammengeführt werden. Neben der Kombination mehrerer Datenquellen kann eine Triangulation auch dadurch erreicht werden, dass das Phänomen aus den Blickwinkeln mehrerer Forscher (Forschertriangulation), vor dem Hintergrund mehrerer theoretischer Perspektiven (Theorietriangulation) oder mit verschiedenen methodologischen Ansätzen (Methodentriangulation) analysiert wird.[213]

Datenanalyse

Die im Rahmen von Fallstudien erhobenen Sachverhalte sind vorwiegend verbal repräsentiert. Zur Auswertung des z. B. in Form von Texten oder Videoaufzeichnungen vorliegenden qualitativen Datenmaterials werden daher häufig qualitative Verfahren eingesetzt. Daneben können verbal erhobene Sachverhalte auch quantitativ ausgewertet werden, was häufig der Überprüfung des Übereinstimmungsgrads unterschiedlicher Deutungen dient. Eine im Rahmen von Fallstudienuntersuchungen sehr häufig angewandte Analysetechnik ist die Inhaltsanalyse, die sowohl quantitativ

---

[210] Vgl. Yin (2003), S. 83, 97-106.
[211] Vgl. Benbasat et al. (1987), S. 374; Paré (2004), S. 245-247; Yin (2003), S. 85-96.
[212] Vgl. Bortz/Döring (2002), S. 295; Eisenhardt (1989), S. 534-544.
[213] Yin (2003), S. 97-101.

als auch qualitativ ausgerichtet sein kann.[214] Da quantitative Verfahren eine größere Bedeutung im Zusammenhang mit Experimental- und Surveyuntersuchungen haben, wird an dieser Stelle nicht näher darauf eingegangen.

Unabhängig vom Einsatz konkreter Analyseverfahren sollte nach YIN (2003) bei der Datenanalyse eine von drei grundsätzlichen Strategien verfolgt werden. Eine mögliche Strategie ist das thesenbasierte Vorgehen. Dabei werden die erhobenen Daten nur im Hinblick auf die bei der Planung des Untersuchungsdesigns getroffenen (theoretischen) Annahmen hin analysiert. Dieses thesengetriebene Vorgehen führt zur Fokussierung der Analyse auf die zuvor aufgestellten Forschungsfragen. Eine weitere Strategie ist die Suche nach konkurrierenden Erklärungen, wobei der Forscher systematisch nach Alternativbegründungen für die beobachteten Ergebnisse sucht. Nur wenn die alternativen Ursachen ausgeschlossen werden können, kann die ursprünglich aufgestellte These beibehalten werden.[215] Die dritte Strategie, die der deskriptiven Falldarstellung, sollte nur dann verfolgt werden, wenn die beiden ersten Analysestrategien nicht anwendbar sind.[216]

Unabhängig von der verfolgten Analysestrategie können fünf konkrete Analysetechniken bzw. -verfahren unterschieden werden, die je nach Anwendung entweder rein deskriptive Aussagen generieren oder explanative Schlussfolgerungen zulassen. Bei der am häufigsten angewandten Technik des *pattern matching* wird das erhobene Datenmaterial auf Muster hin untersucht. Aufgrund des theoriegeleiteten Vorgehens, können bei dieser Technik die vorhergesagten Ergebnisse den empirisch beobachteten Ergebnissen gegenübergestellt werden. Wird mit der Fallstudie ein explanatives Forschungsziel verfolgt, dann kann eine Sonderform des *pattern machting*, die Analysetechnik des *explanation building,* angewandt werden. Mit dieser deutlich komplexeren Technik lassen sich aus den beobachteten Daten Ursache-Wirkungsketten ableiten. Dazu muss ein Iterationsprozess aus der Festsetzung theoretischer Annahmen und deren Überprüfung anhand mehrerer Fälle durchlaufen werden, der (anders als beim *pattern matching*) eine Modifizierung theoretischer Annahmen bedingen kann. Eine weitere Analysetechnik bei explanativen Untersuchungen ist die *logic analysis*. Mit dieser Technik lässt sich eine komplexe Abfolge mehrerer Ereig-

---

[214] Vgl. Bortz/Döring (2002), S. 147-149, 295-296, 329, 333.
[215] Falls der Forscher bereits zu Beginn der Untersuchung alle möglichen Alternativthesen formuliert hat, dann entspricht die Strategie der konkurrierenden Erklärungen der Strategie des thesengetriebenen Vorgehens.
[216] Vgl. Yin (2003), S. 111-115.

nisse in Form logischer Modelle abbilden und untersuchen. Der Unterschied zur Analysetechnik des *pattern matching* liegt im sequentiellen Charakter logischer Modelle. Aufgrund des Potenzials zur Analyse mehrstufiger Wirkungsbeziehungen eignet sich diese Analysetechnik gut für Evaluationsstudien. Handelt es sich bei der Untersuchung um eine Langzeitstudie, lassen sich mit der Technik der *time series analysis* auch chronologische Trends, Sequenzen, Kontingenzen und Intervalle analysieren. Bei Vorliegen einer Mehrfalluntersuchung kann neben den bisher genannten Analysetechniken zusätzlich die Technik der *cross-case synthesis* angewandt werden. Mit dieser Technik können empirisch beobachtete Muster über mehrere Fälle hinweg untersucht werden. Liefern mehrere Fälle die gleichen Ergebnisse, dann liegt eine *literal replication* vor; liefern die Fälle dagegen unterschiedliche Ergebnisse, die allerdings theorieseitig zu vermuten waren, dann liegt eine *theoretical replication* vor (siehe auch S. 96).[217]

Die Designkomponenten der Fallstudienmethode und deren mögliche Ausprägungen sind in Tabelle 4-7 festgehalten.

Fallstudienmethode	
Designkomponenten	Merkmalsausprägung
Auswahl der Fälle	Ein Fall
	Mehrere Fälle (Replikation)
Auswahl der Analyseeinheiten	Holistisch
	Eingebettet
	Individuum
	Gruppe/Abteilung
	Unternehmen
	Sonstige (Ereignis, IKT etc.)
	Stichprobengröße (optional)
Messzeitpunkte	Messung zu einem Zeitpunkt durch Posttest
	Messung zu verschiedenen Zeitpunkten durch Pre- und Posttests bzw. mehrere Posttests
Datenerhebungsverfahren	Schriftliche Befragung (Fragebogen)
	Mündliche Befragung (Interview)
	Beobachtung (teilnehmend und nicht-teilnehmend)
	Sekundäre Datenanalyse (Dokumente, Archivdaten, Logfiles etc.)
Datentriangulation	Ja
	Nein
Formalisierungsgrad der Ergebnisse	Quantitativ
	Qualitativ

Tabelle 4-7: Designkomponenten der Fallstudienmethode

---

[217] Vgl. Paré (2004), S. 252-253, 255-256; Yin (2003), S. 109-137.

4.2.2 Designkomponenten der Experimentalmethode

Zimmermann definiert das Experiment als „wiederholbare Beobachtung unter kontrollierten Bedingungen, wobei eine (oder mehrere) unabhängige Variable(n) derartig manipuliert wird (werden), dass eine Überprüfungsmöglichkeit der zugrunde liegenden Hypothese (Behauptung eines Kausalzusammenhangs) in unterschiedlichen Situationen gegeben ist".[218]

Die generelle Zielsetzung eines Experiments liegt in der Erforschung von Kausalzusammenhängen. Das zentrale Problem besteht dabei darin, dass zwar Ursache und Wirkung, aber nicht kausale Zusammenhänge empirisch erfasst werden können. Um – zumindest wahrscheinlichkeitstheoretisch – Kausalität zwischen zwei Variablen annehmen zu können, müssen daher folgende Bedingungen erfüllt sein:

- Korrelation der Variablen,
- zeitliche Abfolge der Variablen,
- Kontrolle der Störfaktoren zur Schaffung eines isolierten Systems und
- zufällige Streuung der Fehler.[219]

Genau diese Bedingungen kann die Experimentalmethode erfüllen, deren Besonderheit in der Schaffung kontrollierter Bedingungen liegt, so dass keine Störfaktoren die Beziehung zwischen Ursache und Wirkung beeinflussen können. Das Experiment kann somit als spezielle Form der Untersuchung verstanden werden, die vier konstitutive Eigenschaften erfüllt:

- Manipulation der unabhängigen Variablen (Stimulus/Ursache),
- Messung der abhängigen Variablen (Response/Wirkung),
- Kontrolle der Bedingungen (Störfaktoren) und
- Wiederholbarkeit.[220]

Aufgrund dieser besonderen Eigenschaften eignen sich Experimente gut für die gegenwartsbezogene Untersuchung einer begrenzten Anzahl klar umschriebener Konstrukte sowie zur Betrachtung von Individuen und kleinen Gruppen. Der besondere Anwendungsbereich von Experimenten spiegelt sich auch in der WI bzw. dem ISR wieder. Insbesondere das Laborexperiment findet in der IS-Forschung sehr

---

[218] Zimmermann (1972), S. 37.
[219] Vgl. Greenwood (1975), S. 172; Schulz (1970), S. 85-90; Zimmermann (1972), S. 39-42.
[220] Vgl. Atteslander/Cromm (2006), S. 182, 184-185; Berekoven et al. (2006), S. 155-156; Campbell/Stanley (1966), S. 34; Schnell et al. (2005), S. 220-224; Shadish et al. (2002), S. 6-7; Zimmermann (1972), S. 37-39.

breite Anwendung. Im Vordergrund steht dabei die Untersuchung von DSS, GDSS und Programmiersprachen.[221]

Von der in vorliegender Arbeit definierten Experimentalmethode sind vorexperimentelle Versuchsanordnungen, Ex-post-facto-Anordnungen und Simulationen abzugrenzen. Unter vor-experimentellen Versuchsanordnungen werden Untersuchungen subsumiert, die keinerlei Bedingungskontrolle anwenden. Aus diesem Grund haben derartige Versuchsanordnungen keinen wissenschaftlichen Charakter und werden daher aus vorliegender Arbeit ausgeklammert.[222] Ex-post-facto-Anordnungen beziehen sich auf die Erforschung bereits abgeschlossener Phänomene, deren Entwicklung bis auf einen als ursächlich angenommenen Faktor zurückverfolgt wird. Auf diese Weise wird versucht, ex post Kausalzusammenhänge herzuleiten. Da bei Ex-post-facto-Anordnungen die unabhängige Variable nicht durch den Forscher manipuliert wird und in der Regel auch keine Randomisierung stattfinden kann, bestehen keine bzw. nur sehr beschränkte Kontrollmöglichkeiten, womit die konstitutiven Merkmale eines Experiments nicht erfüllt sind. Eine weit verbreitete Ausprägung der Ex-post-facto-Anordnung ist die Surveyuntersuchung, die in *Kapitel 4.2.3* erläutert wird.[223] Des Weiteren ist das Experiment von der Simulation abzugrenzen, was in der Literatur allerdings nicht einheitlich erfolgt. Die Simulation ist ein Instrument zur Konstruktion und Umsetzung eines Modells, das durch Manipulation von Variablen und Zusammenhängen reale Prozesse nachbildet. Durch die Überprüfung der Wirkungen der Manipulation auf das gesamte Modell können zwar aus komplexen Situationen Prüfhypothesen abgeleitet werden. Allerdings kann durch die Simulation keine Prüfung der Hypothesen an der Realität durchgeführt werden. Dadurch, dass Simulationen keine empirische Relevanz besitzen, unterscheiden sie sich von der in dieser Arbeit definierten Experimentalmethode und werden daher ausgeschlossen.[224]

In den gängigen Arbeiten zur Klassifikation und Anwendung der Experimentalmethode (siehe bspw. CHEN/HIRSCHHEIM (2004), GALLIERS (1991), ORLIKOWSKI/BAROUDI

---

[221] Vgl. Orlikowski/Baroudi (1991), S. 4; Palvia et al. (2003), S. 302; Palvia et al. (2004), S. 531; Wilde/Hess (2007), S. 284-285.
[222] Vgl. Schnell et al. (2005), S. 228.
[223] Vgl. Atteslander/Cromm (2006), S. 186-187; Campbell/Stanley (1966), S. 64, 70-71; Schnell et al. (2005), S. 228, S. 230-231; Schulz (1970), S. 90-93; Shadish et al. (2002), S. 18; Zimmermann (1972), S. 186-191.
[224] Vgl. Atteslander/Cromm (2006), S. 188-189; Zimmermann (1972), S. 207-210, 213.

(1991) und SCANDURA/PALVIA (2007)) findet sich meist die Experimentalumgebung als einziges Designelement. In vorliegender Arbeit werden darüber hinaus die Designkomponenten Fallauswahl, Auswahl der Analyseeinheiten, Gruppenkonfiguration, Messzeitpunkte, Stimulussetzung sowie Datenerhebung und -analyse betrachtet.

Auswahl der Fälle

Zunächst lässt sich unterscheiden, ob eine einzelne Experimentaluntersuchung durchgeführt oder diese in weiteren Fällen repliziert wird. Die Durchführung multipler Experimente folgt dabei analog der Fallstudienmethodik einer Replikationslogik. Die experimentellen Bedingungen können in den durchgeführten Replikationen entweder konstant gehalten oder variiert werden. Ziel ist es dabei, einen als signifikant erkannten Zusammenhang unter gleichen bzw. veränderten Bedingungen erneut zu testen. Auf diese Weise lässt sich die Robustheit und Generalisierbarkeit der Ergebnisse präziser bestimmen.[225]

Auswahl der Analyseeinheiten

Bei Anwendung der Experimentalmethode werden meist Individuen und kleine Gruppen analysiert, da sich diese Methode gut für eine fokussierte Analyse eines begrenzten Betrachtungsbereichs eignet. Aus diesem Grund werden häufig die Prinzipien der Samplinglogik verfolgt. Vorausgesetzt, die Ergebnisse sollen auf größere Populationen übertragen werden, ist daher das zur Auswahl der Analyseeinheiten gewählte Verfahren sowie die Anzahl der insgesamt betrachteten Analyseeinheiten (Stichprobengröße) von Bedeutung.[226] In Abhängigkeit des Auswahlprozesses lassen sich dabei nicht-zufällige Stichproben und Zufallsstichproben unterscheiden. Da der Auswahlprozess ein konstitutives Designelement der Survey- und nicht der Experimentalmethode ist, wird an dieser Stelle auf die ausführliche Darstellung im Rahmen der Surveymethode verwiesen (siehe S. 112f).

Experimentalumgebung

Das Laborexperiment isoliert den Untersuchungsgegenstand von seiner natürlichen Umgebung und transferiert ihn in eine künstliche Situation, in welcher er unter planmäßig kontrollierten Bedingungen untersucht wird. Durch die in der Laborumgebung vorhandenen Kontrollmöglichkeiten kann das Laborexperiment ein hohes Maß an

---

[225] Vgl. Yin (2003), S. 47.
[226] Vgl. Cox/Reid (2000), S. 8-9; Schnell et al. (2005), S. 228-229.

interner Validität erreichen. Auf der anderen Seite können durch die künstlich geschaffene Laborsituation Störeffekte auftreten, welche die Generalisierbarkeit der Ergebnisse beeinträchtigen können.

Demgegenüber wird bei einem Feldexperiment der Untersuchungsgegenstand nicht aus der natürlichen Umgebung herausgelöst. Die Untersuchung findet damit in einer realistischen Situation statt, in welcher eine oder mehrere unabhängige Variablen variiert und alle anderen Einflussfaktoren möglichst exakt kontrolliert werden. Feldexperimente eignen sich damit für die Analyse komplexer Phänomene, die nicht aus dem natürlichen Kontext herausgelöst betrachtet werden können. Durch die Realitätsnähe wird Feldexperimenten eine im Vergleich zu Laborexperimenten tendenziell höhere externe Validität zugesprochen. Allerdings erschwert die Komplexität natürlicher Umgebungen die Kontrolle von Störfaktoren, was sich nachteilig auf die interne Validität auswirken kann.[227] Das Feldexperiment unterscheidet sich von einer reinen Feldstudie dadurch, dass eine Manipulation der unabhängigen Variablen unter möglichst kontrollierten Bedingungen stattfindet.[228]

Gruppenkonfiguration

Die Gruppenzusammenstellung ist ein wesentliches Designelement der Experimentalmethode, da es den Grad der internen Validität bestimmt. Die Bildung einer (oder mehrerer) Kontrollgruppe(n), die keinem Stimulus ausgesetzt ist (sind), ist eine verbreitete Technik zur Kontrolle von Störfaktoren. Die Kontrollgruppe sollte der Versuchsgruppe dabei möglichst ähnlich sein. Durch die „Gleichheit" der Gruppen wird sichergestellt, dass beide Gruppen denselben Störgrößen ausgesetzt sind. Damit kann der beobachtete Effekt mit größerer Wahrscheinlichkeit auf den Stimulus zurückgeführt werden. Die „Gleichheit" der Gruppen kann dabei durch verschiedene Techniken sichergestellt werden. Mit der Technik der Parallelisierung (*matching*) werden mögliche Gruppenunterschiede manuell ausgeglichen. Dazu werden Personenpaare mit jeweils gleicher Merkmalsausprägung bzgl. bestimmter Drittvariablen gebildet, die dann auf die Versuchs- und Kontrollgruppe aufgeteilt werden. Mit der Technik der Randomisierung werden die Versuchspersonen nach dem reinen Zufallsprinzip auf die Versuchs- und Experimentalgruppe aufgeteilt. Jede Person hat

---

[227] Vgl. Atteslander/Cromm (2006), S. 186; Berekoven et al. (2006), S. 157; Bortz/Döring (2002), S. 60-61; Schnell et al. (2005), S. 225-227; Zimmermann (1972), S. 194-200.
[228] Vgl. Jenkins (1991), S. 111; Zimmermann (1972), S. 194-195.

dadurch die gleiche Chance, einer bestimmten Gruppe zugeteilt und damit dem jeweiligen Stimulus ausgesetzt zu werden.[229]

In Abhängigkeit der Gruppenkonfiguration lassen sich randomisierte Experimente und Quasi-Experimente unterscheiden. Sind alle konstitutiven Kriterien eines Experiments erfüllt und werden Experimental- und Kontrollgruppen gebildet, denen die Versuchsteilnehmer durch Randomisierung zugeordnet werden, dann handelt es sich um ein randomisiertes bzw. echtes[230] Experiment. In diesem Fall wird zur Abgrenzung von Quasi-Experimenten die dem Stimulus ausgesetzte Versuchsgruppe als Experimentalgruppe bezeichnet.[231] Auch Quasi-Experimente erfüllen die konstitutiven Kriterien eines Experiments und bilden mehrere Gruppen, die sich hinsichtlich der Stimulus-Setzung unterscheiden. Der Unterschied zu randomisierten Experimenten liegt darin, dass die Zuordnung der Versuchspersonen zu den Gruppen nicht nach dem Prinzip der Randomisierung erfolgt. Bedingt durch den nicht-zufälligen Selektionsprozess kann eine Varianz zwischen den Gruppen vorliegen, die ursächlich für wahrgenommene Veränderungen ist.[232]

In Abhängigkeit der in den vorangegangenen Abschnitten erläuterten Designkomponenten Experimentalumgebung und Gruppenkonfiguration werden in der Literatur häufig vier Grundtypen von Experimenten unterschieden (siehe Abbildung 4-4).

---

[229] Die Randomisierung als spezielles Auswahlverfahren von Stichproben erfüllt einen anderen Zweck als die Randomisierung der Stimulussetzung. Während Randomisierung im ersten Fall die Generalisierbarkeit und damit die externe Validität sicherstellen soll, dient Randomisierung im zweiten Fall als Technik zur Kontrolle von Störfaktoren und damit der Sicherstellung der internen Validität.

[230] Von einigen Autoren wird das randomisierte Experiment auch als echtes Experiment bezeichnet. Da die Bezeichnung „echt" allerdings auch für Experimente gebraucht wird, die zwar alle konstitutiven Kriterien erfüllen, aber keine Randomisierung erfolgt, folgt diese Arbeit der Begriffsverwendung nach Shadish et al. (2002), S. 13.

[231] Vgl. Adelman (1991), S. 294-295; Rost (2005), S. 94-95; Schnell et al. (2005), S. 222-224, 228-229; Shadish et al. (2002), S. 12-13, 156-160, 248; Zimmermann (1972), S. 58-59.

[232] Vgl. Adelman (1991), S. 294-295; Campbell/Stanley (1966), S. 34; Rost (2005), S. 94-95; Schnell et al. (2005), S. 228-230; Shadish et al. (2002), 12-14.

	Feldumgebung	Laborumgebung
Keine Randomisierung	Quasi-experimentelle Felduntersuchung	Quasi-experimentelle Laboruntersuchung
Randomisierung	(Randomisiertes) Feldexperiment	(Randomisiertes) Laborexperiment

Abbildung 4-4: Grundlegende Experimentaltypen[233]

Die Klassifikation der Experimentaltypen ist dabei von der Konfiguration verschiedener Experimentaldesigns durch Variation der Messzeitpunkte und Stimulussetzung zu unterscheiden. Denn relativ unabhängig vom Experimentaltyp können prinzipiell verschiedene Experimentaldesigns angewandt werden.[234]

Messzeitpunkte

Ein Parameter zur Gestaltung von Experimentaldesigns ist die Anzahl und Anordnung der Messzeitpunkte, wobei zwischen vor und nach dem Stimulus liegenden Pre- und Posttests zu unterscheiden ist. Mit der Anwendung von Pretests lassen sich demographische Merkmale bestimmen und Auswahlverzerrungen identifizieren. Werden wiederholte Pretests durchgeführt, können Maturations-, Test- und Instrumentationseffekte sowie Regressionsartefakte erkannt werden. Der Hauptgrund für die Durchführung von Posttests ist die Bestimmung der Richtung des Kausalzusammenhangs und damit die Ermittlung von Veränderungen der abhängigen Variablen. Werden mehrere Posttests eingesetzt, können Wirkungsmuster überprüft werden.[235]

Werden die Daten eines Experiments lediglich zu einem Zeitpunkt durch Anwendung eines Posttests erhoben, dann ist dieses Design nicht gleichbedeutend mit dem Vorliegen einer Querschnittsuntersuchung. Letztere liegt nur dann vor, wenn mehrere Fälle vergleichend analysiert werden. Im Fall einer zeitraumbezogenen Untersuchung durch Anwendung eines Pre- und Posttests oder mehrerer Posttests, die sich

---

[233] Vgl. Bortz/Döring (2002), S. 61-62.
[234] Vgl. Zimmermann (1972), S. 185.
[235] Vgl. Shadish et al. (2002), S. 158-159.

auf einen Stimulus beziehen, hat das Experiment den Charakter einer Längsschnittsuntersuchung.

Stimulussetzung

Die Stimulussetzung bezieht sich auf die Variation der unabhängigen Variablen und ist damit ein weiteres wesentliches Designelement der Experimentalmethode. Neben der einmaligen Stimulussetzung mit anschließender Messung können vier weitere Varianten angewandt werden. Bei der Variante des *removed treatment* wird der Stimulus zunächst präsentiert und anschließend entfernt, wobei beide Male ein Pre- und Posttest durchgeführt werden. Dadurch kann untersucht werden, ob das Auftreten eines Effekts tatsächlich vom Vorhandensein des Stimulus abhängig ist. Wird dieser Vorgang wiederholt, dann liegt die Variante des *repeatet treatment* vor, mit welcher die Effektkonstanz überprüft werden kann. Bei der Variante der *switching replication* wird der Stimulus zunächst in der Versuchsgruppe und zu einem späteren Zeitpunkt auch in der Kontrollgruppe eingesetzt, wobei dann die Versuchsgruppe als Kontrollgruppe fungiert. Damit lassen sich Maturationseffekte und reaktive Effekte aufdecken, was die interne Validität der Untersuchung erhöht. Die letzte Variante des *reversed treatment* dient dazu, den Kontrast bezüglich der abhängigen Variablen zwischen zwei Gruppen zu erhöhen, indem beide Gruppen mit einem Stimulus behandelt werden, der den entgegengesetzten Effekt vermuten lässt.[236]

In den bisher beschriebenen Varianten wurde lediglich eine unabhängige Variable manipuliert und deren Einfluss auf die abhängige Variable gemessen, womit ein einfaktorielles Design vorliegt. Daneben können auch mehrere unabhängige Variablen bzw. Faktoren (F) gleichzeitig manipuliert und der Einfluss der verschiedenen Ausprägungen auf die abhängige Variable untersucht werden. In diesem Fall liegt ein (mehr-)faktorielles Design vor ($F_{k1} \times F_{k2} \times F_{kn}$). Faktorielle Designs unterscheiden sich in Abhängigkeit der Anzahl gleichzeitig manipulierter Faktoren (n) sowie der Anzahl der möglichen Ausprägungen der Faktoren (k).[237]

Durch Variation der Messzeitpunkte und Stimulussetzung ergeben sich unterschiedliche Experimentaldesigns. Diese können in Abhängigkeit der angewandten Techniken der Bedingungskontrolle dem Typ des Quasi- oder randomisierten Experiments

---

[236] Vgl. Shadish et al. (2002), S. 111, 113, 146, 147, 160.
[237] Vgl. Cooper/Schindler (2006), S. 302-304; Zimmermann (1972), S. 151-154.

zugeordnet werden. Gängige Experimentaldesigns vom Typ des randomisierten Experiments sind in Abbildung 4-5 dargestellt.

Vorher-Nachher-Messung mit Kontrollgruppe

R	EG	M	X	M
R	KG	M		M

Nachher-Messung mit Kontrollgruppe

R	EG		X	M
R	KG			M

Solomon-Vier-Gruppen-Anordnung

R	EG	M	X	M
R	KG	M		M
R	EG		X	M
R	KG			M

M = Messung
X = Stimulussetzung
R = Randomisierung
EG = Experimentalgruppe (mit R)
KG = Kontrollgruppe

Abbildung 4-5: Randomisierte Experimentaldesigns

Grundsätzlich können die drei dargestellten Experimentaldesigns auch als Quasi-Experimente realisiert werden, wenn die Gruppenzuordnung der Versuchspersonen nicht randomisiert erfolgt, was die interne Validität einschränkt. Quasi-Experimente liegen allerdings nur dann vor, wenn die Anordnung aus mindestens zwei Gruppen besteht. Bei Vorliegen lediglich einer Gruppe handelt es sich um vor-experimentelle Designs[238].[239] Zur näheren Erläuterung der verschiedenen Experimentaldesigns wird auf CAMPBELL/STANLEY (1966), SHADISH/COOK/CAMPBELL (2002), WILDE (2008) und ZIMMERMANN (1972) verwiesen.

Datenerhebung

Zur Gewinnung von Experimentaldaten lassen sich die gängigen empirischen Datenerhebungsverfahren einsetzen. In Abhängigkeit des jeweiligen Verfahrens können die erhobenen Sachverhalte dabei sowohl numerisch als auch verbal (bspw. in Form von Videoaufzeichnungen) repräsentiert sein. Bei experimentellen Untersuchungen weit verbreitete Erhebungsverfahren sind teilnehmende und nicht-teilnehmende Beobachtungen, im Rahmen derer auch physische Artefakte untersucht werden

---

[238] In der Literatur wird diese Abgrenzung nicht einheitlich gebraucht, sondern auch Anordnungen als quasi-experimentell bezeichnet, die aus lediglich einer Gruppe bestehen, wie das Zeitreihenexperiment (siehe dazu bspw. Zimmermann (1972), S. 136).

[239] Vgl. Rost (2005), S. 95; Schnell et al. (2005), S. 228.

können. Oftmals werden die Beobachtungen dabei durch Videoaufzeichnungen gestützt, die im Anschluss an die Erhebung inhaltsanalytischen Auswertungen unterzogen werden. Des Weiteren werden die Daten in Experimenten häufig durch mündliche bzw. schriftliche Befragungen anhand von Interviews bzw. Fragebögen erhoben. Diese direkten Erhebungsverfahren können allerdings reaktives Verhalten bei den Versuchspersonen auslösen. Es ist also auch bei Durchführung von Experimentaluntersuchungen empfehlenswert, mehrere verschiedene Datenquellen im Sinne einer Datentriangulation zu kombinieren. Um reaktives Verhalten zu vermeiden, kann bspw. (zusätzlich) auf Sekundärdatenquellen, wie Logfiles, zurückgegriffen werden. Gerade die Auswertung von Logfiles lässt sich bei einer experimentellen Untersuchung der Systemnutzung gut umsetzen.[240]

Datenanalyse

Die Datenanalyse wird im Wesentlichen von dem eingesetzten Experimentaldesign sowie Erhebungsverfahren bestimmt und ist vorwiegend auf die Gewinnung quantitativer Aussagen ausgerichtet. Je nach Ausprägung der Designkomponenten können verschiedene quantitative Analyseverfahren zur Untersuchung von Unterschieden zwischen Gruppen und Testzeitpunkten oder zur Untersuchung von Zusammenhängen zum Einsatz kommen. Zur Klassifikation der im Rahmen von Experimentaluntersuchungen eingesetzten Analyseverfahren kann dabei grundsätzlich auf die allgemeine Methodenliteratur zurückgegriffen werden (siehe dazu näher S. 115f).[241] Die Designkomponenten von Experimentaluntersuchungen und deren mögliche Ausprägungen sind in Tabelle 4-8 festgehalten.

---

[240] Vgl. Saxe/Fine (1981), S. 95-102.
[241] Vgl. Backhaus et al. (2003), S. 7-14; Cox/Reid (2000), S. 225-248.

Experimentalmethode	
Designkomponenten	Merkmalsausprägung
Auswahl der Fälle	Ein Fall
	Mehrere Fälle (Replikation)
Auswahl der Analyseeinheiten	Nicht zufällige Stichprobe
	Zufallsstichprobe
	Individuum
	Gruppe/Abteilung
	Unternehmen
	Sonstige (Ereignis, IKT etc.)
	Stichprobengröße
Experimentalumgebung	Feld
	Labor
Gruppenkonfiguration	Vor-experimentelles Design (1 Gruppe)
	Quasi-Experiment (mind. 2 Gruppen, keine Randomisierung)
	Randomisiertes Experiment (mind. 2 Gruppen, Randomisierung)
Messzeitpunkte	Messung zu einem Zeitpunkt durch Posttest
	Messung zu verschiedenen Zeitpunkten durch Pre- und Posttests bzw. mehrere Posttests
Stimulussetzung	Einfaktorielles Design
	(Mehr-)faktorielles Design
Datenerhebungsverfahren	Schriftliche Befragung (Fragebogen)
	Mündliche Befragung (Interview)
	Beobachtung (teilnehmend und nicht-teilnehmend)
	Sekundäre Datenanalyse (Dokumente, Archivdaten, Logfiles etc.)
Datentriangulation	Ja
	Nein
Formalisierungsgrad der Ergebnisse	Quantitativ
	Qualitativ

Tabelle 4-8: Designkomponenten der Experimentalmethode

4.2.3 Designkomponenten der Surveymethode

Die in vorliegender Arbeit analysierte Forschungsmethode des Surveys ist nicht mit dem Begriff des Surveys als spezifisches Erhebungsinstrument gleichzusetzen. Die Surveymethode kann definiert werden als Untersuchung, die durch strukturierte und geschlossene Befragung (meistens in Form eines Fragebogens)[242] quantitative Daten über eine Stichprobe erhebt, wobei die Stichprobe eine Generalisierbarkeit der dadurch gewonnenen Aussagen auf die interessierende Population gewährleisten soll.

---

[242] In der Literatur findet sich auch eine enge Definition von Surveys, in welcher das Erhebungsinstrument Fragebogen als konstitutives Element eines Surveys aufgefasst wird (siehe bspw. Palvia et al. (2004), S. 529).

Damit kann die Surveyforschung durch drei konstitutive Merkmale charakterisiert werden:

- Strukturierte Befragung,
- Gewinnung quantitativer Aussagen,
- Induktionsschluss von einer Stichprobe auf die Population[243].[244]

Durch Anwendung eines Surveys können mit relativ geringem Aufwand eine Vielzahl von Variablen erforscht und Aussagen für große Populationen gewonnen werden. Da im Rahmen der Surveyforschung keine Kontrolle von unabhängigen und abhängigen Variablen stattfindet, eignen sich Surveys insbesondere dann, wenn eine Kontrolle dieser ohnehin nicht möglich wäre oder nicht notwendig erscheint. Des Weiteren eignen sich Surveyuntersuchungen gut zur Beschreibung und Erklärung von Phänomenen, die in der Vergangenheit oder Gegenwart liegen und in ihrem natürlichen Kontext untersucht werden müssen. Ein tief greifendes Verständnis des natürlichen Kontexts oder komplexer sozialer Umgebungen, wie es bspw. durch Fallstudienuntersuchungen möglich ist, wird allerdings nicht erreicht.[245]

Die Methode des Surveys findet in der WI und vor allem dem ISR sehr breite Anwendung. In der IS-Forschung ist die Surveymethode sogar die am häufigsten eingesetzte Forschungsmethode.[246] Häufig werden mit Surveyuntersuchungen Fragen des IT-Managements sowie organisatorische Aspekte untersucht.[247] Diese Fragestellungen bedingen meist die Untersuchung einer Vielzahl von Variablen und erfordern eine Quantifizierung von Ergebnissen. So kann bspw. eine IKT-Implementierung als unabhängige Variable aufgefasst werden. Mit Hilfe eines Surveys lassen sich dann mit relativ geringem Aufwand ex post die Einstellungen der Nutzer oder der wahrgenommene Nutzen erfassen und quantifizieren.[248]

Die Surveymethode ist eindeutig von der Experimentalmethode abzugrenzen. Der wesentliche Unterschied besteht darin, dass bei Surveys keine aktive Manipulation der unabhängigen Variablen erfolgt. Stattdessen werden in der Vergangenheit lie-

---

[243] Wird eine Vollerhebung der interessierenden Population durchgeführt, dann fällt der Induktionsschluss weg. Eine Vollerhebung stellt allerdings die Ausnahme dar und ist nur bei kleineren Populationen relevant.
[244] Vgl. De Vaus (1995), S. 3, 5; Lucas Jr (1991), S. 273; Pinsonneault/Kraemer (1993b), S. 77-78.
[245] Vgl. Kraemer/Dutton (1991), S. 3; Pinsonneault/Kraemer (1993b), S. 78.
[246] Vgl. Palvia et al. (2004), S. 531; Wilde/Hess (2007), S. 284.
[247] Vgl. Palvia et al. (2003), S. 292, 300-302.
[248] Vgl. Pinsonneault/Kraemer (1993b), S. 81.

gende Ereignisse als unabhängige Variable herangezogen oder die Variation der unabhängigen Variablen „symbolisch" und ex post bei der Auswertung der Daten durchgeführt. Zwar könnte eine Variation in der Fragenformulierung als Art der Stimulussetzung aufgefasst werden. Allerdings stellt dieses Vorgehen die Ausnahme dar und ist nicht mit einer aktiven und kontrollierten Manipulation der unabhängigen Variablen zu vergleichen, wie sie bei Experimenten vorliegt.[249]

In der relevanten Literatur finden sich einige Arbeiten, die sich mit der Anwendung der Surveymethode im IS-Bereich befassen. Dazu zählen bspw. die Reviewanalysen von PINSONNEAULT/KRAEMER (1993b) oder KRAEMER/DUTTON (1991). Eine nicht auf einen spezifischen Fachbereich fokussierte Analyse findet sich bei DALE (2006). Als gängige Designkomponenten werden dabei die Auswahl der Analyseeinheiten, die Messzeitpunkte sowie die Datenanalyse betrachtet.[250] Diese Designkomponenten werden in vorliegender Arbeit um die Fallauswahl und die Datenerhebungsform ergänzt.

Auswahl der Fälle

Prinzipiell ist es auch bei Anwendung der Surveymethode möglich, mehrere Fälle im Sinne einer Replikationslogik zu untersuchen, um so die Übertragbarkeit der Untersuchungsergebnisse zu überprüfen. Da die Surveymethode allerdings grundsätzlich einer Sampling- und keiner Replikationslogik folgt, ist die Replikation keine surveyspezifische Stellschraube. Surveyuntersuchungen stellen daher meist Momentaufnahmen eines einzelnen situationsbezogenen Treatments dar.[251]

Auswahl der Analyseeinheiten

Eine weitere Designkomponente ist die Auswahl der untersuchten Analyseeinheiten. Da der Induktionsschluss von einer Stichprobe auf die interessierende Grundgesamtheit als konstitutive Eigenschaft der Surveymethode definiert ist, muss neben der Analyseeinheit auch die interessierende Grundgesamtheit (Population) definiert werden. Meist werden im Rahmen von Surveyuntersuchungen Individuen als Analy-

---

[249] Vgl. Zimmermann (1972), S. 186, 191, 219-220.
[250] Vgl. auch Babbie (1973), S. 59-65; Pinsonneault/Kraemer (1993b), S. 81-82.
[251] Vgl. Galliers (1992), S. 150.

seeinheit betrachtet; häufig auch dann, wenn Unternehmen als die interessierende Population definiert sind.[252]

Darüber hinaus ist im Falle einer Teilerhebung der Auswahlprozess der Analyseeinheiten als Designelement aufzunehmen. In Abhängigkeit des Auswahlprozesses lassen sich dabei nicht-zufällige Stichproben und Zufallsstichproben unterscheiden. Nicht-zufällige Stichproben werden durch einen willkürlichen oder bewussten, auf einem Auswahlplan basierenden Auswahlprozess gewonnen. Streng genommen erfüllt ein derartiger Auswahlprozess nicht die Voraussetzung für die Anwendung inferenzstatistischer Techniken. Bei Zufallsstichproben haben dagegen alle Elemente der definierten Grundgesamtheit die gleiche (und eine von Null verschiedene) Chance, in die Stichprobe aufgenommen zu werden. Damit ist die Voraussetzung für eine Generalisierbarkeit der aus der Stichprobe gewonnenen Ergebnisse auf die interessierende Population gegeben.[253]

Eine weitere Dimension der Stichprobenwahl ist neben dem zugrunde liegenden Auswahlprozess auch die letztlich realisierte Stichprobengröße. Diese wird nach Abzug der Nonresponse-Rate berechnet, da nicht alle zur Auswahl vorgesehenen Analyseeinheiten auch tatsächlich in die Stichprobe gelangen.[254]

Messzeitpunkte

Ein weiterer Gestaltungsparameter von Surveys ist die Anzahl und Anordnung der Messzeitpunkte. Werden die Daten zu einem einzigen Zeitpunkt im Sinne eines Posttests erhoben, dann handelt es sich um Querschnittsuntersuchungen. Statische Betrachtungen sind dann geeignet, wenn die Eigenschaften einer Population oder Unterschiede zwischen Subpopulationen im Rahmen deskriptiver Surveys zeitpunktbezogen untersucht werden sollen. Allerdings lassen sich mit Querschnittsuntersuchungen nur bedingt kausale Schlüsse ziehen, da die zeitliche Abfolge von Ursache und Wirkung nicht erfasst werden kann. Eine Möglichkeit, dennoch zeitraumbezogene Veränderungen zu analysieren, ist die Durchführung von „Quasi-Längsschnittsuntersuchungen", in denen retrospektive und gegenwartsbezogene Einschätzungen als unterschiedliche Datenpunkte interpretiert werden.

---

[252] Vgl. Babbie (1973), S. 59-60; De Vaus (1995), S. 32-33, Pinsonneault/Kraemer (1993b), S. 77, 81.
[253] Vgl. Dale (2006), S. 146-147; Fowler Jr. (2002), S. 7-8; Pinsonneault/Kraemer (1993b), S. 83; Schnell et al. (2005), S. 265, 267, 273-274.
[254] Vgl. Schnell et al. (2005), S. 306.

Werden die Daten zu mindestens zwei verschiedenen Messzeitpunkten erhoben, dann liegen Längsschnittsuntersuchungen vor. Dieses Design ist dann notwendig, wenn Veränderungen über die Zeit im Vordergrund der Analyse stehen. Durch einen Vergleich der Ergebnisse mehrerer Messzeitpunkte können zeitliche Abfolgen von Variablen identifiziert werden. Werden die Messzeitpunkte als Pre- und Posttests interpretiert, lassen sich die Variablen auf diese Weise in Ursache und Wirkung einteilen und Kausalzusammenhänge analysieren. Grundsätzlich können drei Varianten von Längsschnittsuntersuchungen unterschieden werden: Panel-, Trend- und Kohortenstudien. In Panelstudien werden dieselben Messkonstrukte zu verschiedenen Zeitpunkten bei derselben Stichprobe (Panel) erhoben. Während sich Panelstudien also auf dieselbe Stichprobe beziehen, werden bei Trendstudien zu verschiedenen Zeitpunkten unterschiedliche Stichproben untersucht, die allerdings dieselbe Population repräsentieren sollen. Während sich Trendstudien auf die generelle Population ausrichten, deren Zusammensetzung sich im Zeitablauf ändern kann, so fokussieren sich Kohortenstudien auf die Untersuchung einer speziellen Population (Kohorte), aus der verschiedene Stichproben gezogen werden können. Eine Kohorte zeichnet sich dadurch aus, dass zum selben Zeitpunkt ein spezielles Ereignis auf deren Mitglieder gewirkt hat. Trend- und Kohortenstudien erstrecken sich oftmals über lange Zeiträume und werden daher häufig als Replikationsstudien realisiert.[255]

Datenerhebung

Die Surveymethode ist eine quantitative Methode, im Rahmen derer strukturierte Daten über die interessierende Population erhoben und ausgewertet werden. Zur Gewinnung quantitativer Daten werden daher meist Befragungen mittels eines standardisierten Fragebogens durchgeführt. Diese Befragungen können schriftlich oder mündlich erfolgen. Gerade bei schriftlichen Befragungen lässt sich mit relativ geringem Mitteleinsatz eine große Zahl an quantitativen Daten erheben. Da Fragebögen daher das bei Surveys am häufigsten gebrauchte Erhebungsverfahren darstellen, wird in der Literatur die Surveymethode häufig mit einer Fragebogenerhebung gleichgesetzt. Die Befragung kann aber auch durch andere Instrumente, wie die Auswertung sekundärer Datenquellen oder die Durchführung von Beobachtungen,

---

[255] Vgl. Babbie (1973), S. 62-66; Campbell/Stanley (1966), S. 67; Lucas Jr (1991), S. 275; Pinsonneault/Kraemer (1993b), S. 81; Schnell et al. (2005), S. 237-238, 244-246.

gestützt werden.[256] Daher kann auch bei Surveyuntersuchungen eine Datentriangulation durch Kombination mehrerer Datenerhebungsverfahren stattfinden.[257]

Datenanalyse

Aufgrund der Strukturiertheit des Datenmaterials von Surveyuntersuchungen werden zur Analyse der erhobenen Daten vorwiegend quantitative Verfahren eingesetzt. Quantitative Analyseverfahren können im Bezug auf die Anzahl der analysierten Variablen, den Hypotheseninput und die Generalisierbarkeit der Ergebnisse klassifiziert werden (siehe Abbildung 4-6).[258]

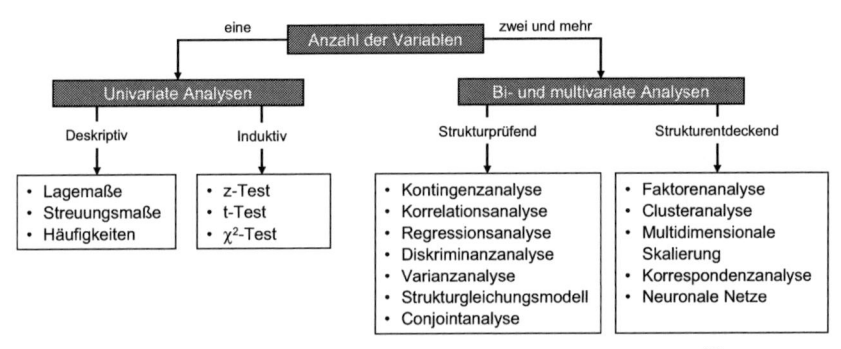

Abbildung 4-6: Klassifikation quantitativer Analyseverfahren[259]

In Abhängigkeit der Anzahl der in die Analyse einbezogenen Variablen können uni-, bi- und multivariate Verfahren differenziert werden. Mit univariaten Analysen lassen sich (Sub-)Gruppen hinsichtlich einer einzigen Variablen beschreiben und ggf. vergleichen. Dagegen adressieren bi- und multivariate Analysen häufig das explanative Forschungsziel, da zwei oder mehrere Variablen gleichzeitig analysiert und dabei in verursachende und abhängige Variablen eingeteilt werden können.[260] Ist das explanative Forschungsziel darauf ausgerichtet, ex ante vermutete Zusammenhänge zu überprüfen, dann werden strukturprüfende bzw. konfirmatorische Verfahren eingesetzt. Dagegen werden strukturentdeckende bzw. explorative Verfahren zur Erkun-

---

[256] Vgl. Cooper/Schindler (2006), S. 247; De Vaus (1995), S. 3-6, 80; Pinsonneault/Kraemer (1993b), S. 84; Salant/Dillman (1994), S. 33.
[257] Vgl. Pinsonneault/Kraemer (1993b), S. 84.
[258] Vgl. Backhaus et al. (2003), S. 7; De Vaus (1995), S. 129; Herrmann/Homburg (2000), S. 104-107, 114.
[259] Die Einteilung der Analyseverfahren in strukturprüfend und strukturentdeckend ist nicht trennscharf, da sich die Zielsetzungen überschneiden können (vgl. Backhaus et al. (2003), S. 7).
[260] Vgl. Babbie (1973), S. 239-250; De Vaus (1995), S. 129-130.

dung ex ante unbekannter Zusammenhänge angewandt.[261] In Abhängigkeit der Generalisierbarkeit der Analyseergebnisse lassen sich des Weiteren deskriptive und induktive Verfahren unterscheiden. Deskriptive Analysen treffen lediglich Aussagen über die vorhandene Datenmenge, i. d. R. die untersuchte Stichprobe. Dagegen sind induktive Verfahren darauf ausgerichtet, wahrscheinlichkeitstheoretische Rückschlüsse von den in der Stichprobe vorliegenden Strukturen auf die interessierende Population zu ziehen.[262] Da die Gewinnung von Aussagen über Populationen eine konstitutive Eigenschaft von Surveyuntersuchungen ist, haben induktive Analyseverfahren diesbezüglich eine hohe Bedeutung.

Die Designkomponenten von Surveyuntersuchungen und deren mögliche Ausprägungen sind in Tabelle 4-9 festgehalten.

Surveymethode	
Designkomponenten	Merkmalsausprägung
Auswahl der Fälle	Ein Fall
	Mehrere Fälle (Replikation)
	Nicht zufällige Stichprobe
	Zufallsstichprobe
Auswahl der Analyseeinheiten	Individuum
	Gruppe/Abteilung
	Unternehmen
	Sonstige (Ereignis, IKT etc.)
	Stichprobengröße
Messzeitpunkte	Einmalige Messung durch Posttest
	Messung zu verschiedenen Zeitpunkten durch Pre- und Posttests bzw. mehrere Posttests
Datenerhebungsverfahren	Schriftliche Befragung (Fragebogen)
	Mündliche Befragung (Interview)
	Beobachtung (teilnehmend und nicht-teilnehmend)
	Sekundäre Datenanalyse (Dokumente, Archivdaten, Logfiles etc.)
Datentriangulation	Ja
	Nein
Formalisierungsgrad der Ergebnisse	Quantitativ
	Qualitativ

Tabelle 4-9: Designkomponenten der Surveymethode[263]

---

[261] Vgl. Backhaus et al. (2003), S. 7-8.
[262] Vgl. De Vaus (1995), S. 134-135; Herrmann/Homburg (2000), S. 105.
[263] Prinzipiell ist es auch bei Anwendung der Surveymethode möglich, unterschiedliche Gruppen von Analyseeinheiten zu bilden. Da die Stimulussetzung bei Surveys allerdings nicht durch den Forscher erfolgt, kann keine aktive Zuordnung der Versuchspersonen zur Versuchs- und Kontrollgruppe realisiert werden (vgl. Zimmermann (1972), S. 219-222). Da die Gruppenkonfiguration im Gegensatz zu Experimenten also nicht aktiv erfolgt, wird diese nicht als Designkomponente der Surveymethode aufgenommen.

4.3 Bestimmung des methodischen Potenzials

Basierend auf der deduktiven Aufarbeitung der methodischen Designkomponenten kann im Folgenden beurteilt werden, inwiefern die drei Forschungsmethoden über die relevanten Stellschrauben zur Erfüllung der methodischen Anforderungen der IKT-Wirkungsanalyse verfügen, womit Forschungsfrage 3 beantwortet wird (siehe S. 6). Die Richtwerte zur Beurteilung des methodischen Potenzials sind in Tabelle 4-10 aufgeführt.

Potenzial		Richtwerte
Sehr hohes Potenzial	+++	Relevante Stellschrauben sehr gut umsetzbar
Hohes Potenzial	++	Relevante Stellschrauben gut umsetzbar
Mittleres Potenzial	+	Relevante Stellschrauben umsetzbar
Geringes Potenzial	-	Relevante Stellschrauben schwierig umsetzbar
Kein Potenzial	- -	Relevante Stellschrauben nicht umsetzbar

Tabelle 4-10: Richtwerte der methodischen Potenzialanalyse

4.3.1 Methodisches Potenzial der Fallstudienmethode

Reliabilität

Um eine durch mangelnde Konstanz der Messbedingungen und/oder des Messinstruments bedingte Ungenauigkeit der Untersuchungsergebnisse auszuschließen, ist eine strenge Kontrolle des Datenerhebungsprozesses notwendig. Da bei Durchführung fallstudienbasierter IKT-Wirkungsanalysen allerdings eine natürliche IKT-Einsatzsituation herangezogen wird, kann die Untersuchungssituation nicht von äußeren Einflüssen isoliert werden. Aus diesem Grund ist es im Gegensatz zu experimentellen Untersuchungen äußerst schwierig, konstante Untersuchungsbedingungen zu schaffen, unter denen sich eine durchgeführte IKT-Wirkungsanalyse reproduzieren lässt.[264]

Darüber hinaus können bei Durchführung fallstudienbasierter IKT-Wirkungsanalysen nur bedingt standardisierte Messinstrumente eingesetzt werden. Die Fallstudienmethode zeichnet sich dadurch aus, dass IKT-bedingte Veränderungen unter Bezug qualitativer Erhebungsverfahren tiefgreifend analysiert werden können. Der Datenerhebungsprozess ist dabei nicht fest vorgegeben, sondern kann durch verschiedene Rückkopplungsschleifen iterativ gestaltet werden. Damit sind sowohl der Datenerhe-

---

[264] Vgl. Adelman (1991), S. 297.

bungs- als auch der Datenanalyseprozess zu einem gewissen Grad vom jeweiligen Forscher abhängig und können nur begrenzt standardisiert werden.[265]

Die Umsetzbarkeit der relevanten Stellschrauben und damit das Potenzial der Fallstudienmethode zur Sicherstellung der Reliabilität ist in Tabelle 4-11 zusammengefasst. Insgesamt ist festzuhalten, dass die Reliabilität bei Anwendung der Fallstudienmethode schwierig zu gewährleisten ist. Um dennoch reliable Ergebnisse zu erhalten, sollte der Datenerhebungsprozess daher exakt protokolliert und alle im Rahmen der Datenerhebung gewonnenen Primär- sowie Sekundärdaten in einer Datenbank abgelegt werden.[266]

Störgrößen der Reliabilität	Method. Stellschrauben	Potenzial
Mangelnde Bedingungskonstanz	Isolierte und kontrollierte Untersuchungssituation	- -
Mangelnde instrumentale Konstanz	Standardisiertes Messinstrument	-

Tabelle 4-11: Methodisches Potenzial der Fallstudienmethode: Reliabilität

Konstruktvalidität

Eine Stellschraube, anhand derer sich die Konstruktvalidität einer Untersuchung testen bzw. erhöhen lässt, ist die Durchführung von Replikationen. Durch eine Replikation der IKT-Wirkungsanalyse in weiteren Fällen kann ein durch zu einseitige Messungen bedingter *mono-operation bias* vermieden werden. Dabei können die Untersuchungsbedingungen in den durchgeführten Replikationen entweder konstant gehalten oder variiert werden, wodurch sich die Robustheit der Konstrukte testen lässt. Werden bspw. in einer fallstudienbasierten IKT-Wirkungsanalyse in ähnlichen IKT-Einsatzbedingungen die gleichen Wirkungen und in unterschiedlichen IKT-Einsatzbedingungen verschiedene Wirkungen festgestellt, dann kann von einer hohen Konstruktvalidität ausgegangen werden. Die Replikation einer Untersuchung in weiteren Fällen ist ein explizites Designelement der Fallstudienmethode und kann daher sehr gut als Stellschraube zur Reliabilitätssicherung eingesetzt werden.[267]

Eine weitere Stellschraube zur Erhöhung der Konstruktvalidität liegt in der Messung der Konstrukte anhand mehrerer Datenerhebungsverfahren. Durch eine Datentriangulation kann zum einen ein durch zu einseitige Messungen der abhängigen Variab-

---

[265] Vgl. Benbasat et al. (1987), S. 370-371; Galliers (1992), S. 151.
[266] Vgl. Jenkins (1991), S. 110; Yin (2003), S. 34, 37-39.
[267] Vgl. Yin (2003), S. 14, 46-47.

len bedingter *mono-method bias* vermieden werden. Zum anderen können reaktive Effekte der Probanden vermindert werden, indem auch nicht-reaktive Datenerhebungsverfahren eingebunden werden. Da der Einsatz mehrerer Datenerhebungsverfahren ein konstitutives Designelement der Fallstudienmethode ist, kann diese Stellschraube sehr gut umgesetzt werden.[268]

Tabelle 4-12 fasst die Stellschrauben der Fallstudienmethode zur Sicherstellung der Konstruktvalidität zusammen. Im Ergebnis zeigt sich, dass bei Durchführung einer fallstudienbasierten IKT-Wirkungsanalyse sehr hohes Potenzial zur Sicherstellung der Konstruktvalidität der IKT-Wirkungsanalyse vorhanden ist.

Störgrößen der Konstruktvalidität	Method. Stellschrauben	Potenzial
Mono-operation bias	Replikation	+++
Mono-method bias, reaktive Effekte	Datentriangulation	+++

Tabelle 4-12: Methodisches Potenzial der Fallstudienmethode: Konstruktvalidität

Inferenzvalidität

Mit dem Gütekriterium der Inferenzvalidität wird die Zuverlässigkeit eines angenommenen Zusammenhangs beurteilt, wobei sowohl das Vorhandensein als auch die Größe eines Zusammenhangs entscheidend ist.[269]

Grundsätzlich sind Fallstudien nicht darauf ausgerichtet, hypothesenprüfende Untersuchungen durchzuführen, womit der Anwendbarkeit inferenzstatistischer Schlüsse Grenzen gesetzt sind.[270] Zum einen ist die Anzahl der Datenpunkte tendenziell eingeschränkt, da die Datenerhebung keiner Sampling-, sondern einer Replikationslogik folgt. Da auch einzelne bzw. wenige Fälle betrachtet werden können, muss das Kriterium der Stichprobengröße nicht zwingend beachtet werden.[271]

Zum anderen besteht bei Fallstudienuntersuchungen nur bedingt die Möglichkeit einer aktiven und kontrollierten Stimulussetzung durch den Forscher, da meist eine natürliche Situation, also eine bereits in einem Unternehmen implementierte IKT, als unabhängige Variable herangezogen wird. Aus diesem Grund lassen sich auch äußere Einflüsse, wie organisatorische Entscheidungen oder wirtschaftliche Entwicklungen, weder ausschalten noch durch randomisierte Gruppenbildung kontrollieren.[272]

---

[268] Vgl. Benbasat et al. (1987), S. 370; Shadish et al. (2002), S. 76-78; Yin (2003), S. 97-99.
[269] Vgl. Shadish et al. (2002), S. 42-44.
[270] Vgl. Baroudi/Orlikowski (1989), S. 103.
[271] Vgl. Adelman (1991), S. 297; Yin (2003), S. 37, 47.
[272] Vgl. Benbasat et al. (1987), S. 370; Jenkins (1991), S. 112.

Aufgrund der eingeschränkten Kontrollmöglichkeiten verbleiben damit als Stellschrauben zur Sicherstellung der Inferenzvalidität die Durchführung mehrerer Messungen im Sinne eines Längsschnittsdesigns und der Einbezug von Kontrollvariablen in das Messmodell (siehe Tabelle 4-13). Diese Stellschrauben sind zwar bei Fallstudienuntersuchungen grundsätzlich anwendbar, stellen aber kein besonderes Potenzial der Fallstudienmethode dar. Insgesamt kann festgehalten werden, dass das inferenzstatistische Potenzial von Fallstudien als eher gering einzustufen ist.[273]

Störgrößen der Inferenzvalidität	Method. Stellschrauben	Potenzial
Geringe statistische Power	Stichprobengröße	+
Geringe statistische Power, unreliable und restriktive Treatmentsetzung	Aktive Stimulussetzung	-
Geringe statistische Power, unreliable und restriktive Treatmentsetzung, Einflüsse der Untersuchungsumgebung	Isolierte und kontrollierte Untersuchungssituation	- -
Geringe statistische Power	Mehrere Messzeitpunkte	+
Geringe statistische Power, Einflüsse der Untersuchungsumgebung	Messung von Kontrollvariablen	+
Einflüsse der Untersuchungsumgebung	Randomisierte Gruppenkonfiguration	- -

Tabelle 4-13: Methodisches Potenzial der Fallstudienmethode: Inferenzvalidität

Interne Validität

Die interne Validität von IKT-Wirkungsanalysen lässt sich durch Konstanthaltung, Elimination und/oder Kontrolle derjenigen Störgrößen, die neben der als ursächlich angenommenen IKT auf die untersuchten abhängigen Variablen wirken, sicherstellen. Wirkungsvolle Stellschrauben zur Elimination bzw. Reduktion des Einflusses derartiger Störgrößen sind die Bedingungskontrolle durch Schaffung einer isolierten Laborumgebung oder die randomisierte Gruppenzuordnung der Untersuchungsobjekte. Daneben können durch zeitlich auseinander liegende multiple Messungen Unklarheiten über die zeitliche Abfolge der Variablen beseitigt werden.[274]

Da fallstudienbasierte IKT-Wirkungsanalysen die Auswirkungen der IKT im natürlichen Umgebungskontext analysieren, sind die Möglichkeiten der Bedingungskontrolle eingeschränkt. Zum einen kann aufgrund der natürlichen Untersuchungsumgebung nicht ausgeschlossen werden, dass neben dem IKT-Einsatz im Laufe der Zeit weitere Einflüsse auf die interessierende abhängige Variable wirken, die dann ursächlich für wahrgenommene Veränderungen sind. Zum anderen ist die Treatment-

---

[273] Vgl. Adelman (1991), S. 297; Galliers (1992), S. 151, 154-155.
[274] Vgl. Shadish et al. (2002), S. 54-61.

zuordnung der Versuchspersonen durch die natürliche IKT-Einsatzsituation vorgegeben, so dass diese nicht randomisiert erfolgen kann. Aufgrund der mangelnden Bedingungskontrolle können daher eine Reihe unkontrollierter Störeinflüsse den angenommenen Kausalzusammenhang beeinflussen.[275]

Neben der mangelnden Bedingungskontrolle erschwert auch die schwierige Messbarkeit der abhängigen Variablen die Sicherstellung der internen Validität. Da in Fallstudienuntersuchungen die interessierenden abhängigen Variablen nicht eigens definiert und dementsprechend operationalisiert werden können, muss nach geeigneten Operationalisierungen für die durch den Kontext vorgegebenen abhängigen Variablen gesucht werden. So kann bspw. zur Messung der Entscheidungsqualität in Experimenten ein klar umgrenztes Problemlösungsszenario definiert werden, wohingegen in Fallstudien auf natürliche Problemlösungsszenarien zurückgegriffen werden muss, die in der Regel weitaus komplexer und daher schwierig zu operationalisieren sind.[276]

Da die Vielzahl möglicher Einflussfaktoren in Fallstudienuntersuchungen schwierig durch Randomisierung oder Isolation zu kontrollieren ist, liegen die Stellschrauben von Fallstudien zur Erhöhung der internen Validität hauptsächlich im Prozess der Datenerhebung und -analyse. Durch Anwendung bestimmter Analysetechniken, wie *pattern matching, explanation building* und *logic analysis* (siehe auch S. 98f), lassen sich auch mit der Fallstudienmethode aus dem komplexen Datenmaterial valide Kausalbeziehungen ableiten. Bei der ersten Analysetechnik wird das Datenmaterial systematisch nach Mustern durchsucht. Bei den letzten beiden Analysetechniken werden aus dem Datenmaterial Ursache-Wirkungsketten abgeleitet, woraus sich logische Modelle erstellen lassen. Werden die Daten zu mehreren Zeitpunkten im Sinne einer Langzeitstudie erhoben, dann kann die interne Validität darüber hinaus mit der Analysetechnik der *time series analysis* erhöht werden. Durch diese Technik lassen sich IKT-bedingte Veränderungen über die Zeit nachvollziehen und auf diese Weise Unklarheiten über die zeitliche Abfolge der Variablen beseitigen.[277] Die Setzung mehrerer Messzeitpunkte ist allerdings kein Designelement, das bei der Fallstudienmethode im Vergleich zu den anderen Methoden besonders gut umsetzbar ist.

---

[275] Vgl. Benbasat et al. (1987), S. 370-371.
[276] Vgl. Adelman (1991), S. 297; Eisenhardt (1989), S. 537.
[277] Vgl. Adelman (1991), S. 297; Lee (1989), S. 40; Yin (2003), S. 34-36, 115-133.

Insgesamt kann festgehalten werden, dass bei Durchführung fallstudienbasierter IKT-Wirkungsanalysen zwar die Kontrollmöglichkeiten von Störgrößen eingeschränkt sind (siehe Tabelle 4-14). Allerdings besteht bei Fallstudienuntersuchungen die Möglichkeit, diese Störfaktoren durch eine tiefgreifende und zeitraumbezogene Datenerhebung in die Analyse einzubeziehen. Durch die Anwendung eines Längsschnittsdesigns und bestimmter Datenanalysetechniken haben also durchaus auch Fallstudien das Potenzial zur Gewinnung valider kausaler Schlussfolgerungen.[278]

Störgrößen der internen Validität	Method. Stellschrauben	Potenzial
Zeiteinflüsse	Isolierte Untersuchungssituation	- -
Zeiteinflüsse, Maturationseffekte, Mess- bzw. Testeffekte, Instrumentationseffekte, statistische Regressionseffekte, Selektionseffekte	Randomisierte Gruppenkonfiguration	- -
Unklarheit über die zeitliche Abfolge von Variablen	Mehrere Messzeitpunkte	+

Tabelle 4-14: *Methodisches Potenzial der Fallstudienmethode: Interne Validität*

Externe Validität

Die Generalisierbarkeit der Untersuchungsergebnisse ist dann eingeschränkt, wenn Interaktionseffekte zwischen der Kausalbeziehung und den untersuchten Analyseeinheiten, Treatments, Ergebnissen und/oder Situationen auftreten.[279]

In der Literatur wird der Fallstudienmethodik teilweise das Potenzial zur Gewinnung extern valider Ergebnisse aberkannt. Als Gründe werden die mangelnde Umsetzbarkeit einer zufallsbasierten Stichprobenauswahl und die tendenziell geringe Stichprobengröße angeführt.[280] Gegen diese Argumente sprechen allerdings mehrere Sachverhalte. Zum einen beziehen sich diese Invaliditätsursachen nur auf potenzielle Interaktionsbeziehungen der IKT-Wirkungen mit den untersuchten Analyseeinheiten. Weitere Interaktionsbeziehungen werden damit nicht angesprochen. Zum anderen folgt die Fallstudienmethode grundsätzlich keiner Sampling-, sondern einer Replikationslogik. Da auch einzelne bzw. wenige Fälle untersucht werden können, ist das Kriterium der Stichprobenwahl und -größe nicht zwingend zu beachten. Allerdings ist das Kriterium der Replikation entscheidend, da die Replikation von Fallstudienuntersuchungen in weiteren Fällen eine wirkungsvolle Stellschraube zur Absicherung bzw.

---

[278] Vgl. Jenkins (1991), S. 110; Palvia et al. (2003), S. 292; Shadish et al. (2002), S. 63.
[279] Vgl. Shadish et al. (2002), S. 83.
[280] Vgl. Adelman (1991), S. 298; Galliers (1992), S. 151, 154-155.

Ausweitung der Generalisierbarkeit von IKT-Wirkungsanalysen darstellt.[281] Soll die Gültigkeit der Ergebnisse für den untersuchten Sachverhalt abgesichert werden, müssen dabei die Versuchsbedingungen weitgehend konstant gehalten werden. Soll die Übertragbarkeit der Ergebnisse auf weitere Kontexte überprüft werden, müssen die Versuchsbedingungen variiert werden. So können bspw. unterschiedliche Nutzergruppen befragt, andere Arten von IKT untersucht oder weitere Unternehmen erforscht werden – je nachdem, für welche Kontexte die Aussagen Gültigkeit besitzen sollen.

Eine weitere Stellschraube zur Erhöhung der externen bzw. ökologischen Validität ist die Natürlichkeit der Untersuchungssituation. Die Fallstudienmethode zeichnet sich dadurch aus, dass die IKT-Wirkungen unter natürlichen Einsatzbedingungen im Feld erforscht werden. Aufgrund der realen Bedingungen besteht keine Gefahr, dass die Übertragbarkeit der Ergebnisse durch künstliche Treatmentsetzungen oder unnatürliche Untersuchungssituationen eingeschränkt ist.

Eine weitere Invaliditätsursache sind zu einseitige Messungen. Zur Sicherstellung der externen Validität sollten daher mehrere Datenerhebungstechniken kombiniert und die Ergebnisse auf diese Weise durch Datentriangulation abgesichert werden. Im Gegensatz zu Experimenten und Surveys stellt die Kombination mehrerer Datenerhebungsverfahren ein konstitutives Merkmal von Fallstudienuntersuchungen dar und kann daher als besonderes Potenzial betrachtet werden.[282]

Die Stellschrauben der Fallstudienmethode zur Erhöhung der Generalisierbarkeit der Ergebnisse sind in Tabelle 4-14 zusammengefasst. Es zeigt sich, dass Fallstudien wesentliche Stellschrauben zur Erhöhung der Übertragbarkeit der Ergebnisse bereitstellen und damit hohes Potenzial zur Gewinnung extern valider Ergebnisse haben.

---

[281] Vgl. Adelman (1991), S. 297-298; Yin (2003), S. 34, 37, 47.
[282] Vgl. Yin (2003), S. 97-99.

Störgrößen der externen Validität	Method. Stellschrauben	Potenzial
Interaktionsbeziehung mit den Analyseeinheiten	Zufallsauswahl	-
Interaktionsbeziehung mit den Analyseeinheiten	Stichprobengröße	+
Interaktionsbeziehung mit den Analyseeinheiten, Interaktionsbeziehung mit den Untersuchungssituationen, Interaktionsbeziehung mit den Treatments, kontextabhängige Mediationseffekte	Replikation	+++
Interaktionsbeziehung mit den Treatments, Interaktionsbeziehung mit den Untersuchungssituationen	Natürliche Untersuchungssituation	+++
Interaktionsbeziehung mit den Untersuchungsergebnissen	Datentriangulation	+++

Tabelle 4-15: Methodisches Potenzial der Fallstudienmethode: Externe Validität

4.3.2 Methodisches Potenzial der Experimentalmethode

Reliabilität

Aufgrund der umfassenden Kontrollmöglichkeiten kann bei Anwendung der Experimentalmethode grundsätzlich ein hohes Maß an Reliabilität erreicht werden. Zum einen können durch die Isolation der Untersuchungsumgebung im Labor kontrollierte und konstante Versuchsbedingungen geschaffen werden. Äußere Einflüsse, welche die Genauigkeit der Messung einschränken, lassen sich auf diese Weise beseitigen und so kann die Reproduzierbarkeit der Untersuchung gewährleistet werden.[283]

Zum anderen müssen bei Durchführung experimenteller IKT-Wirkungsanalysen keine natürlich vorkommenden Maßgrößen herangezogen werden, wie dies bspw. bei fallstudienbasierten Untersuchungen der Fall ist, sondern es können standardisierte Messinstrumente eingesetzt werden. So lässt sich bspw. die Entscheidungsqualität in Experimenten anhand eines standardisierten Messinstruments erfassen, während bei Fallstudien auf natürliche Problemlösungsszenarien zurückgegriffen werden muss.[284]

Aus Tabelle 4-16 ist deutlich ersichtlich, dass bei Anwendung der Experimentalmethode eine hohe Messgenauigkeit erreicht werden kann. Dadurch ist sichergestellt, dass sich die Ergebnisse einer experimentellen IKT-Wirkungsanalyse unabhängig vom Forscher unter gleichen Bedingungen reproduzieren lassen.[285]

---

[283] Vgl. Jenkins (1991), S. 108-110.
[284] Vgl. Adelman (1991), S. 297.
[285] Vgl. Adelman (1991), S. 294; Jenkins (1991), S. 110.

Störgrößen der Reliabilität	Method. Stellschrauben	Potenzial
Mangelnde Bedingungskonstanz	Isolierte und kontrollierte Untersuchungssituation	+++
Mangelnde instrumentale Konstanz	Standardisiertes Messinstrument	+++

Tabelle 4-16: Methodisches Potenzial der Experimentalmethode: Reliabilität

Konstruktvalidität

Die Gefahr einer durch einen *mono-operation bias* bedingten Einschränkung der Konstruktvalidität besteht bei Experimenten in zweierlei Hinsicht. Zum einen kann diese durch eine zu einseitige Operationalisierung des Treatments bedingt sein. Zum anderen besteht die Gefahr, dass die identifizierten Wirkungen nicht eindeutig auf das experimentelle IKT-Treatment, sondern auf andere Konstrukte zurückzuführen sind. Zur Reduzierung eines *mono-operation bias* besteht daher analog zu Fallstudienuntersuchungen die Möglichkeit, eine experimentelle Untersuchung mit weiteren IKT-Treatments zu replizieren und dadurch die rivalisierenden Konstrukte in die Messung mit einzubeziehen. Experimentelle Replikationen sind allerdings mit einem relativ hohen Aufwand verbunden.[286]

Des Weiteren kann im Rahmen der experimentellen IKT-Wirkungsforschung analog zu Fallstudien durch eine Kombination mehrerer Datenerhebungsverfahren eine zu einseitige bzw. reaktive Messung der IKT-Wirkungen vermieden und dadurch die Konstruktvalidität erhöht werden. Da Experimente auf die quantitative Überprüfung von Kausalzusammenhängen in einer kontrollierten Umgebung ausgerichtet sind, sind der Variabilität der Datenerhebungstechniken allerdings Grenzen gesetzt.[287]

In Tabelle 4-17 sind die Stellschrauben der Experimentalmethode zur Sicherstellung der Konstruktvalidität zusammengefasst. Im Ergebnis zeigt sich, dass Experimente durchaus hohes Potenzial zur Sicherstellung der Konstruktvalidität von IKT-Wirkungsanalysen haben.

Störgrößen der Konstruktvalidität	Method. Stellschrauben	Potenzial
Mono-operation bias	Replikation	++
Mono-method bias, reaktive Effekte	Datentriangulation	++

Tabelle 4-17: Methodisches Potenzial der Experimentalmethode: Konstruktvalidität

---

[286] Vgl. Adelman (1991), S. 295; Shadish et al. (2002), S. 75-76; Yin (2003), S. 46-47.
[287] Vgl. Adelman (1991), S. 299; Shadish et al. (2002), S. 76-78.

Inferenzvalidität

Bei Durchführung experimenteller IKT-Wirkungsanalysen stehen viele verschiedene Stellschrauben zur Erfüllung der Inferenzvalidität zur Verfügung. Eine der wesentlichen Invaliditätsursachen, eine zu geringe Power, lässt sich durch die Ausweitung der Anzahl an Analyseeinheiten und deren gleichmäßige Aufteilung in Subgruppen vermeiden.[288] Gerade bei der IKT-Wirkungsforschung, im Rahmen derer häufig geringe Effektgrößen vorliegen, stellt die Erweiterung der Stichprobe eine wesentliche Stellschraube zur Entdeckung auch kleinerer Effekte dar.[289] Aufgrund der Eignung der Experimentalmethode zur Untersuchung von Individuen und kleinen Gruppen können grundsätzlich ausreichend große Stichproben realisiert werden.[290] Allerdings ist dies bei Anwendung der Experimentalmethode tendenziell mit einem größeren Aufwand verbunden als bei Durchführung von Surveyuntersuchungen.[291]

In Laborexperimenten ist der Forscher darüber hinaus in der Lage, die Power bzw. Inferenzvalidität zu steigern, indem er durch eine aktive und unter kontrollierten Bedingungen stattfindende Stimulussetzung die Variabilität des Treatments erhöht. Des Weiteren können Umgebungseinflüsse durch eine Isolation der Untersuchungssituation eliminiert oder durch die Bildung randomisierter Kontrollgruppen kontrolliert werden.[292] Demgegenüber sind der Variabilität der Stimulussetzung und der Kontrolle der Versuchsbedingungen in Feldexperimenten natürliche Grenzen gesetzt. Die aktive, kontrollierte und unter isolierten Bedingungen stattfindende Stimulussetzung ist damit ein besonderes Designelement von Laborexperimenten, das weder bei Durchführung fallstudien- oder surveybasierter IKT-Wirkungsanalysen noch bei Anwendung von Feldexperimenten gleichermaßen umgesetzt werden kann.

Doch auch bei der Durchführung von Feldexperimenten bestehen Möglichkeiten zur Sicherstellung der Inferenzvalidität. Eine Stellschraube liegt in der Ausgestaltung des der IKT-Wirkungsanalyse zugrunde liegenden Messmodells. Kann die Untersuchung nicht von Umgebungseinflüssen isoliert werden, dann besteht die Möglichkeit, das Messmodell um diese äußeren Einflussfaktoren zu erweitern. Dies stellt allerdings keine methodenspezifische Eigenschaft dar und kann damit nicht als besonderes

---

[288] Vgl. Shadish et al. (2002), S. 46.
[289] Vgl. Baroudi/Orlikowski (1989), S. 89-90.
[290] Vgl. Pinsonneault/Kraemer (1993b), S. 78.
[291] Vgl. Zimmermann (1972), S. 227.
[292] Vgl. Shadish et al. (2002), S. 47.

Potenzial der Experimentalmethode gesehen werden. Eine weitere Stellschraube zur Erhöhung der Power ist die Einführung mehrerer Messzeitpunkte, was sich aufgrund der kontrollierten Messbedingungen gut in Experimenten umsetzen lässt.[293]

In Tabelle 4-18 ist das Potenzial der Experimentalmethode zur Sicherstellung der Inferenzvalidität zusammengefasst. Es lässt sich festhalten, dass die Experimentalmethode insgesamt ein sehr hohes Potenzial zur Ziehung valider statistischer Schlüsse hat – die adäquate Wahl und korrekte Anwendung eines statistischen Tests vorausgesetzt.[294] Dabei muss allerdings hinsichtlich der Experimentalumgebung differenziert werden. Findet eine experimentelle IKT-Wirkungsanalyse im Feld statt, dann sind die Stellschrauben zur Erhöhung der Inferenzvalidität eingeschränkt.

Störgrößen der Inferenzvalidität	Method. Stellschrauben	Potenzial
Geringe statistische Power	Stichprobengröße	++
Geringe statistische Power, unreliable und restriktive Treatmentsetzung	Aktive Stimulussetzung	+++
Geringe statistische Power, unreliable und restriktive Treatmentsetzung, Einflüsse der Untersuchungsumgebung	Isolierte und kontrollierte Untersuchungssituation	+++
Geringe statistische Power	Mehrere Messzeitpunkte	++
Geringe statistische Power, Einflüsse der Untersuchungsumgebung	Messung von Kontrollvariablen	+
Einflüsse der Untersuchungsumgebung	Randomisierte Gruppenkonfiguration	+++

Tabelle 4-18: Methodisches Potenzial der Experimentalmethode: Inferenzvalidität

Interne Validität

Die Experimentalmethode stellt eine Reihe von Stellschrauben zur Elimination bzw. Kontrolle verschiedener Störgrößen der internen Validität bereit. Durch die Schaffung einer experimentellen Laborumgebung können Zeiteinflüsse kontrolliert werden, die zwischen der Stimulussetzung und dem Posttest zusätzlich wirken und damit die abhängige Variable beeinträchtigen können. Durch die in der Laborumgebung geschaffene Isolation der Untersuchungsobjekte von äußeren Einflüssen kann eine abhängige Variable definiert werden, die von externen Bedingungen losgelöst ist. Auf diese Weise kann bspw. die Entscheidungsqualität von IKT-Nutzern isoliert von äußeren Reizen, denen der IKT-Nutzer in der natürlichen Untersuchungsumgebung ausgesetzt wäre, untersucht werden.[295]

---

[293] Vgl. Maxwell (1998), S. 257.
[294] Vgl. Adelman (1991), S. 295-296.
[295] Vgl. Shadish et al. (2002), S. 56.

Die wichtigste Stellschraube von Experimenten zur Sicherung der internen Validität ist allerdings die randomisierte Gruppenzuordnung. Durch Randomisierung können insgesamt sechs Störgrößen kontrolliert werden. Zeiteinflüsse, Maturationseffekte, Messeffekte, Instrumentationseffekte und statistische Regressionseffekte können kontrolliert werden, da diese sich wahrscheinlichkeitstheoretisch in gleichem Ausmaß auf die randomisierten Gruppen auswirken. Des Weiteren sichert Randomisierung die Gleichheit der Gruppenmitglieder und vermeidet so, dass Selektionseffekte die interne Validität beeinträchtigen.[296]

Unklarheiten über die zeitliche Abfolge von Variablen lassen sich in Experimenten aufgrund der kontrollierten Messbedingungen gut durch multiple, zeitlich auseinander liegende Messungen vermindern.[297]

Die Stellschrauben, die im Rahmen der experimentellen IKT-Wirkungsforschung zur Sicherstellung der internen Validität eingesetzt werden können, sind in Tabelle 4-19 zusammengefasst. Mit den Möglichkeiten der Schaffung einer künstlichen Untersuchungsumgebung und der Randomisierung stellt die Experimentalmethode im Vergleich zu den anderen Methoden die wirkungsvollsten Stellschrauben zur Kontrolle der verschiedenen Störgrößen bereit. Diese Stellschrauben lassen sich allerdings besser im Labor umsetzen und sind bei Felduntersuchungen nur eingeschränkt durchführbar. Damit besitzen Labor- im Vergleich zu Feldexperimenten ein höheres Potenzial zur Sicherstellung intern valider Ergebnisse.[298] Um auch in Feldexperimenten die interne Validität zu sichern, muss daher besonderer Wert auf den Prozess der Datenerhebung und -auswertung gelegt und im Idealfall ein Längsschnittsdesign realisiert werden.

Störgrößen der internen Validität	Method. Stellschrauben	Potenzial
Zeiteinflüsse	Isolierte Untersuchungssituation	+++
Zeiteinflüsse, Maturationseffekte, Mess- bzw. Testeffekte, Instrumentationseffekte, statistische Regressionseffekte, Selektionseffekte	Randomisierte Gruppenkonfiguration	+++
Unklarheit über die zeitliche Abfolge von Variablen	Mehrere Messzeitpunkte	++

Tabelle 4-19: Methodisches Potenzial der Experimentalmethode: Interne Validität

---

[296] Vgl. Adelman (1991), S. 294; Judd et al. (1991), S. 183; Shadish et al. (2002), S. 54-63.
[297] Vgl. Shadish et al. (2002), S. 55.
[298] Vgl. Bortz/Döring (2002), S. 57-61; Judd et al. (1991), S. 183; Zimmermann (1972), S. 227.

Externe Validität

Die Übertragbarkeit der Untersuchungsergebnisse auf die interessierende Population lässt sich in Experimenten im Gegensatz zu Fallstudien durch eine randomisierte Stichprobenziehung erhöhen. Obwohl Experimente keiner Samplinglogik folgen müssen, besteht grundsätzlich die Möglichkeit, die Untersuchungsobjekte zufällig auszuwählen, da diese – zumindest in Laborexperimenten – nicht mit dem natürlichen IKT-Einsatzkontext verbunden sein müssen.[299]

Eine weitere Stellschraube von Experimenten zur Erhöhung der externen Validität der Ergebnisse ist die Größe der Experimentalstichprobe. Mit einer Erhöhung der Stichprobengröße kann die Wahrscheinlichkeit für eine repräsentative Stichprobe erhöht und damit die Gefahr vermindert werden, dass die beobachteten IKT-Wirkungen lediglich für die untersuchten Analyseeinheiten Gültigkeit besitzen. Da Experimente oftmals zur Untersuchung von Individuen und kleinen Gruppen eingesetzt werden, lassen sich grundsätzlich ausreichend große Stichproben realisieren.[300] Allerdings ist dies tendenziell mit einem höheren Aufwand verbunden als bspw. bei Durchführung von Surveyuntersuchungen.[301]

Analog zu Fallstudien kann bei Anwendung der Experimentalmethode die externe Validität auch durch eine Replikation der Untersuchung in weiteren Experimenten erhöht werden. Durch Konstanthaltung bzw. Variation der Versuchsbedingungen lässt sich so der Gültigkeitsbereich eines Experiments für weitere Analyseeinheiten, Situationen und/oder Technologien überprüfen, was allerdings mit hohem Aufwand verbunden ist.[302]

Eine weitere Stellschraube zur Erhöhung der Übertragbarkeit der Ergebnisse ist die Natürlichkeit der Untersuchungssituation. Bei Laboruntersuchungen besteht die Gefahr, dass sich die Ergebnisse aufgrund der Künstlichkeit der Versuchsbedingungen nicht auf natürliche IKT-Einsatzbedingungen übertragen lassen. Demgegenüber haben Feldexperimente grundsätzlich eine höhere ökologische Validität.[303] Daher ist in Abhängigkeit des Forschungsbereichs zu entscheiden, ob ein in einem Labor

---

[299] Vgl. Judd et al. (1991), S. 98; Shadish et al. (2002), S. 91.
[300] Vgl. Pinsonneault/Kraemer (1993b), S. 78.
[301] Vgl. Zimmermann (1972), S. 227.
[302] Vgl. Shadish et al. (2002), S. 87-89.
[303] Vgl. Galliers (1992), S. 153.

isoliert getestetes AS repräsentativ für reale Einsatzsituationen ist, die unter Umständen durch starke Interdependenzen zu anderen Systemen gekennzeichnet sind.

Des Weiteren lässt sich eine durch zu einseitige Messung bedingte Einschränkung der externen Validität durch eine Kombination mehrerer Datenerhebungstechniken vermeiden. Da Experimente allerdings auf die Erfassung quantitativer Merkmale ausgerichtet sind, ist die Variabilität der Datenerhebungstechniken stärker eingeschränkt, als dies bei Fallstudien der Fall ist.[304]

Abschließend lässt sich festhalten, dass Experimente einige Stellschrauben zur Erhöhung der externen Validität der Ergebnisse bereithalten (siehe Tabelle 4-20). Allerdings ist diesbezüglich zwischen Labor- und Feldexperimenten zu unterscheiden. Während sich die Zufallswahl der Analyseeinheiten besser im Laborumfeld durchführen lässt, weisen Feldexperimente aufgrund der Natürlichkeit der Versuchsbedingungen eine weitaus höhere Realitätsnähe auf. Damit haben Feld- im Vergleich zu Laborexperimenten grundsätzlich höheres Potenzial zur Gewinnung extern valider Ergebnisse.[305]

Störgrößen der externen Validität	Method. Stellschrauben	Potenzial
Interaktionsbeziehung mit den Analyseeinheiten	Zufallsauswahl	+
Interaktionsbeziehung mit den Analyseeinheiten	Stichprobengröße	++
Interaktionsbeziehung mit den Analyseeinheiten, Interaktionsbeziehung mit den Untersuchungssituationen, Interaktionsbeziehung mit den Treatments, kontextabhängige Mediationseffekte	Replikation	++
Interaktionsbeziehung mit den Treatments, Interaktionsbeziehung mit den Untersuchungssituationen	Natürliche Untersuchungssituation	+
Interaktionsbeziehung mit den Untersuchungsergebnissen	Datentriangulation	++

Tabelle 4-20: Methodisches Potenzial der Experimentalmethode: Externe Validität

---

[304] Vgl. Adelman (1991), S. 299.
[305] Vgl. Berekoven et al. (2006), S. 157; Galliers (1992), S. 153.

4.3.3 Methodisches Potenzial der Surveymethode

Reliabilität

Da bei Anwendung der Surveymethode vorwiegend natürliche IKT-Einsatzsituationen als unabhängige Variable herangezogen werden, können keine isolierten und kontrollierten Untersuchungsbedingungen geschaffen werden. Aus diesem Grund kann im Rahmen einer surveybasierten IKT-Wirkungsforschung nicht ausgeschlossen werden, dass äußere Einflüsse die Reliabilität der beobachteten IKT-Wirkungen beeinträchtigen. So können zwischen der in der Vergangenheit liegenden IKT-Implementierung und der gegenwärtig erhobenen Situation eine Reihe zwischenzeitlicher Geschehnisse liegen, die vom Forscher nicht kontrollierbar sind. Aufgrund der mangelnden Kenntnis und Kontrollierbarkeit der Kontextbedingungen können Surveyuntersuchungen nur eingeschränkt unter gleichen Bedingungen reproduziert werden.[306]

Die Reliabilität von Surveyuntersuchungen lässt sich allerdings dahingehend sicherstellen, dass standardisierte Messinstrumente angewandt werden, die auf mehreren theoretisch und/oder empirisch abgesicherten Items basieren. Darüber hinaus sollte das Messinstrument frei von Missverständnissen sein und auf eine eindeutige Fragenformulierung geachtet werden.[307]

Aus Tabelle 4-21 ist ersichtlich, dass die Surveymethode zwar im Gegensatz zur Experimentalmethode keine Bedingungskontrolle ermöglicht, aber dafür die Anwendung standardisierter Messinstrumente erlaubt. Folglich kann das Potenzial der Surveymethode zur Sicherstellung der Reliabilität der IKT-Wirkungsanalyse insgesamt als mittel eingestuft werden.

Störgrößen der Reliabilität	Method. Stellschrauben	Potenzial
Mangelnde Bedingungskonstanz	Isolierte und kontrollierte Untersuchungssituation	- -
Mangelnde instrumentale Konstanz	Standardisiertes Messinstrument	+++

Tabelle 4-21: Methodisches Potenzial der Surveymethode: Reliabilität

---

[306] Vgl. Pinsonneault/Kraemer (1993b), S. 78.
[307] Vgl. De Vaus (1995), S. 54-55; Fowler Jr. (2002), S. 78-84; Judd et al. (1991), S. 52-53.

Konstruktvalidität

Da Surveyuntersuchungen keiner Replikations-, sondern einer Samplinglogik folgen, ist die Auswahl mehrerer Fälle keine explizite Stellschraube zur Reduktion eines *mono-operation bias*. Surveys stellen meist Momentaufnahmen eines einzelnen situationsbezogenen Treatments dar.[308] Somit ist die Replikation bei der Surveymethode im Gegensatz zur Fallstudien- und Experimentalmethode zwar kein methodentypisches Verfahren zur Erhöhung der Konstruktvalidität, aber grundsätzlich anwendbar.[309]

Des Weiteren sind bei Durchführung surveybasierter IKT-Wirkungsanalysen auch der Kombination mehrerer Datenerhebungsverfahren zur Vermeidung zu einseitiger und reaktiver Messungen Grenzen gesetzt. Surveys sind per Definition quantitative Untersuchungen zur Erhebung strukturierter Daten. Aus diesem Grund stellen schriftliche Befragungen mittels standardisierter Fragebögen, die auf Selbsteinschätzungen der Befragten beruhen, das hauptsächliche Erhebungsinstrument von Surveyuntersuchungen dar.[310] Die schriftliche Befragung kann zwar theoretisch um weitere Erhebungsverfahren ergänzt werden.[311] Allerdings eigenen sich gerade die nicht-reaktiven und qualitativen Datenerhebungsverfahren weniger für die Erhebung strukturierter Daten. Damit ist eine Datentriangulation zwar grundsätzlich möglich; die Durchführbarkeit ist im Vergleich zu den Referenzmethoden aber eingeschränkt.

In Tabelle 4-22 sind die Stellschrauben der Surveymethode zur Sicherstellung der Konstruktvalidität zusammengefasst. Im Ergebnis zeigt sich, dass die Surveymethode lediglich mittleres Methodenpotenzial zur Sicherstellung der Konstruktvalidität aufweist. Die Konstruktvalidität wird bei Surveyuntersuchungen damit vorwiegend durch die Güte der angewandten Operationalisierungen bestimmt.

Störgrößen der Konstruktvalidität	Method. Stellschrauben	Potenzial
Mono-operation bias	Replikation	+
Mono-method bias, reaktive Effekte	Datentriangulation	+

Tabelle 4-22: Methodisches Potenzial der Surveymethode: Konstruktvalidität

---

[308] Vgl. Galliers (1992), S. 150.
[309] Vgl. Rost (2005), S. 36-39.
[310] Vgl. Pinsonneault/Kraemer (1993b), S. 77-78.
[311] Vgl. Lucas Jr (1991), S. 280; Pinsonneault/Kraemer (1993b), S. 82, 84.

Inferenzvalidität

Grundsätzlich zählt die Gewinnung inferenzstatistischer Aussagen zu den Hauptzielen von Surveyuntersuchungen.[312] Da im Rahmen von Surveyuntersuchungen natürliche Phänomene als Stimulus herangezogen werden, die nicht losgelöst vom Einsatzkontext untersucht werden können, fallen bei Anwendung dieser Methode allerdings wichtige Stellschrauben zur Sicherstellung der Inferenzvalidität der IKT-Wirkungsanalyse weg. So können in Surveyuntersuchungen die Stärke und Variabilität des Treatments nicht aktiv vom Forscher bestimmt werden. Des Weiteren lassen sich äußere Untersuchungseinflüsse weder durch eine isolierte Versuchsanordnung eliminieren noch durch randomisierte Gruppenbildung konstant auf die Versuchspersonen verteilen. Äußere Einflüsse können in Surveyuntersuchungen daher nur als Kontrollvariablen miterhoben und im Rahmen der Ergebnisauswertung berücksichtigt werden. Da die Inferenzvalidität damit nicht durch eine Kontrolle der Versuchsbedingungen sichergestellt werden kann, eignen sich Surveys insbesondere dann, wenn eine Kontrolle dieser ohnehin nicht möglich wäre oder nicht notwendig erscheint.[313]

Um dennoch signifikante Zusammenhänge erkennen zu können, muss großer Wert auf die Ausgestaltung des Untersuchungsdesigns gelegt werden. Eine wesentliche Stellschraube von Surveyuntersuchungen zur Sicherstellung der Inferenzvalidität ist dabei die Stichprobengröße. Durch die Anwendung strukturierter Befragungen lässt sich mit geringem Mittelaufwand eine vergleichsweise große Stichprobe realisieren und so die Power von IKT-Wirkungsanalysen erhöhen. Eine weitere Stellschraube zur Steigerung der Power und damit der Inferenzvalidität ist die Anwendung eines Längsschnitts- anstelle eines Querschnittsdesigns.[314] Der Einbezug zeitlicher Komponenten ist allerdings kein Alleinstellungsmerkmal der Surveymethode.

In Tabelle 4-23 sind die Stellschrauben der Surveymethode zur Gewinnung valider inferenzstatistischer Aussagen zusammengefasst. Insgesamt kann festgehalten werden, dass es bei Durchführung surveybasierter IKT-Wirkungsanalysen aufgrund der begrenzten Kontrollmöglichkeiten im Vergleich zu Experimenten schwieriger ist, valide inferenzstatistische Aussagen zu treffen. Aus diesem Grund ist bei Anwen-

---

[312] Vgl. De Vaus (1995), S. 5-7; Lucas Jr (1991), S. 274.
[313] Vgl. Pinsonneault/Kraemer (1993b), S. 78.
[314] Vgl. Lucas Jr (1991), S. 280.

dung der Surveymethode großer Wert auf die Gestaltung des Untersuchungsdesigns zu legen.[315]

Störgrößen der Inferenzvalidität	Method. Stellschrauben	Potenzial
Geringe statistische Power	Stichprobengröße	+++
Geringe statistische Power, unreliable und restriktive Treatmentsetzung	Aktive Stimulussetzung	-
Geringe statistische Power, unreliable und restriktive Treatmentsetzung, Einflüsse der Untersuchungsumgebung	Isolierte und kontrollierte Untersuchungssituation	- -
Geringe statistische Power	Mehrere Messzeitpunkte	+
Geringe statistische Power, Einflüsse der Untersuchungsumgebung	Messung von Kontrollvariablen	++
Einflüsse der Untersuchungsumgebung	Randomisierte Gruppenkonfiguration	-

Tabelle 4-23: Methodisches Potenzial der Surveymethode: Inferenzvalidität

Interne Validität

Bei Wahl der Surveymethode wird eine in der Vergangenheit real implementierte IKT untersucht. Da die Untersuchungsumgebung daher nicht durch den Forscher festgelegt werden kann, sondern als gegeben betrachtet werden muss, lassen sich Zeiteinflüsse, die neben der IKT auf die abhängige Variable wirken, nicht eliminieren bzw. kontrollieren.[316]

Da ein in der Vergangenheit liegendes natürliches Ereignis als Stimulus betrachtet wird, lässt sich auch das Prinzip der Randomisierung nur bedingt umsetzen. Um randomisierte Gruppen bilden zu können, müsste es in der Hand des Forschers liegen, welche Versuchspersonen bzw. Organisationseinheiten eine IKT nutzen und welche nicht. Die Zuordnung zur Versuchs- und Kontrollgruppe ist aber durch das natürliche Ereignis vorgegeben und kann daher nicht aktiv erfolgen. Eine Möglichkeit bestünde darin, aus den natürlich gegebenen Versuchs- und Kontrollgruppen randomisiert Versuchs- und Kontrollpersonen zu ziehen. Da allerdings auch mit diesem Verfahren keine *aktive* Zuordnung zur Versuchs- und Kontrollgruppe erfolgt, kann nicht ausgeschlossen werden, dass sich die Gruppen von vornherein hinsichtlich bestimmter Eigenschaften unterscheiden, die ursächlich für wahrgenommene Veränderungen sind. Somit kann bei Anwendung der Surveymethode im Gegensatz zur

---

[315] Vgl. Lucas Jr (1991), S. 274-285; Palvia et al. (2003), S. 292.
[316] Vgl. Pinsonneault/Kraemer (1993b), S. 78.

Experimentalmethode eine Reihe von Störfaktoren die Kausalbeziehung beeinflussen.[317]

Die einzige Stellschraube, die bei Durchführung surveybasierter IKT-Wirkungsanalysen zur Erhöhung der internen Validität angewandt werden kann, ist die Einführung mehrerer Messzeitpunkte. Nur durch die Anwendung von Längsschnitts- anstelle von Querschnittsuntersuchungen lassen sich zeitliche Komponenten erfassen und so auch in Surveyuntersuchungen Kausalzusammenhänge valide nachweisen.[318]

Wie aus Tabelle 4-24 ersichtlich ist, sind die Kontrollmöglichkeiten bei Anwendung der Surveymethode im Vergleich zur Experimentalmethode sehr eingeschränkt. Die einzig wirkungsvolle Stellschraube zur Erhöhung der internen Validität liegt damit in der Anwendung von Längsschnittsuntersuchungen.[319]

Störgrößen der internen Validität	Method. Stellschrauben	Potenzial
Zeiteinflüsse	Isolierte Untersuchungssituation	- -
Zeiteinflüsse, Maturationseffekte, Mess- bzw. Testeffekte, Instrumentationseffekte, statistische Regressionseffekte, Selektionseffekte	Randomisierte Gruppenkonfiguration	-
Unklarheit über die zeitliche Abfolge von Variablen	Mehrere Messzeitpunkte	+

Tabelle 4-24: Methodisches Potenzial der Surveymethode: Interne Validität

Externe Validität

Zentraler Anwendungszweck der Surveymethode ist die Gewinnung generalisierbarer Aussagen. Dazu muss im Sinne der Samplinglogik eine repräsentative Stichprobe untersucht werden, die einen Induktionsschluss auf die interessierende Population zulässt. Bei Anwendung der Surveymethode lässt sich die Repräsentativität der Stichprobe über deren Größe und Zufallsauswahl steuern. Die Größe der Stichprobe kann in Surveyuntersuchungen sehr gut beeinflusst werden, da sich durch den Einsatz strukturierter Erhebungsverfahren mit relativ geringem Mitteleinsatz vergleichsweise große Stichproben befragen lassen.[320] Der Zufallsauswahl der Stichprobe sind aber auch bei Anwendung der Surveymethode Grenzen gesetzt, da bei IKT-

---

[317] Vgl. Zimmermann (1972), S. 219-220.
[318] Vgl. Pinsonneault/Kraemer (1993b), S. 98; Vitalari/Venkatesh (1991), S. 122-123.
[319] Vgl. Lucas Jr (1991), S. 274-275; Palvia et al. (2003), S. 292; Zimmermann (1972), S. 227.
[320] Vgl. Judd et al. (1991), S. 129; Pinsonneault/Kraemer (1993b), S. 77-78, 83; Zimmermann (1972), S. 227.

Wirkungsanalysen meist die Nutzergruppen eines bestimmten Systems die Analyseeinheiten darstellen.[321] Eine weitere Stellschraube zur Erhöhung der Generalisierbarkeit ist die Replikation surveybasierter IKT-Wirkungsanalysen in weiteren Untersuchungen. Dabei können die befragten IKT-Nutzergruppen, die untersuchten Technologien oder Einsatzsituationen variiert werden, um auf diese Weise Interaktionsbeziehungen mit den Versuchsbedingungen auszuschließen. Da die Surveymethode allerdings grundsätzlich einer Sampling- und keiner Replikationslogik folgt, ist die Replikation keine methodenspezifische Stellschraube.

Die ökologische Validität von Surveyuntersuchungen ist dadurch gegeben, dass meist eine in der Vergangenheit liegende reale Implementierung als Treatment herangezogen wird.[322] Durch die Untersuchung eines natürlich auftretenden Ereignisses weisen Surveyuntersuchungen keine durch künstliche Treatmentsetzung und/oder Versuchsanordnungen bedingten Einschränkungen der Generalisierbarkeit auf.

Da die Untersuchungsergebnisse meist nur auf retrospektiven Selbsteinschätzungen der Befragten basieren, kann die externe Validität aber durch diese zu einseitige Operationalisierung der IKT-Wirkungen eingeschränkt sein.[323] Die schriftliche Befragung kann zwar theoretisch um weitere Erhebungsverfahren ergänzt werden.[324] Allerdings ist die Durchführbarkeit einer Datentriangulation im Vergleich zu den Referenzmethoden eingeschränkt, da sich viele qualitative, nicht-reaktive Datenerhebungsverfahren weniger für die Erhebung strukturierter Daten eigenen. Des Weiteren ist auch eine direkte und kontrollierte Wirkungserfassung eingeschränkt, da sich Zeitpunkt und/oder Ort der Treatmentsetzung und der Datenerhebung unterscheiden.

Wie aus Tabelle 4-25 ersichtlich, stellt die Surveymethode mit der Möglichkeit der (zufallsbasierten) Auswahl großer Stichproben eine wesentliche Stellschraube zur Erhöhung der Übertragbarkeit der Ergebnisse auf die interessierende Population bereit. Daneben wird bei Surveyuntersuchungen in der Regel keine künstliche Versuchsanordnung geschaffen, sondern es werden natürlich auftretende Treatments und Situationen herangezogen. Aus diesem Grund kann das Potenzial von Survey-

---

[321] Vgl. Lucas Jr (1991), S. 278.
[322] Vgl. Pinsonneault/Kraemer (1993b), S. 78.
[323] Vgl. Galliers (1992), S. 154.
[324] Vgl. Pinsonneault/Kraemer (1993b), S. 84.

untersuchungen zur Gewinnung extern valider Ergebnisse insgesamt als hoch eingestuft werden.[325]

Störgrößen der externen Validität	Method. Stellschrauben	Potenzial
Interaktionsbeziehung mit den Analyseeinheiten	Zufallsauswahl	+
Interaktionsbeziehung mit den Analyseeinheiten	Stichprobengröße	+++
Interaktionsbeziehung mit den Analyseeinheiten, Interaktionsbeziehung mit den Untersuchungssituationen, Interaktionsbeziehung mit den Treatments, kontextabhängige Mediationseffekte	Replikation	+
Interaktionsbeziehung mit den Treatments, Interaktionsbeziehung mit den Untersuchungssituationen	Natürliche Untersuchungssituation	+++
Interaktionsbeziehung mit den Untersuchungsergebnissen	Datentriangulation	+

Tabelle 4-25: Methodisches Potenzial der Surveymethode: Externe Validität

---

[325] Vgl. Galliers (1992), S. 153-154; Palvia et al. (2003), S. 292.

5 Empfehlungen zur Methodenwahl und Methodenanwendung

5.1 Methodenwahl

Basierend auf den Ergebnissen der in den vorangegangenen Kapiteln erfolgten inhaltlichen und methodischen Potenzialanalyse werden in *Kapitel 5* zwei normative Modelle aufgestellt, die bei der Planung einer IKT-Wirkungsanalyse eine adäquate Wahl und Anwendung der Forschungsmethoden unterstützen sollen. Im Folgenden wird zunächst das Handlungsmodell der Methodenwahl entwickelt, das in einem nächsten Schritt anhand der realen Methodenwahl der IKT-Wirkungsforschung empirisch evaluiert wird.

5.1.1 Handlungsmodell der Methodenwahl

Das Handlungsmodell der Methodenwahl basiert auf den Ergebnissen der inhaltlichen und methodischen Potenzialanalyse (siehe *Kapitel 3* und *4*). Die Entscheidungsparameter des Modells orientieren sich an den Anforderungen

- der zu untersuchenden unabhängigen Variablen (IKT),
- der zu untersuchenden abhängigen Variablen (IKT-Wirkungen) und
- des Forschungsziels.

Bei Anwendung des Modells kann somit der Forderung nachgekommen werden, die Wahl der Forschungsmethode auf die inhaltlichen Anforderungen des Forschungsbereichs und die methodischen Anforderungen des Forschungsziels abzustimmen. Damit wird das erste der in vorliegender Arbeit verfolgten Gestaltungsziele adressiert (siehe S. 6).

Das Handlungsmodell der Methodenwahl ist in Abbildung 5-1 dargestellt. Anhand der Verbindungslinien lässt sich in den insgesamt vier Entscheidungsstufen prüfen, welche der drei Methoden die jeweiligen inhaltlichen und methodischen Anforderungen erfüllt.

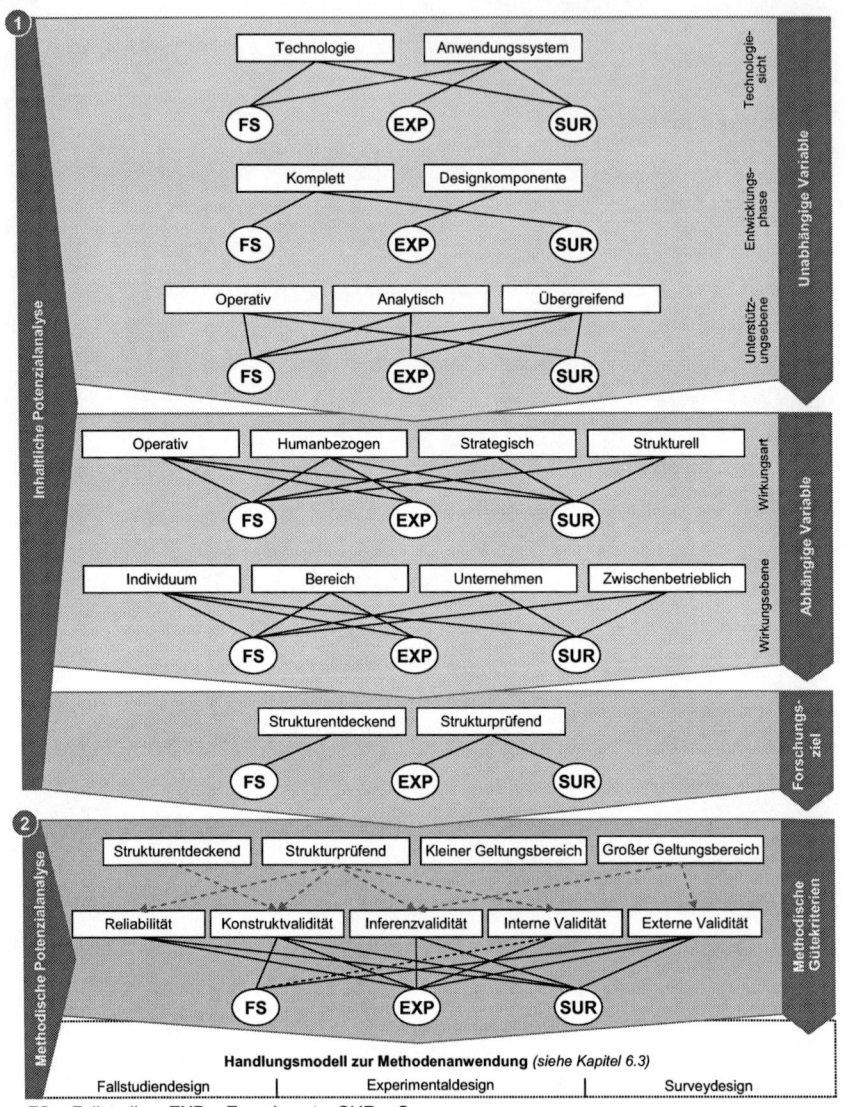

Abbildung 5-1: Handlungsmodell der Methodenwahl

FS = Fallstudien, EXP = Experimente, SUR = Surveys

5.1.1.1 Methodenwahl in Abhängigkeit der inhaltlichen Anforderungen

Unabhängige Variable: Untersuchte IKT

Während sich zur Erforschung der Wirkungen konkreter AS alle drei Forschungsmethoden eignen, sollten zur Erforschung der Wirkungen abstrakter Technologien vorwiegend Fallstudien- oder Surveyuntersuchungen durchgeführt werden. Da Technologien die Grundlage konkreter AS sind, können diese nur bedingt in einer experimentellen Anordnung isoliert untersucht werden. So lassen sich bspw. OLAP- oder Data-Mining-Technologien nur eingeschränkt unabhängig von deren Einbettung in einem konkreten AS im Labor analysieren. Aus diesem Grund müssen zur Erforschung abstrakter Technologien Fallstudien- oder Surveyuntersuchungen durchgeführt werden, die diese unter dem Gesichtspunkt ihres realen (betrieblichen) Einsatzes erfassen können. Experimente[326] sind zur Erforschung von Technologien weniger geeignet, insbesondere wenn sie in einer Laborumgebung stattfinden.

Für das Testen der Wirkungen verschiedener Designkomponenten sollte die Experimentalmethode den anderen Methoden vorgezogen werden. Aufgrund der mit der Experimentalmethode verbundenen Manipulations- und Kontrollmöglichkeiten einer begrenzten Anzahl an Faktoren, lassen sich einzelne Systemkomponenten isoliert manipulieren und auf diese Weise kontrolliert gegeneinander testen. Soll dagegen der reale IKT-Einsatz ganzheitlich betrachtet werden, sind die Wirkungsbeziehungen deutlich komplexer. Der IKT-Einsatz ist im realen Einsatzfeld lediglich ein Einflussfaktor unter vielen auf die organisatorischen Leistungsabläufe und Gestaltungsvariablen. Aus diesem Grund sollten insbesondere Fallstudien-, aber auch Surveyuntersuchungen eingesetzt werden, anhand derer sich der IKT-Einsatz ganzheitlich und intensiv erforschen lässt. Die mit diesen Methoden mögliche detaillierte Abbildung einer Vielzahl von Variablen erlaubt es, die vielfältigen Interdependenzen zwischen der IKT und seiner Umwelt ganzheitlich zu erfassen, so dass die im Unternehmen auftretenden Wirkungen eindeutiger auf den IKT-Einsatz zurückgeführt werden können. Experimente sind dagegen weniger für eine ganzheitliche Betrachtung geeignet, da sie zwar einen begrenzten Realitätsausschnitt intensiv, dafür aber nicht in seiner Breite erfassen können.[327]

---

[326] Aufgrund des hohen Anteils an Laborexperimenten in der untersuchten Stichprobe beziehen sich die folgenden Ausführungen vorwiegend auf Labor- und nicht auf Feldexperimente.
[327] Siehe dazu auch Galliers (1992), S. 153-155.

Bezüglich der Unterstützungsebene der untersuchten IKT ergeben sich kaum methodenspezifische Einschränkungen. Die Fallstudienmethode kann zur Untersuchung von AS oder Technologien auf allen Unterstützungsebenen eingesetzt werden. Die Experimentalmethode eignet sich insbesondere zur Untersuchung der analytischen oder übergreifenden, aber weniger zur Erforschung der operativen Ebene. Da operative IKT die betrieblichen Leistungsprozesse eines Unternehmens abbilden, sollten diese vorwiegend im realen betrieblichen Einsatz und nicht isoliert im Laborexperiment untersucht werden. Die Surveymethode eignet sich vor allem zur Erforschung operativer oder übergreifender IKT. Während derartige Wirkungen gut mittels strukturierter Befragungen erhoben werden können, sind die Auswirkungen analytischer AS bspw. auf die Qualität der getroffenen Entscheidungen weniger gut anhand subjektiver Selbsteinschätzungen zu erfassen.

Abhängige Variable: Untersuchte IKT-Wirkungen

Steht die Erforschung komplexer, situationsabhängiger, zeitlich und/oder räumlich versetzter Wirkungsbeziehungen im Vordergrund, dann sollte die Fallstudiemethode zur IKT-Wirkungsanalyse angewandt werden. Aufgrund des hohen inhaltlichen Potenzials der Fallstudienmethode können neben operativen und humanbezogenen insbesondere auch strukturelle und strategische Veränderungen analysiert werden, deren Erfassung hohe inhaltliche Anforderungen an die eingesetzte Forschungsmethode stellt. Zwar können auch mit der Surveymethode vielfältige IKT-Wirkungen untersucht werden – zumal dies aufgrund der strukturierten Befragungsform mit einem vergleichsweise geringen Aufwand verbunden ist. Allerdings lassen sich tiefgreifende und nicht augenscheinliche Phänomene nur bedingt analysieren, da mit einer auf Selbsteinschätzungen beruhenden Befragung nur diejenigen Phänomene erfasst werden können, die den Befragten auch bewusst bzw. zugänglich sind. Die hinter den Phänomenen liegenden Prozesse und Ursachen bleiben dagegen im Verborgenen. Im Gegensatz zur Fallstudien- und Surveymethode ist die Vielfalt der erfassbaren IKT-Wirkungen bei Experimenten stark eingeschränkt. Insbesondere zur Untersuchung von IKT-Wirkungen, die mit hohen inhaltlichen Anforderungen verbunden sind, sollten keine Experimente eingesetzt werden. Aufgrund der begrenzten Anzahl an erfassbaren Variablen und der in Laboruntersuchungen vorliegenden künstlichen Isolation lassen sich komplexe, situationsabhängige und versetzt auftretende Wirkungsbeziehungen nicht erforschen. Demzufolge sind der Experimentalmethode langfristige strategische und strukturelle Veränderungen, die nur im realen betrieblichen Einsatz entstehen, nicht zugänglich.[328]

Eng mit der Art der untersuchten IKT-Wirkungen ist die Wirkungsebene[329] verbunden. Fallstudien und Surveys erlauben über eine detaillierte Erfassung der Realität grundsätzlich die Erforschung aller Arten von IKT-Wirkungen über mehrere Wirkungsebenen hinweg. Lediglich die Bereichsebene ist Surveyuntersuchungen nur bedingt zugänglich, was an der schwierigen Erfassbarkeit gruppenbezogener Phänomene liegt. Demgegenüber können mit Experimenten nur klar abgegrenzte, isolierte Wirkungsbereiche erfasst werden, die mit geringen inhaltlichen Anforderungen verbunden sind. Aus diesem Grund sollten Experimente vorwiegend zur Erforschung von Individuen oder kleinen Gruppen eingesetzt werden.

Forschungsziel

Die an die Forschungsmethode gestellten inhaltlichen Anforderungen sind vor allem davon abhängig, ob das Forschungsziel der IKT-Wirkungsanalyse in der Strukturentdeckung oder in der Strukturprüfung liegt.[330] Die Schwierigkeit strukturentdeckender bzw. theoriebildender IKT-Wirkungsanalysen liegt darin, dass die zu untersuchenden Wirkungen ex ante nicht spezifiziert sind, weswegen eine möglichst vollständige Wirkungserfassung notwendig ist. Somit sind auch komplexe, qualitative und schwierig zurechenbare Wirkungen zu erfassen, was mit hohen inhaltlichen Anforderungen verbunden ist. Aus diesem Grund sollten strukturentdeckende IKT-Wirkungsanalysen fallstudienbasiert erfolgen. Die in Fallstudienuntersuchungen durchführbare tiefgreifende und detaillierte Erfassung der IKT-Einsatzsituation gewährleistet eine möglichst vollständige Wirkungserfassung auf allen Ebenen in und zwischen Unternehmen.[331] Zwar lässt sich prinzipiell auch mit der Surveymethode eine große Vielfalt an IKT-Wirkungen analysieren. Allerdings ist die Anzahl der gleichzeitig zu erfassenden Wirkungen schon alleine durch die quantitative Datenerhebungsmethode eingeschränkt.

---

[328] Siehe dazu auch Galliers (1992), S. 153-155.
[329] Da die Markt- bzw. Industrieebene in der empirischen Untersuchung sehr selten vorkommt, wird diese aufgrund der zu geringen Stichprobenbasis aus dem Handlungsmodell ausgeschlossen.
[330] Da der Geltungsbereich nicht ausschlaggebend für die inhaltlichen Anforderungen ist, wird dieser aus der inhaltlichen Potenzialanalyse und damit auch dem Handlungsmodell ausgeschlossen.
[331] Siehe dazu auch Benbasat et al. (1987), S. 370-371; Dubé/Paré (2003), S. 598.

Zur Durchführung strukturprüfender IKT-Wirkungsanalysen sollten vorwiegend Surveys und Experimente eingesetzt werden. Bei derartigen IKT-Wirkungsanalysen ist es notwendig, einen ex ante hypothetisierten Kausalzusammenhang statistisch zu überprüfen. Dies ist zwar mit geringeren inhaltlichen Anforderungen verbunden. Dafür müssen allerdings Methoden eingesetzt werden, die eine quantitative Überprüfung eines klar definierten Wirkungsbereichs ermöglichen. Aus diesem Grund eignen sich für strukturprüfende Untersuchungen insbesondere quantitativ ausgerichtete Survey- und Experimentaluntersuchungen. Zwar können auch Fallstudienuntersuchungen für strukturprüfende IKT-Wirkungsanalysen eingesetzt werden. Dies sollte jedoch speziell dann geschehen, wenn die IKT nicht isoliert vom Einsatzkontext untersucht werden kann und/oder der zu prüfende Wirkungsbereich mit hohen inhaltlichen Anforderungen verbunden ist – sei es aufgrund komplexer Wechselbeziehungen zu anderen Bereichen oder der schwierigen Erfassbarkeit der Wirkungen.[332]

5.1.1.2 Methodenwahl in Abhängigkeit der methodischen Anforderungen

Die relative Bedeutung der methodischen Anforderungen variiert in Abhängigkeit des mit der IKT-Wirkungsanalyse verfolgten Erkenntnisziels und Gültigkeitsanspruchs (siehe dazu auch S. 89f). Bei Durchführung explorativer IKT-Wirkungsanalysen kommt einer validen Messung der untersuchten Konstrukte bspw. eine größere Bedeutung zu als der Validität des statistischen Schlusses. Da die methodischen Anforderungen sich gegenseitig bedingen, kann allerdings kein Gütekriterium völlig außer Acht gelassen werden. Vielmehr ist das ganzheitliche Zusammenspiel der methodischen Anforderungen bei der Planung einer IKT-Wirkungsanalyse zu berücksichtigen.

Reliabilität

Steht die Reliabilität im Vordergrund, bspw. weil eine Replikation der IKT-Wirkungsanalyse unter konstanten Bedingungen angestrebt wird, dann eignet sich insbesondere die Experimentalmethode. Aufgrund der umfassenden Kontrollmöglichkeiten und der Anwendbarkeit standardisierter Messinstrumente kann grundsätzlich ein hohes Maß an Reliabilität erreicht werden. Speziell bei Realisierung des Experiments in einer Laborumgebung kann die Untersuchungssituation exakt vom Forscher bestimmt werden, so dass sich für wiederholte Durchführungen die gleichen

---

[332] Siehe dazu auch Dubé/Paré (2003), S. 598; Galliers (1992), S. 159.

Bedingungen wiederherstellen lassen.[333] Neben der Experimentalmethode kann auch die Surveymethode bei korrekter Anwendung ein ausreichendes Maß an Genauigkeit bieten. Die Stellschraube zur Erhöhung der Reliabilität liegt bei der Surveymethode im Einsatz eines standardisierten Messinstruments mit theoretisch und/oder empirisch abgesicherten Items.[334] Im Gegensatz zu Experimenten und Surveys ist es bei Durchführung fallstudienbasierter IKT-Wirkungsanalysen schwieriger, konstante und von äußeren Einflüssen unabhängige Messbedingungen herzustellen. Da Fallstudienuntersuchungen den natürlichen IKT-Einsatzkontext tiefgreifend und qualitativ analysieren, können nur bedingt standardisierte Messinstrumente eingesetzt werden und die Fallstudienergebnisse sind eng mit den Interpretationen des Forschers verbunden.[335]

Konstruktvalidität

Ist hoher Wert auf die Konstruktvalidität zu legen, bspw. bei der Exploration ex ante unbekannter IKT-Wirkungen, dann eignen sich insbesondere Fallstudienuntersuchungen. Durch die im Rahmen von Fallstudienuntersuchungen gut umsetzbaren Techniken der Datentriangulation und Replikation können durch zu einseitige Operationalisierungen und Messungen bedingte Verzerrungen vermieden und die Konstrukte realitätsgetreu gemessen werden. Da die Konstruktvalidität unter anderem von der Qualität der verwendeten Operationalisierungen abhängt, lässt sich grundsätzlich auch mit Experimental- und Surveyuntersuchungen ein ausreichendes Maß an Konstruktvalidität erreichen. Allerdings sind die in einer Laborsituation verwendeten Operationalisierungen tendenziell weniger realitätsnah.[336]

Inferenzvalidität

Liegt das Forschungsziel der IKT-Wirkungsanalyse in einer statistisch validen Prüfung ex ante hypothetisierter Zusammenhänge, können insbesondere Experimente, aber auch Surveys eingesetzt werden. Bei Durchführung von Experimenten lässt sich die Inferenzvalidität vor allem durch die Möglichkeiten einer aktiven und kontrollierten Stimulussetzung erhöhen.[337] Bei Durchführung von Surveyuntersuchungen kann die

---

[333] Vgl. Adelman (1991), S. 294; Jenkins (1991), S. 110.
[334] Vgl. De Vaus (1995), S. 54-55; Fowler Jr. (2002), S. 78-84; Judd et al. (1991), S. 52-53.
[335] Vgl. Adelman (1991), S. 297; Benbasat et al. (1987), S. 370-371; Galliers (1992), S. 151; Jenkins (1991), S. 110.
[336] Judd et al. (1991), S. 183-184.
[337] Vgl. Adelman (1991), S. 295-296; Shadish et al. (2002), S. 47.

Inferenzvalidität nur dann sichergestellt werden, wenn hoher Wert auf die Ausgestaltung des Untersuchungsdesigns gelegt wird.[338] Im Gegensatz zur Experimental- und Surveymethode sind Fallstudien nicht auf hypothesenprüfende Untersuchungen ausgerichtet, weswegen der Gewinnung inferenzstatistischer Schlussfolgerungen Grenzen gesetzt sind.[339]

Interne Validität

Zur Maximierung der internen Validität der IKT-Wirkungsforschung ist die Experimentalmethode den anderen Methoden vorzuziehen. Mit den Möglichkeiten der Schaffung einer künstlichen Untersuchungsumgebung und der Randomisierung können vor allem in Laborexperimenten Störgrößen, die auf den angenommenen Kausalzusammenhang wirken, kontrolliert werden. Da sich Fallstudien- und Surveyuntersuchungen auf reale Einsatzsituationen beziehen, sind die Kontrollmöglichkeiten tendenziell eingeschränkt, was sich nachteilig auf die interne Validität der IKT-Wirkungsforschung auswirken kann. Allerdings besteht gerade bei Fallstudienuntersuchungen die Möglichkeit, diese Störfaktoren durch eine tiefgreifende und zeitraumbezogene Datenerhebung in die Analyse einzubeziehen, so dass grundsätzlich auch mit fallstudienbasierten IKT-Wirkungsanalysen valide Kausalbeziehungen erfasst werden können.[340]

Externe Validität

Ein gewisses Maß an externer Validität ist prinzipiell mit jeder Methode zu erreichen, solange die dazu notwendigen Stellschrauben Beachtung finden. Allerdings ist die Ausweitung des Geltungsbereichs der IKT-Wirkungsanalyse je nach angewandter Methode mit unterschiedlich hohem Aufwand verbunden. Wird ein hoher Geltungsbereich angestrebt, dann eignet sich insbesondere die Surveymethode. Durch die strukturierte, quantitative Befragungsform können mit vergleichsweise geringem Aufwand Aussagen für einen großen Geltungsbereich gewonnen werden. Im Gegensatz dazu kann bei Anwendung von Fallstudien und Experimenten der Gültigkeitsbereich der

---

[338] Vgl. Lucas Jr (1991), S. 274-285; Palvia et al. (2003), S. 292.
[339] Vgl. Adelman (1991), S. 297; Baroudi/Orlikowski (1989), S. 103.
[340] Vgl. Jenkins (1991), S. 110; Judd et al. (1991), S. 183; Palvia et al. (2003), S. 292; Zimmermann (1972), S. 227.

Ergebnisse nur über eine aufwändige Replikation der Untersuchung in weiteren Kontexten erweitert werden.[341]

5.1.2 Evaluation der Methodenwahl

Zur Demonstration der praktischen Anwendbarkeit des Handlungsmodells der Methodenwahl wird dieses im Folgenden auf die drei wesentlichen Forschungsstränge der IKT-Wirkungsforschung (siehe S. 60f) angewandt. Da die normativen Aussagen des Handlungsmodells Werturteile darstellen und damit gemeinhin als nicht wahrheitsfähig gelten[342], wird damit keine statistische Absicherung, sondern lediglich eine Überprüfung der normativen Gültigkeit des Modells angestrebt.

5.1.2.1 Methodenwahl für die explorative Wirkungsanalyse konkreter Anwendungssysteme

Ein bedeutender Forschungsstrang der IKT-Wirkungsforschung ist die Evaluation des AS-Einsatzes in einem konkreten Unternehmen. Im Vordergrund steht dabei die möglichst vollständige Erfassung aller Folgen, die der AS-Einsatz für das spezielle Unternehmen hat. Der Geltungsbereich der Aussagen ist in diesem Forschungsstrang zunächst eingeschränkt, da primär Aussagen für das interessierende Unternehmen angestrebt werden. Allerdings kann durch Replikation der Studien der Geltungsbereich auf weitere AS-Einsatzsituationen ausgeweitet werden. In Abbildung 5-2 ist die Anwendung des Handlungsmodells auf die Forschungsgegenstände dieses speziellen Forschungsstrangs dargestellt.

---

[341] Vgl. Galliers (1992), S. 150-151, 154-155; Jenkins (1991), S. 110.
[342] Vgl. Klaus (1966), S. 80, 97; Kosiol (1972), S. 253.

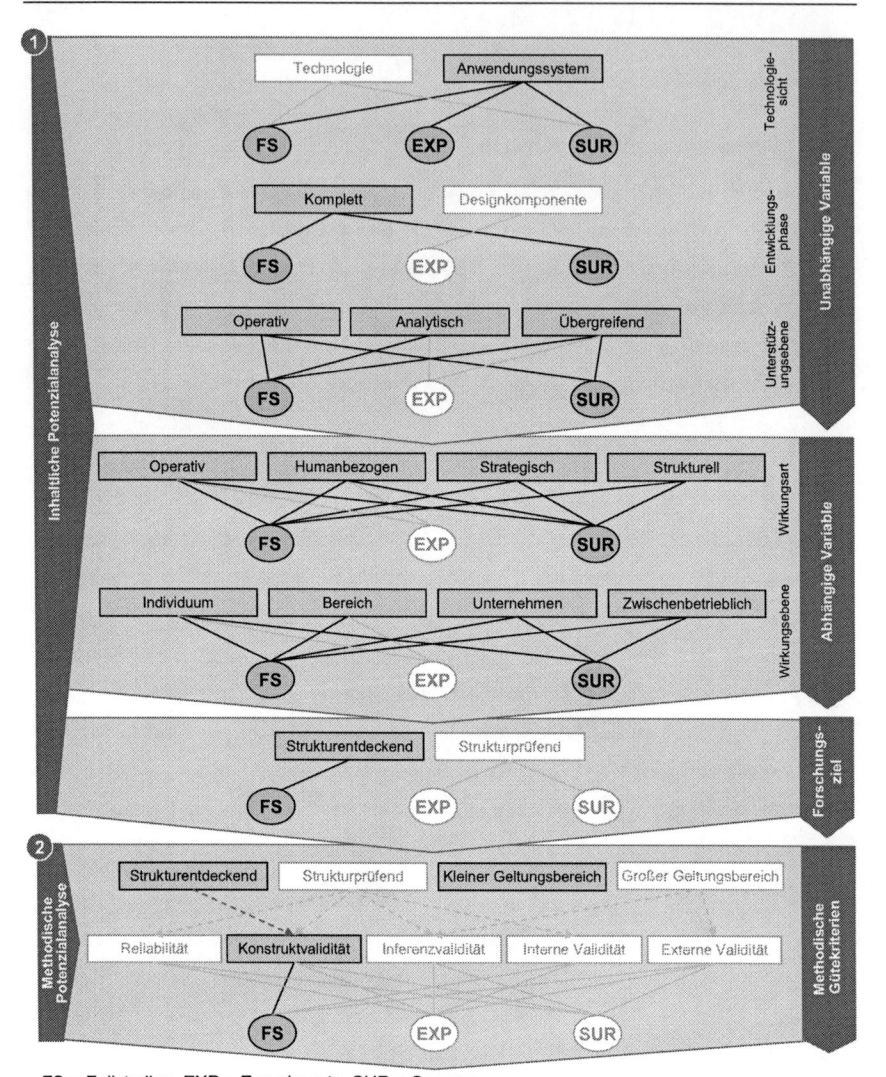

FS = Fallstudien, EXP = Experimente, SUR = Surveys

Abbildung 5-2: Methodenwahl für die explorative Wirkungsanalyse konkreter Anwendungssysteme

Als unabhängige Variable liegt in diesem Forschungsstrang ein komplettes AS vor, das bei einem Unternehmen entweder auf operativer, analytischer oder übergreifender Unterstützungsebene eingesetzt wird. Bei der Erforschung einer realen Einsatzsituation ist zu beachten, dass das untersuchte AS lediglich ein Einflussfaktor unter vielen auf die organisatorischen Leistungsabläufe und Gestaltungsvariablen ist. Aus diesem Grund muss eine Forschungsmethode gewählt werden, mit der die vielfältigen Interdependenzen zwischen dem System und seiner Umwelt erfasst werden können. Entsprechend der ersten Stufe des Handlungsmodells würden damit sowohl Fallstudien als auch Surveys in Frage kommen. Beide Methoden erlauben es dem Forscher, eine Vielzahl von Einflussfaktoren zu erfassen und auf diese Weise reale Einsatzsituationen intensiv zu erforschen. Demgegenüber eigenen sich Experimente nur bedingt zur Untersuchung ganzheitlicher AS. Da die Anzahl der zu analysierenden Variablen begrenzt ist, sollte die Experimentalmethode nur zur intensiven Erforschung eines begrenzten Realitätsausschnitts angewandt werden. Aus diesem Grund kann die Experimentalmethode in den weiteren Stufen des Handlungsmodells ausgeblendet werden.

Die untersuchten abhängigen Variablen sind aufgrund des explorativen Charakters dieses Forschungsstrangs sehr vielfältig, so dass grundsätzlich alle Arten von IKT-Wirkungen im und unter Umständen auch zwischen Unternehmen zu erfassen sind. Daher müssen neben operativen und humanbezogenen auch schwierig messbare strategische und strukturelle Veränderungen betrachtet werden, die meist nicht unmittelbar auf den AS-Einsatz folgen. Da auch übergeordnete Wirkungsebenen einbezogen werden müssen, ist eine Vielzahl von Kontextvariablen zu beachten, welche die angenommene Wirkungsbeziehung beeinflussen können. Die zweite Stufe des Handlungsmodells kommt daher zu dem Ergebnis, dass insbesondere Fallstudien diese hohen inhaltlichen Anforderungen des Forschungsbereichs erfüllen können. Daneben wäre auch die Wahl der Surveymethode denkbar, wobei damit allerdings bereichsbezogene Wirkungen weniger gut erfasst werden könnten.

Das in diesem Forschungsstrang verfolgte Erkenntnisziel liegt in der Strukturentdeckung bzw. Theoriebildung. Die Entdeckung ex ante nicht spezifizierter Wirkungsbeziehungen ist mit der Problematik einer vollständigen Wirkungserfassung verbunden. Um möglichst alle Veränderungen aufdecken zu können, muss die Forschungsmethode daher in der Lage sein, nicht nur die zeitlich und räumlich unmittelbar dem IKT-Einsatz zuzuordnenden Veränderungen, sondern auch die zeitlich und örtlich versetzt auftretenden IKT-Wirkungen erfassen zu können. Dabei ist es notwendig, möglichst alle Kontextvariablen, welche die Wirkungsbeziehung beeinflussen können, abzubilden. Neben quantitativen müssen auch qualitative Maßgrößen zur Erfassung immaterieller Auswirkungen einbezogen werden. In Anlehnung an das Handlungsmodell sollte für das strukturentdeckende Forschungsziel die Fallstudienmethode der Surveymethode vorgezogen werden, da damit den mit dem Forschungsziel verbundenen hohen inhaltlichen Anforderungen gerecht werden kann. Mit Fallstudien ist es möglich, durch eine tiefgreifende und detaillierte Erfassung der IKT-Einsatzsituation, auch schwierig zurechenbare, immaterielle und komplexe IKT-Wirkungen zu erfassen. Demgegenüber können mit Surveyuntersuchungen vorwiegend ex ante bekannte Wirkungszusammenhänge untersucht werden. Bestünde das Forschungsziel in der Theorieprüfung, könnte daher auch die Surveymethode für diesen Forschungsstrang ausgewählt werden. Die Entscheidung für die Fallstudienmethode und gegen die Surveymethode fällt also erst in Abhängigkeit des konkret verfolgten Forschungsziels, da beide Methoden die übrigen inhaltlichen Anforderungen des Forschungsstrangs weitgehend erfüllen würden.

Das Forschungsziel der Theoriebildung mit kleinem Gültigkeitsanspruch stellt nur geringe methodische Anforderungen an die einzusetzende Forschungsmethode. Lediglich auf die Konstruktvalidität sollte bei Durchführung explorativer IKT-Wirkungsanalysen besonderer Wert gelegt werden. In Anlehnung an das Handlungsmodell eignet sich die Fallstudienmethode sehr gut zur Sicherstellung der Konstruktvalidität. Durch die Möglichkeit, mehrere Datenerhebungsverfahren zu kombinieren und unterschiedliche Situationen zu untersuchen, lässt sich ein *mono-method* und *mono-operation bias* vermeiden.

Validierung der Empfehlung

Die normative Empfehlung des Handlungsmodells kann nun anhand der empirischen Untersuchung validiert werden. Die Empfehlung, zur explorativen Wirkungsanalyse eines konkreten AS die Fallstudienmethode anzuwenden, stimmt mit den Ergebnissen der empirischen Untersuchung weitgehend überein. In 80% der untersuchten IKT-Wirkungsanalysen, die diesem Forschungsstrang zuzuordnen sind, wird die Fallstudienmethodik eingesetzt (siehe Anhang B, Tabelle B-3).

5.1.2.2 Methodenwahl für die theorieprüfende Wirkungsanalyse des generellen Technologieeinsatzes

Ein weiterer wichtiger Forschungsstrang der IKT-Wirkungsforschung liegt in der Prüfung der Folgen des generellen Technologieeinsatzes. Dabei steht nicht ein konkretes AS im Vordergrund, sondern es werden ex ante hypothetisierte Auswirkungen der zunehmenden Internet- oder IT-Durchdringung auf verschiedene Leistungs- und Gestaltungsbereiche in und zwischen Unternehmen überprüft. Das Handlungsmodell zur Auswahl einer Methode, mit der die Wirkungen des generellen Technologieeinsatzes überprüft werden können, ist in Abbildung 5-3 dargestellt.

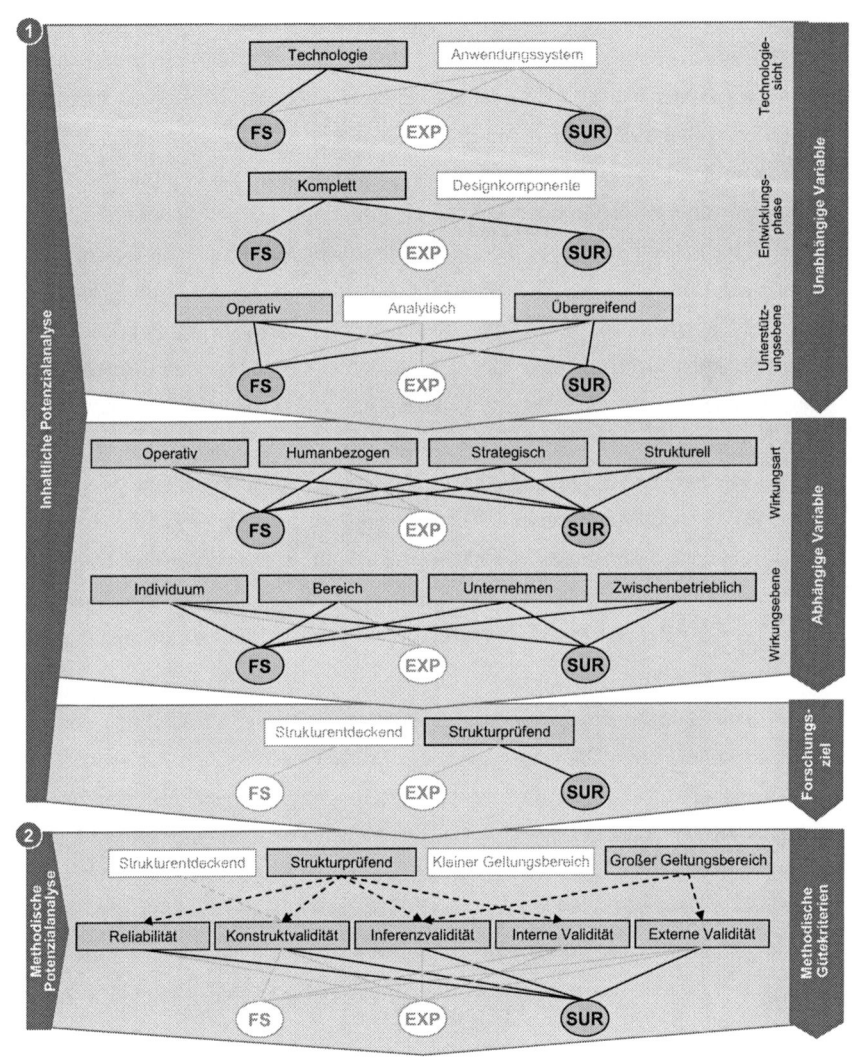

FS = Fallstudien, EXP = Experimente, SUR = Surveys

Abbildung 5-3: Methodenwahl für die theorieprüfende Wirkungsanalyse des generellen Technologieeinsatzes

Die in diesem Forschungsstrang untersuchte unabhängige Variable ist die generelle Technologienutzung in und zwischen Unternehmen. Dabei werden häufig Technologien zur Unterstützung der operativen Geschäftsabwicklung zwischen Transaktionspartnern, wie die Nutzung des Internets im E-Commerce-Bereich oder die Nutzung von EDI-Technologien zur Übertragung von Transaktionsdaten, untersucht. Ein weiterer Untersuchungsgegenstand ist der IT-Einsatz bzw. Digitalisierungsgrad eines Unternehmens, der meist anhand der getätigten IT-Ausgaben operationalisiert wird.

Bei der Erforschung der Folgen des generellen Technologieeinsatzes ist zu beachten, dass neben dem Technologieeinsatz eine Reihe weiterer Faktoren ursächlich für wahrgenommene Veränderungen sein kann. Aus diesem Grund können die untersuchten Kausalzusammenhänge eine hohe Komplexität aufweisen. Gemäß der Empfehlung des Handlungsmodells sollten zur Untersuchung dieses komplexen Forschungsbereichs entweder Fallstudien oder Surveys angewandt werden. Beide Methoden beziehen sich auf reale Einsatzsituationen und können eine Vielzahl von Variablen erfassen, so dass äußere Einflüsse, die neben dem IKT-Einsatz auf die abhängige Variable wirken, als Kontrollvariablen in das Untersuchungsmodell aufgenommen werden können. Im Gegensatz dazu ist die Experimentalmethode weniger gut zur Wirkungsanalyse kompletter Technologien geeignet. Da abstrakte Technologien die Grundlage konkreter betrieblicher AS bilden, können diese nur bedingt in einer experimentellen Anordnung isoliert untersucht werden. Folglich ist bereits an dieser Stelle die Experimentalmethode aus den weiteren Stufen des Handlungsmodells auszuschließen.

Die Art und Ebene der untersuchten Technologiewirkungen ist abhängig von der jeweils hypothetisierten Wirkungsbeziehung. Damit variieren auch die an die Forschungsmethode gestellten inhaltlichen Anforderungen in Abhängigkeit des zugrunde liegenden Wirkungsmodells. Grundsätzlich muss es mit den eingesetzten Methoden aber möglich sein, auch schwer erfassbare und räumlich sowie zeitlich versetzt auftretende Technologiewirkungen zu analysieren. Folgt man der zweiten Stufe des Handlungsmodells, dann können für die in diesem Forschungsstrang untersuchten abhängigen Variablen sowohl Fallstudien als auch Surveys in Betracht gezogen werden.

Mit dem Erkenntnisziel der Theorieprüfung sind im Vergleich zu explorativen Untersuchungen geringere inhaltliche Anforderungen verbunden, da der zu untersuchende Wirkungsbereich ex ante eingeschränkt wird. Nach dem Handlungsmodell sollte zur

Durchführung strukturprüfender Untersuchungen die Surveymethode der Fallstudienmethode vorgezogen werden. Stünde dagegen die Entdeckung ex ante nicht spezifizierter Technologiewirkungen im Vordergrund, dann sollte die Fallstudienmethode ausgewählt werden. Die Entscheidung für die Surveymethode und gegen die Fallstudienmethode fällt also wiederum erst in Abhängigkeit des konkret verfolgten Forschungsziels.

Bei einer Theorieprüfung mit großem Geltungsbereich muss sichergestellt werden, dass der angenommene Kausalzusammenhang in weiteren Fällen falsifiziert werden kann. Demzufolge sollte großer Wert auf die Reliabilität der Untersuchung gelegt werden. Darüber hinaus ist besonderer Wert auf die Validität des statistischen Schlusses und die interne Validität zu legen. Zur Gewinnung generalisierbarer Aussagen muss außerdem die externe Validität der Untersuchung maximiert werden. Damit ergeben sich aus dem Forschungsziel sehr hohe methodische Anforderungen an die einzusetzende Forschungsmethode. Nach dem Handlungsmodell ist die Surveymethode weitgehend in der Lage, diese mit dem Forschungsziel verbundenen methodischen Anforderungen zu erfüllen. Stünde dagegen die Entdeckung ex ante nicht spezifizierter Technologiewirkungen im Vordergrund, müssten die methodischen Anforderungen der Konstruktvalidität und externen Validität erfüllt werden, was auch mit der Fallstudienmethode sichergestellt werden könnte.

Validierung der Empfehlung

Entsprechend der Empfehlung des Handlungsmodells sollte für eine theorieprüfende Wirkungsanalyse der generellen Technologienutzung die Surveymethode gewählt werden. Die empirische Analyse zeigt, dass 87% der IKT-Wirkungsanalysen, die diesem Forschungsstrang zuzuordnen sind, Surveyuntersuchungen einsetzen. Die Methodenwahl stimmt damit weitgehend mit der Empfehlung des Handlungsmodells überein (siehe Anhang B, Tabelle B-3).

5.1.2.3 Methodenwahl für das theorieprüfende Testen von (prototypenbasierten) Designkomponenten

Ein dritter Forschungsstrang der IKT-Wirkungsforschung beschäftigt sich mit dem Testen verschiedener Systemkomponenten. Dazu werden in den Studien entweder Prototypen entwickelt oder Webseiten programmiert, die mit unterschiedlichen Designkomponenten ausgestattet sind. Da viele der Studien in frühen Technologieentwicklungsstadien durchgeführt werden, beschränken sich diese häufig zunächst auf einen begrenzten Geltungsbereich. Das Handlungsmodell zur Wahl einer für diesen Forschungsstrang geeigneten Forschungsmethode ist in Abbildung 5-4 dargestellt.

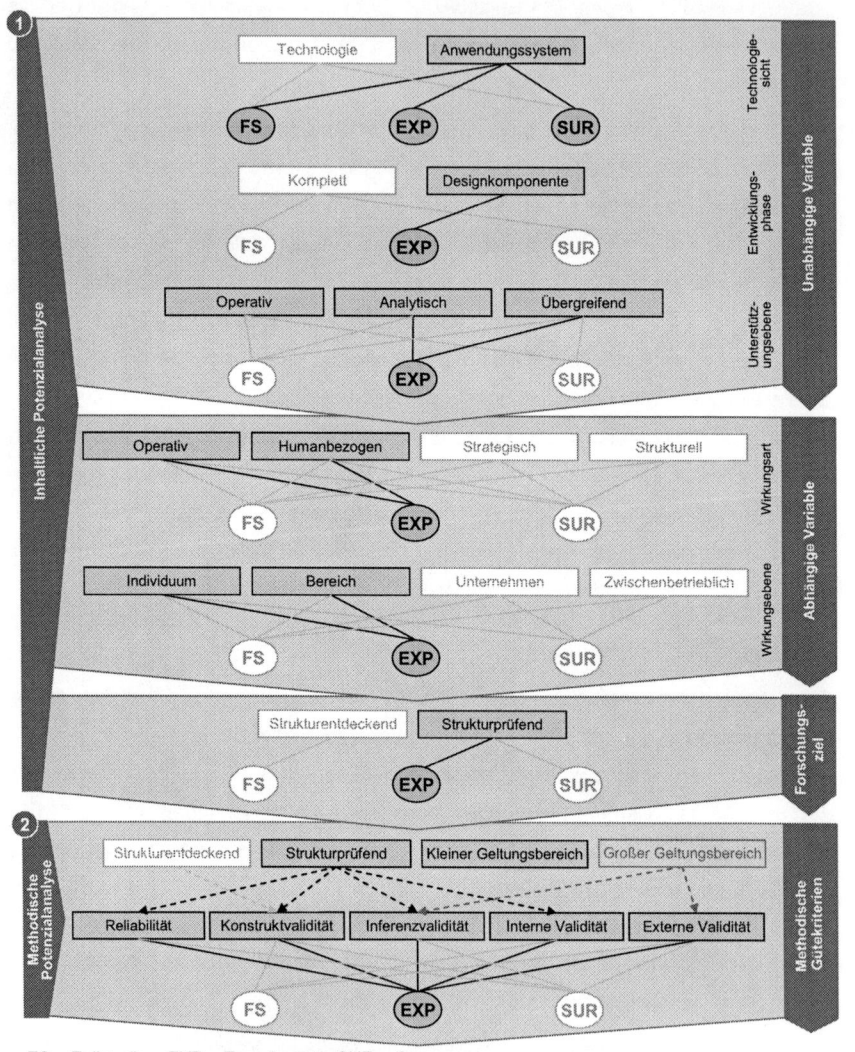

FS = Fallstudien, EXP = Experimente, SUR = Surveys

Abbildung 5-4: Methodenwahl für das Testen von (prototypenbasierten) Designkomponenten

Bei den in diesem Forschungsstrang untersuchten unabhängigen Variablen handelt es sich um einzelne Designkomponenten von AS, wobei grundsätzlich alle Unterstützungsebenen vorkommen. Die Designkomponenten stellen häufig unterschiedliche Benutzeroberflächen oder Entscheidungsmodelle dar, die anhand von Prototypen gegeneinander getestet werden. Vielfach werden auch Webseiten programmiert, die unterschiedliche Personalisierungsgrade, Empfehlungssysteme oder Navigationsfunktionen aufweisen. Die Studien dieses Forschungsstrangs beschränken sich also auf die intensive Analyse einzelner Systemfunktionen, was verglichen mit der Erforschung eines ganzheitlichen AS mit einer geringeren Komplexität verbunden ist. Entsprechend der ersten Stufe des Handlungsmodells wird die Empfehlung gegeben, zur Erforschung isolierter Designkomponenten die Experimentalmethode anzuwenden. Durch die mit der Experimentalmethode verbundenen Manipulations- und Kontrollmöglichkeiten ist der Forscher in der Lage, einzelne Designkomponenten aktiv zu manipulieren und gegeneinander zu testen. Demgegenüber beziehen sich Survey- und Fallstudienuntersuchungen auf reale Einsatzsituationen. Damit besteht weder die Möglichkeit einer aktiven und kontrollierten Stimulussetzung noch einer prototypenbasierten Wirkungsforschung. Aus diesem Grund lassen sich an dieser Stelle die Fallstudien- und die Surveymethode aus den weiteren Stufen des Handlungsmodells ausschließen.

Da die Studien dieses Forschungsstrangs häufig auf den Grundgedanken der Technologieakzeptanzforschung basieren, werden oftmals humanbezogene Wirkungen untersucht. Dazu zählen bspw. Einstellungsänderungen oder Nutzungsabsichten von Mitarbeitern oder Kunden. Daneben finden sich auch Studien, die Veränderungen im Entscheidungsverhalten von Individuen oder Gruppen analysieren. Folgt man dem Handlungsmodell, eignet sich die Experimentalmethode sehr gut zur Erforschung derartiger kurzfristig auftretender Veränderungen in isolierten Wirkungsbereichen. Aufgrund des besonderen Methodenpotenzials, einen beschränkten Realitätsausschnitt intensiv zu analysieren, können Experimente demnach gut zur Erforschung von Individuen und Kleingruppen eingesetzt werden.

Das Erkenntnisziel der Studien dieses Forschungsstrangs liegt in der Theorieprüfung. Verglichen mit der Exploration realer Einsatzsituationen ist dieses Forschungsziel mit geringen inhaltlichen Anforderungen verbunden. Bei einer Prüfung isolierter Designkomponenten weisen die zu untersuchenden Wirkungsbeziehungen eine geringere Komplexität auf, da meist ein isolierter Wirkungsbereich untersucht wird und die beobachteten Effekte damit eindeutig zurechenbar sind. Entsprechend des Handlungsmodells können aufgrund der geringen inhaltlichen Anforderungen des Forschungsstrangs Experimente eingesetzt werden.

Das Forschungsziel der Theorieprüfung ist zwar mit geringen inhaltlichen Anforderungen verbunden, dafür müssen aber hohe methodische Anforderungen erfüllt werden. Zum einen besteht bei einer Theorieprüfung der Anspruch, den beobachteten Kausalzusammenhang in weiteren Untersuchungen falsifizieren zu können. Dazu muss die Reliabilität der Untersuchung sichergestellt sein. Zum anderen muss ein statistisch valider Test von Kausalzusammenhängen durchgeführt werden, wozu die Inferenzvalidität und interne Validität zu beachten sind. Je nach Gültigkeitsanspruch der Studie muss darüber hinaus die externe Validität der Untersuchung gewährleistet sein. Entsprechend der vierten Stufe des Handlungsmodells hat die Experimentalmethode das Potenzial zur Erfüllung aller der mit diesem Forschungsstrang verbundenen methodischen Anforderungen. Durch die Manipulations- und vielfältigen Kontrollmöglichkeiten kann die Experimentalmethode dem hohen methodischen Anspruch dieses Forschungsstrangs gerecht werden.

Validierung der Empfehlung

Entsprechend der Empfehlung des Handlungsmodells sollte für das Testen verschiedener Designkomponenten die Experimentalmethode gewählt werden. Ein Vergleich dieser Empfehlung mit den empirischen Ergebnissen zeigt, dass 92% der IKT-Wirkungsanalysen, die diesem Forschungsstrang zuzuordnen sind, entsprechend dieser Empfehlung Experimentaluntersuchungen durchführen. Die Methodenwahl stimmt damit weitgehend mit der Empfehlung des Handlungsmodells überein (siehe Anhang B, Tabelle B-3).

5.2 Methodenanwendung

Nach erfolgter Methodenwahl ist die Forschungsmethode so anzuwenden, dass die methodischen Anforderungen erfüllt werden. Aus diesem Grund wird in den folgenden Abschnitten zunächst ein normatives Handlungsmodell aufgestellt, das eine adäquate Methodenanwendung unterstützt. Davon ausgehend wird das normative Handlungsmodell der realen Methodenanwendung der IKT-Wirkungsforschung gegenübergestellt und auf diese Weise empirisch evaluiert.

5.2.1 Handlungsmodell der Methodenanwendung

Das Handlungsmodell der Methodenanwendung basiert auf den Ergebnissen der methodischen Potenzialanalyse (siehe *Kapitel 4*) und unterstützt die Gestaltung eines Untersuchungsdesigns, mit dem die methodische Güte der IKT-Wirkungsanalyse unter dem gegebenen Forschungsziel optimiert werden kann. Mit der Entwicklung des Handlungsmodells wird somit das zweite der in vorliegender Arbeit verfolgten Gestaltungsziele erreicht (siehe S. 7).

5.2.1.1 Anwendung der Fallstudienmethode

Das Handlungsmodell zur Anwendung der Fallstudienmethode ist in Abbildung 5-5 dargestellt.

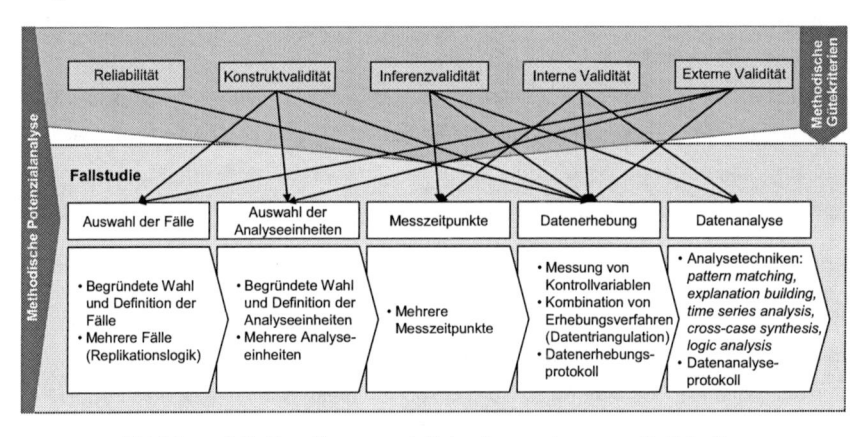

Abbildung 5-5: Handlungsmodell der Anwendung von Fallstudien

Reliabilität

Um die Reliabilität einer fallstudienbasierten IKT-Wirkungsanalyse zu maximieren, ist die Datenerhebung so zu gestalten, dass die Untersuchung unter weitgehend konstanten Bedingungen reproduziert werden kann. Dazu muss einerseits der Datenerhebungsprozess exakt protokolliert werden. Andererseits sind alle im Rahmen der Datenerhebung gewonnenen Primär- sowie Sekundärdaten in einer Datenbank abzulegen.[343]

---

[343] Vgl. Yin (2003), S. 34, 37-39.

Konstruktvalidität

Zur Sicherstellung der Konstruktvalidität der IKT-Wirkungsforschung muss besonderer Wert auf die Auswahl der untersuchten Fälle und Analyseeinheiten sowie die Gestaltung der Datenerhebung gelegt werden. Zum einen lässt sich durch eine Replikation der IKT-Wirkungsanalyse in weiteren IKT-Einsatzsituationen und/oder mit anderen IKT-Arten die unabhängige Variable besser abbilden und so ein *monooperation bias* vermeiden. Darüber hinaus ist darauf zu achten, dass die untersuchten Analyseeinheiten sinnvoll auf die interessierenden Konstrukte abgestimmt werden. So können bspw. gruppenspezifische Phänomene schlecht durch die Befragung einzelner Individuen abgebildet werden. Zum anderen lassen sich durch eine Messung der Konstrukte anhand mehrerer Datenerhebungsverfahren durch zu einseitige Messungen bedingte Verzerrungen vermeiden und reaktive Effekte der Probanden auf die Versuchsbedingungen minimieren. Gerade im Rahmen der IKT-Wirkungsforschung kann der Forscher dabei auf eine Reihe nicht-reaktiver Erhebungsverfahren zurückgreifen. Dazu zählt unter anderem das Aufzeichnen der IKT-Nutzung anhand von Logfiles oder die inhaltsanalytische Auswertung interner Reports über die Erfüllung von *Service Level Agreements*.[344]

Inferenzvalidität

Zur Sicherstellung der Inferenzvalidität fallstudienbasierter IKT-Wirkungsanalysen muss besonderer Wert auf die Gestaltung des Messmodells gelegt werden. Da sich äußere Einflüsse, wie organisatorische Entscheidungen oder wirtschaftliche Entwicklungen, in Fallstudienuntersuchungen weder ausschalten noch durch Randomisierung kontrollieren lassen, sollten diese als Kontrollvariablen in das Messmodell einbezogen und im Rahmen der Datenauswertung bspw. anhand einer Kovarianzanalyse berücksichtigt werden. Daneben kann über die Durchführung zeitraumbezogener Messungen die Power der Untersuchung erhöht werden.[345]

Interne Validität

Da bei Durchführung fallstudienbasierter IKT-Wirkungsanalysen die Kontrollmöglichkeiten von Störgrößen eingeschränkt sind, sollte besonderer Wert auf eine tiefgreifende und zeitraumbezogene Datenerhebung und -auswertung gelegt werden. Nur

---

[344] Vgl. Benbasat et al. (1987), S. 372; Paré (2004), S. 239-240; Shadish et al. (2002), S. 75-77.
[345] Vgl. Maxwell (1998), S. 257; Shadish et al. (2002), S. 42-45, 47.

so lassen sich fallstudienbasiert Kausalbeziehungen zwischen der untersuchten IKT und den interessierenden abhängigen Variablen valide erfassen. Zum einen sollten bei der Datenerhebung und -analyse zeitliche Komponenten Berücksichtigung finden. Dem Einbezug zeitlicher Komponenten kommt gerade im Rahmen der IKT-Wirkungsforschung eine hohe Bedeutung zu, da der IKT-Einsatz erst mit einer gewissen zeitlichen Verzögerung seine vollen Wirkungen entfalten kann. Aus diesem Grund sind zeitraumbezogene Fallstudienuntersuchungen statischen Momentaufnahmen vorzuziehen. Die zeitraumbezogenen Daten können dann mit der Analysetechnik der *time series analysis* ausgewertet werden, wodurch sich die Richtung und Beständigkeit des Kausalzusammenhangs mit größerer Sicherheit bestimmen lässt. Ist ein Längsschnittsdesign nicht realisierbar, dann sollten, um dennoch valide Kausalbeziehungen aus dem komplexen Datenmaterial ableiten zu können, zumindest spezielle Analysetechniken angewandt werden, wie *pattern matching*, *explanation building* oder *logic analysis* (siehe auch S. 98f).[346]

Externe Validität

Um den Geltungsbereich fallstudienbasierter IKT-Wirkungsanalysen zu erweitern, sollte die Anzahl der untersuchten Fälle und Analyseeinheiten erhöht werden. Die Analyseeinheiten müssen allerdings nicht zwingend zufallsbasiert ausgewählt werden, da Fallstudien keiner Sampling-, sondern einer Replikationslogik folgen. Die Replikationslogik kann dabei entweder darin bestehen, Fälle zu wählen, die auf dieselben Ergebnisse hindeuten (*literal replication logic*) oder Fälle zu wählen, die theorieseitig widersprüchliche Ergebnisse vermuten lassen (*theoretical replication logic*).[347] Dabei muss exakt definiert werden, was als Fall und was als Analyseeinheit gilt. Werden die Fälle und Analyseeinheiten nicht sinnvoll auf die Forschungsfragen und den interessierenden Gültigkeitsbereich abgestimmt, dann ist die Übertragbarkeit der Ergebnisse gefährdet. Bei Durchführung von Einzelfalluntersuchungen ist die externe Validität tendenziell eingeschränkt. Einzelfallstudien sind daher nur dann vertretbar, wenn der erforschte Fall einzigartig, extrem, repräsentativ oder kritisch ist bzw. über einen langen Zeitraum betrachtet wird. Des Weiteren sollten die Ergebnis-

---

[346] Vgl. Adelman (1991), S. 297; Lee (1989), S. 40; Yin (2003), S. 34-36, 115-133.
[347] Vgl. Adelman (1991), S. 298; Yin (2003), S. 34, 37, 47.

se nach Möglichkeit durch mehrere Datenerhebungsverfahren im Sinne einer Datentriangulation abgesichert werden.[348]

5.2.1.2 Anwendung der Experimentalmethode

Das Handlungsmodell zur Anwendung der Experimentalmethode ist in Abbildung 5-6 dargestellt.

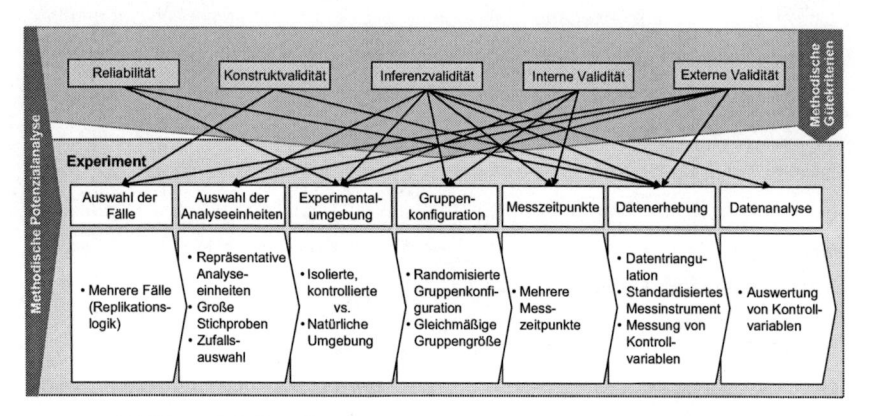

Abbildung 5-6: Handlungsmodell der Anwendung von Experimenten

Reliabilität

Um die Reliabilität einer experimentellen IKT-Wirkungsanalyse sicherzustellen, müssen kontrollierbare Untersuchungsbedingungen geschaffen werden. Dazu sollte zum einen die experimentelle Untersuchung in einer isolierten Laborumgebung stattfinden, um auf diese Weise die Untersuchungssituation von äußeren Störeinflüssen abzugrenzen. Zum anderen sollten standardisierte Messinstrumente eingesetzt werden, die mehrere empirisch und/oder theoretisch abgesicherte Items verwenden. Beides trägt dazu bei, die Reproduzierbarkeit der experimentellen IKT-Wirkungsanalyse unter gleichen Bedingungen zu gewährleisten.[349]

Konstruktvalidität

Um die Validität der Konstrukte zu maximieren, können im Rahmen der experimentellen IKT-Wirkungsforschung die Stellschrauben der Replikation und Datentriangulation eingesetzt werden. Durch die Replikation eines Experiments mit weiteren IKT-

---
[348] Vgl. Benbasat et al. (1987), S. 372-373; Paré (2004), S. 240, 241-243; Yin (2003), S. 39-42.
[349] Vgl. Berekoven et al. (2006), S. 88.

Treatments lässt sich einerseits ein durch eine zu einseitige Operationalisierung der unabhängigen Variablen bedingter *mono-operation bias* vermeiden. Andererseits kann durch die Verwendung mehrerer Datenerhebungsverfahren ein durch eine zu einseitige bzw. reaktive Messung der abhängigen Variablen bedingter *mono-method bias* reduziert werden.[350] Gerade bei experimentellen Untersuchungen der Systemnutzung lässt sich eine Datentriangulation gut durch die zusätzliche Auswertung vorhandener Logfiles realisieren.

Inferenzvalidität

Die Sicherstellung der Inferenzvalidität der experimentellen IKT-Wirkungsforschung stellt hohe Anforderungen an die Gestaltung des Untersuchungsdesigns. Zum einen sollte die Untersuchung in einer kontrollierten Laborumgebung stattfinden. Dadurch ist der Forscher in der Lage, durch eine aktive und kontrollierte Stimulussetzung die Variabilität des Treatments zu erhöhen, die Umgebungseinflüsse zu minimieren und dadurch die Power der Untersuchung zu steigern. Eine weitere Möglichkeit zur Erhöhung der Power ist die Realisierung einer großen Stichprobe, die bei Durchführung von Gruppenvergleichen gleichmäßig in Subgruppen aufgeteilt werden sollte. Die Erhöhung der Stichprobe sollte allerdings nicht unreflektiert erfolgen, da dies zu einem Anstieg des α-Fehler-Risikos führen kann. Allerdings ist bei poweranalytischen Überlegungen zur IKT-Wirkungsanalyse zu beachten, dass die Effektgrößen in diesem Bereich im Vergleich zu anderen Forschungsbereichen tendenziell gering ausfallen.[351]

Eine weitere Stellschraube zur Erhöhung der Inferenzvalidität liegt in der Ausgestaltung des der IKT-Wirkungsanalyse zugrunde liegenden Messmodells. Gerade dann, wenn die IKT-Wirkungsanalyse nicht von Umgebungseinflüssen isoliert werden kann, wie dies bspw. bei Feldexperimenten der Fall ist, besteht die Möglichkeit, diese äußeren Einflussfaktoren in die Messung einzubeziehen und bei der Datenauswertung zu berücksichtigen. Insbesondere im Rahmen der IKT-Wirkungsforschung sind eine Reihe derartiger Einflussfaktoren zu beachten, da bspw. wirtschaftliche oder organisatorische Entwicklungen den Zusammenhang stark beeinflussen können. Darüber hinaus sollte das Messmodell auch durch den Einbezug zeitlicher Komponenten optimiert werden. Bei Anwendung eines zeitraumbezogenen Untersuchungsdesigns

---

[350] Vgl. Adelman (1991), S. 295; Shadish et al. (2002), S. 75-78.
[351] Siehe dazu Baroudi/Orlikowski (1989), Cohen (1988).

lassen sich auch diejenigen Zusammenhänge entdecken, die mit einer gewissen zeitlichen Verzögerung einhergehen.[352]

Interne Validität

Zur Erhöhung der Validität der mit einer experimentellen IKT-Wirkungsanalyse gewonnenen kausalen Schlussfolgerungen ist besonderer Wert auf die Gestaltung der Untersuchungssituation und die Anordnung der Messzeitpunkte zu legen. Zum einen können potenzielle Störeinflüsse auf die interne Validität durch eine isolierte und unter kontrollierten Bedingungen ablaufende Untersuchungssituation eliminiert werden. Dabei sollten die IKT-Treatments nach Möglichkeit randomisiert auf verschiedene Subgruppen verteilt werden, da sich auf diese Weise viele Alternativerklärungen für beobachtete Kausalzusammenhänge ausschließen lassen. Die Reduktion der Störeinflüsse durch Isolation und Randomisierung lässt sich am besten in einer Laborumgebung umsetzen, weswegen Laborexperimente im Vergleich zu Feldexperimenten eine höhere interne Validität erreichen können. Eine weitere Stellschraube, die auch bei Durchführung von Felduntersuchungen angewandt werden kann und sollte, liegt in der Setzung mehrerer Messzeitpunkte. Durch zeitraumbezogene Untersuchungen lässt sich die Richtung des Kausalzusammenhangs valider bestimmen und es können auch solche Effekte entdeckt werden, die erst mit einer gewissen zeitlichen Verzögerung auf das IKT-Treatment folgen.[353]

Externe Validität

Während zur Sicherstellung der internen Validität der IKT-Wirkungsforschung Laborexperimente realisiert werden sollten, sind bei Anstreben extern valider Ergebnisse tendenziell Feldexperimente vorzuziehen. Bei Laboruntersuchungen besteht die Gefahr, dass sich die Ergebnisse aufgrund der Künstlichkeit der Versuchsbedingungen nicht auf natürliche IKT-Einsatzbedingungen übertragen lassen. Beispielsweise können komplexe AS, die in der Realität starke Interdependenzen zu anderen Systemen aufweisen, schwierig in einer Laborumgebung nachkonstruiert werden. Auch Widerstände seitens der Mitarbeiter auf die Einführung eines neuen AS werden sich nur in der realen Einsatzsituation äußern. Aus diesem Grund haben Laborexperimente im Gegensatz zu Feldexperimenten grundsätzlich eine geringere ökologische

---

[352] Vgl. Maxwell (1998), S. 257; Shadish et al. (2002), S. 42-45, 47.
[353] Vgl. Adelman (1991), S. 294; Judd et al. (1991), S. 183; Shadish et al. (2002), S. 61-62.

Validität.[354] Allerdings ist in Abhängigkeit der konkreten Fragestellung zu entscheiden, ob eine Diskrepanz zwischen der künstlichen und der natürlichen Einsatzsituation überhaupt wahrscheinlich ist. Wird bspw. die Wahrnehmung unterschiedlicher Benutzeroberflächengestaltungen analysiert, dann muss diese Untersuchung nicht zwingend Aktivitäten des Alltagslebens repräsentieren und im Feld stattfinden.

Wenn auch Laborexperimente grundsätzlich eine geringere ökologische Validität aufweisen, so können sie bei Anwendung eines geeigneten Untersuchungsdesigns dennoch einen hohen Geltungsbereich erreichen. Dazu ist besonderer Wert auf die Auswahl der Analyseeinheiten zu legen. Die Analyseeinheiten sollten nach Möglichkeit zufällig aus der interessierenden Population ausgewählt und nicht rein nach Verfügbarkeit befragt werden, wie dies häufig bei Studentenexperimenten der Fall ist. Je größer dabei die Stichprobe ist, desto wahrscheinlicher ist deren Repräsentativität für die interessierende Population. Zur Analyse der Stichprobe sollten mehrerer Datenerhebungstechniken kombiniert werden, um eine durch zu einseitige Messung bedingte Einschränkung der externen Validität zu vermeiden. Des Weiteren kann der Geltungsbereich auch durch eine Replikation der experimentellen Untersuchung in weiteren Fällen ausgeweitet werden. Auf diese Weise lässt sich die Übertragbarkeit der Erkenntnisse auf andere Technologien oder AS, Nutzergruppen und Situationen überprüfen und ausweiten.[355]

---

[354] Vgl. Galliers (1992), S. 153.
[355] Vgl. Judd et al. (1991), S. 97-98; Zimmermann (1972), S. 227.

5.2.1.3 Anwendung der Surveymethode

Das Handlungsmodell zur Anwendung der Surveymethode ist in Abbildung 5-7 dargestellt.

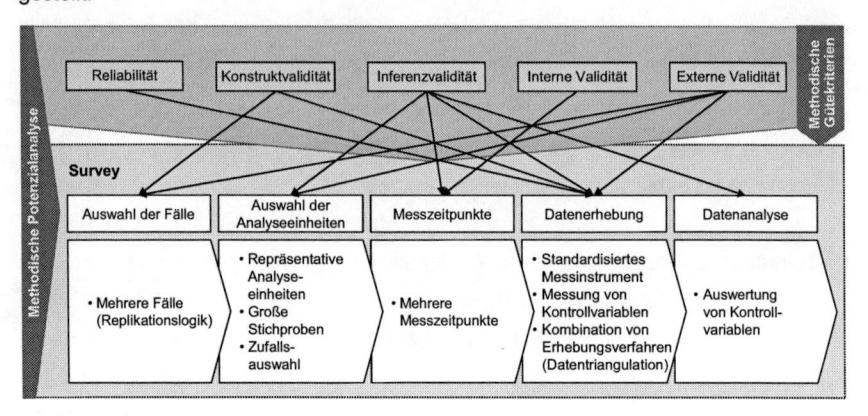

Abbildung 5-7: Handlungsmodell der Anwendung von Surveys

Reliabilität

Da die Untersuchungsbedingungen bei Durchführung surveybasierter IKT-Wirkungsanalysen schwierig zu kontrollieren sind, muss die Reliabilität durch die Gestaltung des Erhebungsinstruments beeinflusst werden. Zum einen sollte ein standardisiertes Messinstrument eingesetzt werden, das auf mehreren theoretisch und/oder empirisch abgesicherten Items basiert, da die Reliabilität über die Anzahl und Güte der Items gesteuert werden kann. Des Weiteren ist darauf zu achten, die Befragung von Missverständnissen zu bereinigen und eindeutige Fragenformulierungen zu verwenden.[356]

Konstruktvalidität

Zur Maximierung der Konstruktvalidität ist hoher Wert auf die Operationalisierung und Erhebung der unabhängigen sowie abhängigen Variablen zu legen. Um auch tatsächlich die interessierenden Konstrukte erfassen zu können, sollten diese nach Möglichkeit theoriebasiert oder mit Hilfe von Expertenbeurteilungen operationalisiert werden. Die Operationalisierung der abhängigen Variablen sollte anhand mehrerer Items erfolgen, da sich die Testlänge nicht nur positiv auf die Reliabilität, sondern

---

[356] Vgl. De Vaus (1995), S. 54-55; Fowler Jr. (2002), S. 78-84; Judd et al. (1991), S. 52-53, 147.

auch positiv auf die Konstruktvalidität auswirkt. Des Weiteren ist es sinnvoll, die abhängigen Variablen anhand verschiedener Erhebungsverfahren zu messen, wobei darauf zu achten ist, auch nicht-reaktive Erhebungsverfahren einzubeziehen. Dies lässt sich im Rahmen der surveybasierten IKT-Wirkungsforschung bspw. durch die Verwendung sekundärer Datenquellen realisieren. Werden mehrere Messverfahren eingesetzt, kann die konvergente und diskriminante Validität der IKT-Wirkungsanalyse mit Hilfe der Multitrait-Multimethod-Matrix bestimmt werden.[357] Zur Vermeidung einer zu einseitigen Operationalisierung der unabhängigen Variablen kann auch im Rahmen einer surveybasierten IKT-Wirkungsforschung eine Art Replikation durchgeführt werden. Durch die Untersuchung mehrerer IKT-Einsatzsituationen lässt sich so das interessierende Konstrukt IKT valider erfassen.

Inferenzvalidität

Zur Gewinnung valider inferenzstatistischer Aussagen sind einige Stellschrauben der Surveymethode zu beachten. Zunächst sollten große Stichproben realisiert werden, um die Power der IKT-Wirkungsanalyse zu steigern. Dies ist gerade im Rahmen der IKT-Wirkungsforschung von Bedeutung, um trotz der häufig geringen Effektgrößen in diesem Bereich, einen vorhandenen Zusammenhang auch tatsächlich zu erkennen.[358]

Eine weitere Stellschraube zur Steigerung der Power und damit der Inferenzvalidität liegt in der Gestaltung und Auswertung des Messmodells. Aufgrund der in Surveyuntersuchungen begrenzten Kontrollmöglichkeiten externer Einflüsse auf den untersuchten Zusammenhang, sollten diese zumindest als Kontrollvariablen miterhoben und im Rahmen der Ergebnisauswertung Berücksichtigung finden.[359] Bedingt durch die Komplexität der IKT-Wirkungsbeziehungen können die äußeren Einflüsse vielfältig sein. Neben humanbezogenen Faktoren müssen daher auch organisatorische Gestaltungsvariablen oder gesamtwirtschaftliche Entwicklungen beachtet werden. Darüber hinaus ist zu beachten, dass sich zeitlich verzögert auftretende Zusammenhänge nur durch Anwendung eines Längsschnittsdesigns identifizieren lassen.

---

[357] Vgl. Judd et al. (1991), S. 53-61, 147.
[358] Vgl. Baroudi/Orlikowski (1989).
[359] Vgl. Shadish et al. (2002), S. 51.

Interne Validität

Aufgrund der begrenzten Kontrollmöglichkeiten von Störgrößen ist es bei Durchführung einer surveybasierten IKT-Wirkungsanalyse schwierig, die interne Validität sicherzustellen. Da die einzige Stellschraube zur Erhöhung der internen Validität in der Beachtung zeitlicher Komponenten liegt, sollte in jedem Fall ein zeitraumbezogenes Design angewandt werden. Bei Durchführung mehrerer Messungen lässt sich durch die Erfassung zeitlicher Entwicklungen eine Reihe von Störgrößen der internen Validität ausschließen und auf diese Weise die Validität der Kausalaussagen erhöhen.[360]

Externe Validität

Um den Geltungsbereich einer surveybasierten IKT-Wirkungsanalyse zu erhöhen, ist besonderer Wert auf die Auswahl der Fälle und Analyseeinheiten sowie die Gestaltung der Datenerhebung zu legen. Zum einen kann die Surveyuntersuchung mit weiteren IKT-Nutzergruppen, Technologien oder Einsatzsituationen repliziert werden. Auf diese Weise lassen sich Interaktionsbeziehungen mit den Versuchsbedingungen ausschließen, die die Übertragbarkeit beeinträchtigen können. Zum anderen muss zur Sicherstellung der externen Validität im Sinne der Samplinglogik eine repräsentative Stichprobe gezogen werden, die einen Induktionsschluss auf die interessierende Population zulässt. Die Repräsentativität der Stichprobe lässt sich dabei über die Anzahl und zufällige Ziehung der untersuchten Analyseeinheiten steuern.[361] Da im Rahmen der IKT-Wirkungsforschung meist die Nutzergruppen eines bestimmten Systems untersucht werden, sind einer reinen Zufallsauswahl zwar Grenzen gesetzt.[362] Allerdings kann durch die Befragung realer Systemanwender die ökologische Validität der Ergebnisse sichergestellt werden. Somit liegen keine durch künstliche Treatmentsetzung und/oder Versuchsanordnungen bedingten Einschränkungen der Generalisierbarkeit vor.[363]

Des Weiteren sollten zur Sicherung der externen Validität mehrere Erhebungsverfahren zum Einsatz kommen. Da die IKT-Wirkungen bei Durchführung von Fragebogenerhebungen nur über retrospektive Selbsteinschätzungen der Befragungspersonen

---

[360] Vgl. Judd et al. (1991), S. 113-114; Pinsonneault/Kraemer (1993b), S. 98; Vitalari/Venkatesh (1991), S. 122-123.
[361] Vgl. Judd et al. (1991), S. 129; Pinsonneault/Kraemer (1993b), S. 77-78, 83; Zimmermann (1972), S. 227.
[362] Vgl. Lucas Jr (1991), S. 278.
[363] Vgl. Pinsonneault/Kraemer (1993b), S. 78.

gemessen werden, ist es wichtig, auch nicht-reaktive Messungen durchzuführen. Eine Möglichkeit besteht bspw. darin, die durch Fragebögen erhobenen IKT-Wirkungen durch eine inhaltsanalytische Auswertung von Geschäftsdokumenten abzusichern.

5.2.2 Evaluation der Methodenanwendung

Ausgehend von der Aufstellung des Handlungsmodells, das die ideale Methodenanwendung vorgibt, soll nun die reale Methodenanwendung der IKT-Wirkungsforschung beurteilt werden. Dazu wird im Folgenden anhand der empirischen Ergebnisse überprüft, wie häufig die Stellschrauben zur Erfüllung der methodischen Anforderungen in der Realität auch tatsächlich eingesetzt werden und damit das methodische Potenzial ausgeschöpft wird. Aus den identifizierten Designlücken können dann Gestaltungsempfehlungen zur Erhöhung der methodischen Güte der IKT-Wirkungsforschung abgeleitet werden.

5.2.2.1 Potenzialausschöpfung der Fallstudienmethode

In Abbildung 5-8 sind die im Rahmen der fallstudienbasierten IKT-Wirkungsanalysen angewandten Designkomponenten dargestellt.

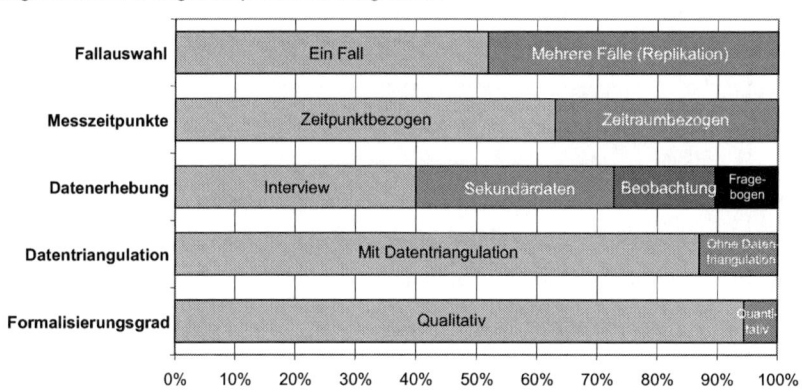

Designkomponente	Ausprägungen
Fallauswahl	Ein Fall (ca. 50%) / Mehrere Fälle (Replikation)
Messzeitpunkte	Zeitpunktbezogen (ca. 60%) / Zeitraumbezogen
Datenerhebung	Interview / Sekundärdaten / Beobachtung / Fragebogen
Datentriangulation	Mit Datentriangulation (ca. 90%) / Ohne Datentriangulation
Formalisierungsgrad	Qualitativ (ca. 90%) / Quantitativ

Abbildung 5-8: Fallstudienbasierte IKT-Wirkungsanalyse

Bei Anwendung der Fallstudienmethode werden zur Erfassung von IKT-Wirkungen zu fast gleichen Anteilen sowohl Einzelfall- als auch Mehrfalluntersuchungen durchgeführt. Bei einer Replikation werden im Durchschnitt sechs Fälle herangezogen, wobei als Fall meist ein Unternehmen definiert wird, welches in der Vergangenheit eine Technologie bzw. ein konkretes AS implementiert hat. Neben dem betrachteten

Fall ist des Weiteren die untersuchte Analyseeinheit entscheidend. Aus den angewandten Datenerhebungsmethoden lässt sich implizit ableiten, dass vorwiegend Individuen als Analyseeinheiten herangezogen werden. Da als Fall meist Unternehmen definiert werden und die Datenerhebung somit keiner Sampling-, sondern einer Replikationslogik folgt, wird in den Studien typischerweise keine „Stichproben"-Größe angegeben. Lediglich bei Durchführung mündlicher oder schriftlicher Befragungen kann eine Art „Stichproben"-Größe berichtet werden, die bei den untersuchten Fallstudien im Durchschnitt bei 50[364] Befragungspersonen liegt.

Fallstudienbasierte IKT-Wirkungsanalysen setzen sich zu 63% aus zeitpunktbezogenen und zu 37% aus zeitraumbezogenen Untersuchungen zusammen. Letztere werden meist durch mehrere auf die IKT-Implementierung folgende Posttests realisiert.

Die Datenerhebung erfolgt in 87% der Fallstudien durch mehrere Datenerhebungsverfahren, so dass die Ergebnisse durch eine Datentriangulation abgesichert werden können. Das wichtigste Erhebungsverfahren der Fallstudienmethode sind Interviews, die in 93% der Fälle Anwendung finden. In 76% der Fallstudien werden die Ergebnisse durch eine zusätzliche Auswertung von Sekundärdaten abgesichert. Als Sekundärdatenquellen dienen häufig interne und externe Geschäftsberichte, Internetauftritte und Zeitschriftenartikel, die vor allem qualitativen aber auch quantitativen Inhaltsanalysen unterzogen werden. In 39% der Fallstudien werden Beobachtungen im Unternehmen durchgeführt, wobei es sich meist um teilnehmende Verhaltensbeobachtungen handelt, die bspw. in Meetings stattfinden. Fragebogenuntersuchungen kommen in lediglich 24% der Fallstudien zum Einsatz.[365] Da die im Rahmen der fallstudienbasierten IKT-Wirkungsanalysen erhobenen Sachverhalte damit vorwiegend in Form von Texten oder Videoaufzeichnungen vorliegen, sind die Fallstudienergebnisse meist qualitativ und häufig nur ergänzend quantitativ repräsentiert.

Basierend auf den bisherigen Ausführungen ist in Tabelle 5-1 zusammengefasst, inwieweit im Rahmen der fallstudienbasierten IKT-Wirkungsforschung das methodische Potenzial der Fallstudienmethode ausgeschöpft wird. Dazu ist in der letzten Spalte angegeben, in wie viel Prozent der in der Stichprobe enthaltenen IKT-Wirkungsanalysen die theoretisch vorhandenen methodischen Stellschrauben (Po-

---

[364] Dieser Durchschnittswert berechnet sich aus der angegebenen Anzahl mündlich oder schriftlich befragter Personen.

[365] In den Abbildungen 5-8 bis 5-10 ist der relative Anteil der Datenerhebungsverfahren an den insgesamt eingesetzten Verfahren angegeben und nicht die absolute Einsatzhäufigkeit, da in einer Studie auch mehrere Datenerhebungsverfahren zum Einsatz kommen können.

tenzialwert von +, ++ oder +++) auch tatsächlich umgesetzt werden (Potenzialausschöpfung in %).

Methodische Stellschrauben	Potenzial von Fallstudien	Potenzialausschöpfung
Reliabilität		
Isolierte und kontrollierte Untersuchungssituation	- -	
Standardisiertes Messinstrument	-	
Konstruktvalidität		
Replikation	+++	48%
Datentriangulation	+++	87%
Inferenzvalidität		
Stichprobengröße	+	MW = 50
Aktive Stimulussetzung	-	
Isolierte und kontrollierte Untersuchungssituation	- -	
Mehrere Messzeitpunkte	+	37%
Messung von Kontrollvariablen	+	k.A.
Randomisierte Gruppenkonfiguration	- -	
Interne Validität		
Isolierte Untersuchungssituation	- -	
Randomisierte Gruppenkonfiguration	- -	
Mehrere Messzeitpunkte	+	37%
Externe Validität		
Zufallsauswahl	-	
Stichprobengröße	+	MW = 50
Replikation	+++	48%
Natürliche Untersuchungssituation	+++	*100%*
Datentriangulation	+++	87%

Tabelle 5-1: *Methodische Potenzialausschöpfung der Fallstudienmethode*

Reliabilität

Da die Fallstudienmethode an sich keine Stellschrauben zur Sicherstellung der Reliabilität bereitstellt, ist der Grad der Reliabilität einer IKT-Wirkungsanalyse stark vom jeweiligen Forscher abhängig und kann somit nicht empirisch bestimmt werden. In einigen fallstudienbasierten IKT-Wirkungsanalysen werden jedoch Reliabilitätskriterien beachtet und explizit dargestellt.

So geben bspw. KANKANHALLI/TAN/KWOK-KEE (2006) in ihrer Studie zu den Auswirkungen von IKT auf globale virtuelle Teams explizit an, wie sie die Reliabilität ihrer Ergebnisse sicherstellen konnten. Zum einen wurde für den Prozess der Datenerhebung und -analyse ein ausführliches Protokoll geführt. Zum anderen wurden Reliabilitätskennzahlen sowohl für die durchgeführte schriftliche Befragung (Cronbach's Alpha) als auch die angewandte Inhaltsanalyse (Interkoder-Reliabilität) bestimmt.

Konstruktvalidität

Das methodische Potenzial der Fallstudie zur Sicherstellung der Konstruktvalidität wird im Rahmen der IKT-Wirkungsforschung weitestgehend genutzt. In 87% der untersuchten Fallstudien wird eine Datentriangulation durchgeführt. Allerdings werden in nur 48% der IKT-Wirkungsanalysen mehrere Fälle betrachtet. Verbesserungspotenzial besteht also dahingehend, vermehrt Mehrfall- anstelle von Einzelfalluntersuchungen durchzuführen.

Ein methodisch hochwertiges Design wird bspw. in der IKT-Wirkungsanalyse von ZACK (1993) angewandt, die als mehrfallbasierte Replikation mit mehreren eingebetteten Analyseeinheiten konzipiert ist. Zur Erforschung der Wirkungen des elektronischen Datentransfers wurden zwei Einsatzorte anhand primärer und sekundärer Datenquellen detailliert untersucht und die erhobenen Daten trianguliert. Zur Erhebung der Daten wurden Interviews, Beobachtungen, schriftliche Befragungen und eine inhaltsanalytische Auswertung des elektronischen Mailverkehrs durchgeführt.

Inferenzvalidität und interne Validität

Da die Fallstudienmethodik, wie bereits erläutert, nicht auf die statistische Prüfung von Zusammenhängen ausgerichtet ist, sind die Stellschrauben zur Sicherstellung der Inferenzvalidität und internen Validität eingeschränkt. Die einzigen Stellschrauben liegen in der Erweiterung des Messmodells um Kontrollvariablen, der Ausweitung der untersuchten Analyseeinheiten und der Durchführung zeitversetzter Messungen. Ersteres wird aus der empirischen Potenzialanalyse ausgeschlossen, da hierzu kaum Angaben vorliegen. Die Anzahl der untersuchten Analyseeinheiten beläuft sich – sofern angegeben – im Mittel auf 50. Die Anwendung eines Längsschnittsdesigns erfolgt in 37% der untersuchten Fallstudien. Damit ist das vorhandene Potenzial der Fallstudienmethode zur Gewinnung valider Kausalaussagen nicht ausgeschöpft und es kann die Empfehlung gegeben werden, vermehrt langzeitorientierte Fallstudienuntersuchungen zur IKT-Wirkungsanalyse anzuwenden.

COTTELEER/BENDOLY (2006) haben bspw. eine Fallstudie konzipiert, in der ein hypothetisierter Zusammenhang zwischen der Einführung eines ERP-Systems und der operativen Leistung eines Unternehmens nachgewiesen werden konnte. Dazu wurden die Auftragsdurchlaufzeiten des Unternehmens über einen Zeitraum von 36 Monaten vor und nach Einführung des ERP-Systems aufgezeichnet. Durch die Gewinnung vieler vor und nach der Systemeinführung liegender quantitativer Datenpunkte konnten strukturprüfende Analyseverfahren eingesetzt werden. Zur Validation der quantitativen Ergebnisse wurden zusätzlich mit Interviews und Dokumentenanalysen qualitative Daten erhoben. Aufgrund des tiefgreifenden Erhebungs- und Analyseprozesses und des Einbezugs zeitlicher Komponenten besitzt dieses Fallstudiendesign das Potenzial, auch zeitlich versetzt auftretende IKT-Wirkungen zu erfassen und Kausalbeziehungen valide nachzuweisen.

Externe Validität

Die externe Validität einer IKT-Wirkungsanalyse wird maßgeblich durch die Natürlichkeit der Untersuchungsbedingungen beeinflusst. Da mit der Fallstudienmethode Technologien bzw. AS in ihrem natürlichen Einsatzkontext untersucht werden, ist diese Stellschraube per se gegeben. Darüber hinaus kann der Gültigkeitsbereich bei Anwendung der Fallstudienmethode gut durch eine Datentriangulation erhöht werden, was in 87% der Fallstudien umgesetzt ist. Eine weitere Stellschraube ist die Durchführung von Replikationen, was allerdings in nur 48% der IKT-Wirkungsanalysen erfolgt. Durch eine vermehrte Anwendung eines mehrfallbasierten Designs besteht also noch Potenzial zur Erhöhung der externen Validität der IKT-Wirkungsforschung.

Eine hohe externe Validität konnte bspw. in der Studie von LEVY/LOEBBECKE/POWELL (2003) erreicht werden. Die Forscher haben in ihrer Studie zu den Wirkungen von IS auf den interorganisationalen Wissensaustausch insgesamt 37 Mittelstandsunternehmen befragt und damit eine Art „großzahlige" Fallstudienuntersuchung mit hohem Gültigkeitsbereich realisiert.

5.2.2.2 Potenzialausschöpfung der Experimentalmethode

In Abbildung 5-9 sind die Designkomponenten der experimentellen IKT-Wirkungsforschung dargestellt.

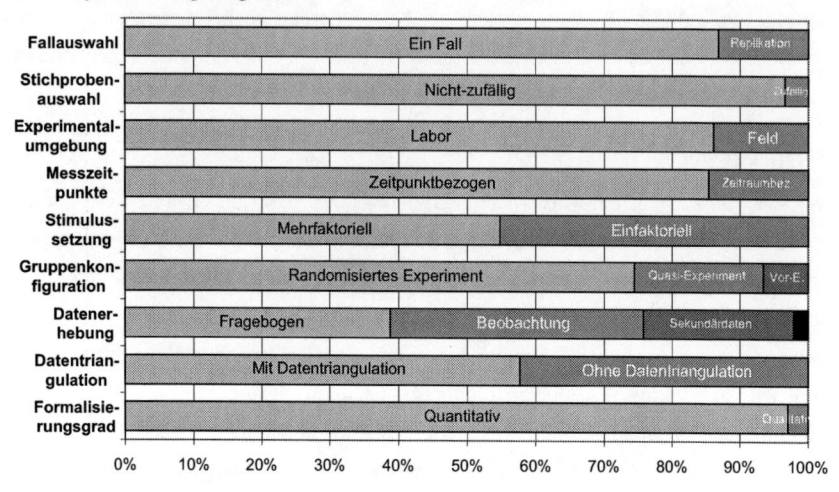

Fallauswahl	Ein Fall									Replikation
Stichprobenauswahl	Nicht-zufällig									Zufällig
Experimentalumgebung	Labor								Feld	
Messzeitpunkte	Zeitpunktbezogen								Zeitraumbez.	
Stimulussetzung	Mehrfaktoriell				Einfaktoriell					
Gruppenkonfiguration	Randomisiertes Experiment						Quasi-Experiment			Vor-E
Datenerhebung	Fragebogen			Beobachtung				Sekundärdaten		
Datentriangulation	Mit Datentriangulation					Ohne Datentriangulation				
Formalisierungsgrad	Quantitativ									Qualitativ

0% 10% 20% 30% 40% 50% 60% 70% 80% 90% 100%

Abbildung 5-9: Experimentelle IKT- Wirkungsanalyse

Obwohl auch die Experimentalmethode einer Replikationslogik folgen kann, bestehen die untersuchten Experimente zu 87% aus Einzelfallstudien und folgen nur selten einer Replikationslogik. Als Analyseeinheiten werden in der experimentellen IKT-Wirkungsforschung meist Individuen betrachtet. Da die Analyseeinheit aber in der Regel nicht explizit ausgewiesen ist, wird dieses Kriterium aus der quantitativen Auswertung ausgeschlossen. Bedingt dadurch, dass sich Experimente auf die Untersuchung von IKT-Wirkungen auf Individuums- bzw. Gruppenebene fokussieren, ist die Anwendung der Samplinglogik weiter verbreitet als bei Fallstudienuntersuchungen, die sich vorwiegend auf die Unternehmensebene beziehen. Im Durchschnitt wird bei experimentellen Untersuchungen eine Stichprobe von 136[366] Analyseeinheiten untersucht, wobei die Auswahl der Analyseeinheiten fast ausschließlich nicht zufallsbasiert erfolgt. In lediglich 3% der Experimente werden die Analyseeinheiten nach dem Zufallsprinzip ausgewählt und somit die wesentliche Forderung der Samplinglogik erfüllt.

---

[366] Dieser Durchschnittswert berechnet sich aus der angegebenen Anzahl der untersuchten Analyseeinheiten (meist Individuen).

Die experimentelle Erforschung der IKT-Wirkungen findet zum Großteil unter isolierten Versuchsbedingungen im Labor statt. In lediglich 14% der Experimente werden natürliche IKT-Einsatzsituationen als unabhängige Variable herangezogen und damit reale Fälle untersucht.

Der Großteil der experimentellen Untersuchungen besteht aus statischen Betrachtungen, bei denen die IKT-Wirkungen einmalig erfasst werden. In 30% dieser zeitpunktbezogenen Untersuchungen werden zwar Pretests durchgeführt. Diese dienen aber hauptsächlich der Erfassung demographischer Merkmale und nicht einer mehrmaligen Messung der abhängigen Variablen. In lediglich 15% der Experimente wird die abhängige Variable zu verschiedenen Zeitpunkten erfasst, wobei entweder vor und nach dem Stimulus liegende Pre- und Posttests oder mehrere auf den Stimulus folgende Posttests realisiert werden.

Die experimentelle IKT-Wirkungsforschung besteht zu fast gleichen Anteilen aus einfaktoriellen und mehrfaktoriellen Untersuchungen. Während bei ersteren nur eine unabhängige Variable untersucht wird, werden bei letzteren mehrere Faktoren, wie bspw. Personalisierungsgrad, Benutzerführung und Darstellungsform, variiert.

In 75% der Experimente handelt es sich um randomisierte experimentelle Anordnungen, bei denen die Versuchspersonen randomisiert in Experimental- und Kontrollgruppen aufgeteilt werden. 19% der Experimente sind quasi-experimentelle Anordnungen, bei denen zwar unterschiedliche Gruppen gebildet werden, die verschiedenen Stimuli ausgesetzt sind, aber die Gruppenzuordnung nicht nach dem Prinzip der Randomisierung erfolgt. In 7% der Experimente bekommen alle Versuchspersonen den gleichen Stimulus dargeboten, so dass derartige Untersuchungen als vorexperimentell eingestuft werden können.

Die Ergebnisse der experimentellen IKT-Wirkungsforschung basieren zu 58% auf einer Kombination verschiedener Datenerhebungsverfahren. Die wichtigsten Datenerhebungsverfahren sind dabei schriftliche Befragungen (80%) und Beobachtungen (76%). In 45% der Experimente werden (zusätzlich) Sekundärdaten ausgewertet. Als Sekundärdatenquellen dienen häufig Logfiles, die bei der Erforschung der realen Systemnutzung automatisch aufgezeichnet und anschließend inhaltsanalytisch ausgewertet werden können. Mündliche Befragungen finden mit einem Anteil von 4% kaum Anwendung. Die erhobenen Daten werden meist quantitativen Analysen unterzogen und sind fast nie rein qualitativ repräsentiert.

In Tabelle 5-2 ist angegeben, in wie viel Prozent der IKT-Wirkungsanalysen das methodische Potenzial der Experimentalmethode tatsächlich ausgeschöpft wird.

Methodische Stellschrauben	Potenzial von Experimenten	Potenzialausschöpfung
Reliabilität		
Isolierte und kontrollierte Untersuchungssituation	+++	86%
Standardisiertes Messinstrument	+++	k.A.
Konstruktvalidität		
Replikation	++	13%
Datentriangulation	++	58%
Inferenzvalidität		
Stichprobengröße	++	MW = 136
Aktive Stimulussetzung	+++	100%
Isolierte und kontrollierte Untersuchungssituation	+++	86%
Mehrere Messzeitpunkte	++	15%
Messung von Kontrollvariablen	+	k.A.
Randomisierte Gruppenkonfiguration	+++	75%
Interne Validität		
Isolierte Untersuchungssituation	+++	86%
Randomisierte Gruppenkonfiguration	+++	75%
Mehrere Messzeitpunkte	++	15%
Externe Validität		
Zufallsauswahl	+	3%
Stichprobengröße	++	MW = 136
Replikation	++	13%
Natürliche Untersuchungssituation	+	14%
Datentriangulation	++	58%

Tabelle 5-2: Methodische Potenzialausschöpfung der Experimentalmethode

Reliabilität

Die Reliabilität der experimentellen IKT-Wirkungsforschung lässt sich gut sicherstellen, indem eine kontrollierte und isolierte Untersuchungsumgebung geschaffen wird und standardisierte Messinstrumente angewandt werden. 86% der in der Stichprobe enthaltenen Experimente werden in einer kontrollierten Laborumgebung durchgeführt, womit sich konstante Messbedingungen herstellen lassen und äußere Beeinträchtigungen der Reliabilität eliminiert bzw. kontrolliert werden können. Der Standardisierungsgrad des angewandten Messinstruments kann nicht für alle der in der Stichprobe enthaltenen Experimente bestimmt werden. In vielen Experimenten wird aber – zumindest dann, wenn schriftliche Befragungen durchgeführt werden – die Reliabilität des Messinstruments bestimmt.

So haben bspw. SUH/LEE (2005) die Wirkungen virtueller Benutzeroberflächen in webbasierten Stores anhand einer experimentellen Versuchsanordnung untersucht und dabei das Reliabilitätspotenzial der Experimentalmethode weitgehend ausgeschöpft. Die Datenerhebung basierte auf einer schriftlichen Befragung anhand eines standardisierten Messinstruments. Zur Operationalisierung der einzelnen Konstrukte wurden abgesicherte Skalen verwendet und die Reliabilität des Messinstruments berechnet. Auf diese Weise lässt sich die Experimentalstudie unter weitgehend konstanten Bedingungen reproduzieren.

Konstruktvalidität

Die Stellschrauben zur Sicherstellung der Konstruktvalidität werden in der experimentellen IKT-Wirkungsforschung häufig nicht beachtet. In 87% der Experimente basieren die Ergebnisse auf Einzelfalluntersuchungen und in knapp der Hälfte wird lediglich eine Datenerhebungsquelle genutzt. Damit steht deutlicher Spielraum zur Erhöhung der Konstruktvalidität zur Verfügung.

Bspw. konnten TAN/KWOK-KEE/WATSON/WALCZUCH (1998) in ihrem Experiment zu den Wirkungen computerbasierter Kommunikation die Robustheit der Konstrukte überprüfen, indem die Studie in zwei unterschiedlichen Kulturkreisen durchgeführt wurde.

Inferenzvalidität

Wie in den vorangegangenen Abschnitten erläutert wurde, eignen sich Experimente sehr gut zur Gewinnung inferenzstatistischer Aussagen. Mit durchschnittlich 136 untersuchten Analyseeinheiten handelt es sich bei den meisten Experimenten um großzahlige Untersuchungen. In 86% der Experimente wird die aktive Stimulussetzung in einer kontrollierten und von äußeren Einflüssen isolierten Laborumgebung durchgeführt und in 75% der Experimente wird das Prinzip der randomisierten Gruppenzuordnung verfolgt. Damit kann davon ausgegangen werden, dass in einem Großteil der experimentellen IKT-Wirkungsanalysen ein bestehender Zusammenhang zwischen der IKT und den untersuchten abhängigen Variablen auch tatsächlich entdeckt wird. Potenzial für Verbesserung liegt damit lediglich in einer vermehrten Durchführung zeitraumbezogener Untersuchungen, da dies bis dato in nur 15% der Experimente umgesetzt wird. Neben dem Einbezug zeitlicher Komponenten lässt sich die Inferenzvalidität auch durch den Einbezug von Kontrollvariablen in das Messmodell steigern. Da hierzu allerdings kaum Angaben vorliegen, wird diese Stellschraube aus der empirischen Potenzialanalyse ausgeschlossen.

Ein zeitraumbezogene IKT-Wirkungsanalyse wurde bspw. von GALEGHER/KRAUT (1994) durchgeführt, in der die IT-gestützte Gruppenarbeit experimentell untersucht wurde. Durch die Anwendung eines zeitraumbezogenen Designs konnte die Power und damit die Inferenzvalidität des Experiments erhöht werden.

Interne Validität

Die Experimentalmethode hat nicht nur hohes Potenzial zur Entdeckung eines bestehenden Zusammenhangs, sondern auch zum validen Nachweis einer dahinterliegenden Kausalbeziehung. In 86% der experimentellen IKT-Wirkungsanalysen wird dazu eine isolierte Untersuchungssituation geschaffen, um die Kausalbeziehung kontrolliert und unabhängig von Umgebungseinflüssen untersuchen zu können. In 75% der Experimente werden die Versuchspersonen randomisiert in Gruppen aufgeteilt, womit ein Großteil potenzieller Störeinflüsse auf die Kausalbeziehung kontrolliert werden kann. Insgesamt werden damit in der experimentellen IKT-Wirkungsforschung nicht IKT-bezogene Ursachen für die beobachteten Veränderungen weitgehend ausgeschlossen. Allerdings könnte durch den Einbezug zeitlicher Komponenten, was bisher in lediglich 15% der Experimente umgesetzt wird, die Richtung und auch Beständigkeit des Kausalzusammenhangs mit größerer Sicherheit bestimmen werden.

Ein Experimentaldesign, in welchem alle Stellschrauben der Experimentalmethode zur Erhöhung der Inferenz- und internen Validität berücksichtigt werden, findet sich bspw. bei WELLS/FUERST/PALMER (2005). Gegenstand der Studie sind die Wirkungen zweier unterschiedlicher Benutzeroberflächen im E-Commerce-Bereich. Die IKT-Wirkungsanalyse wurde in einer kontrollierten Laborumgebung durchgeführt, in der zwei randomisiert gebildeten Gruppen unterschiedliche Benutzeroberflächen dargeboten wurden. Das Verhalten der Versuchsteilnehmer wurde mit einem Pre- und mehreren Posttests zeitraumbezogen analysiert. Potenzielle Störvariablen wurden dabei kontrolliert bzw. explizit in das Messmodell einbezogen.

Externe Validität

Bei Anwendung eines geeigneten Untersuchungsdesigns haben Experimente auch das Potenzial zur Gewinnung extern valider Ergebnisse. Ein Schwachpunkt der experimentellen IKT-Wirkungsforschung liegt allerdings in der mangelnden Umsetzung der Zufallsauswahl. In lediglich 3% der Experimente werden die Analyseeinheiten nach dem Zufallsprinzip aus der interessierenden Population ausgewählt. Darüber hinaus werden größtenteils Studenten als Versuchspersonen herangezogen, die nicht die gleichen Verhaltensweisen wie die interessierende Population aufweisen müssen. So ist es bspw. bei der Untersuchung von MSS fraglich, ob die Reaktionen von Studenten repräsentativ für die Reaktionen von Managern sind. Bei einer verzerrten Stichprobe lässt sich die Repräsentativität damit auch nicht über eine Ausweitung der Stichprobengröße erhöhen, die bei Experimenten im Durchschnitt bei 136 liegt. Da 86% der Experimente in einer künstlichen Laborsituation stattfinden, ist außerdem die Übertragbarkeit der identifizierten Wirkungen auf natürliche IKT-Einsatzsituationen eingeschränkt. Um die Stabilität der Ergebnisse bezogen auf andere Personen, Situationen und Treatments zu überprüfen, könnten zwar Replikationen der IKT-Wirkungsanalyse in weiteren Experimenten durchgeführt werden; allerdings wird dies lediglich in 13% der Experimente durchgeführt. Die einzige Stellschraube zur Erhöhung der externen Validität, die in einem Großteil der IKT-Wirkungsanalysen angewandt wird, ist die Kombination mehrerer Datenerhebungstechniken. Damit wird in der IKT-Wirkungsforschung das Potenzial der Experimentalmethode zur Gewinnung generalisierbarer Ergebnisse bei weitem nicht ausgeschöpft.

Zwei experimentelle IKT-Wirkungsanalysen, die beide mit unterschiedlichen Untersuchungsdesigns ein hohes Maß an externer Validität erreichen, sind die Studien von TAM/HO (2005) und LEDERER/SMITH JR (1988). TAM/HO (2005) haben durch ein Tracking des Verhaltens von 1.000 Nutzern einer Shopping-Website die Auswirkungen unterschiedlicher Personalisierungsstrategien im realen Einsatzfeld großzahlig untersucht. Insgesamt haben die Forscher drei Feldexperimente auf dieser Website durchgeführt und konnten dadurch den Gültigkeitsbereich weiter vergrößern. Die IKT-Wirkungsanalyse von TAM/HO (2005) zeigt, dass sich mit einer internetbasierten IKT-Wirkungsforschung mit vergleichsweise geringem Aufwand ein hohes Maß an externer Validität realisieren lässt. LEDERER/SMITH JR (1988) haben die Auswirkungen der Variation einer MIS-Designkomponente auf die Entscheidungsqualität von über 100 Managern erforscht. In diesem Beispiel trägt die Untersuchung von tatsächlichen Systemnutzern in einer realen Einsatzumgebung zu einem hohen Maß an ökologischer Validität bei.

5.2.2.3 Potenzialausschöpfung der Surveymethode

In Abbildung 5-10 ist dargestellt, welche Designkomponenten zur surveybasierten IKT-Wirkungsforschung eingesetzt werden.

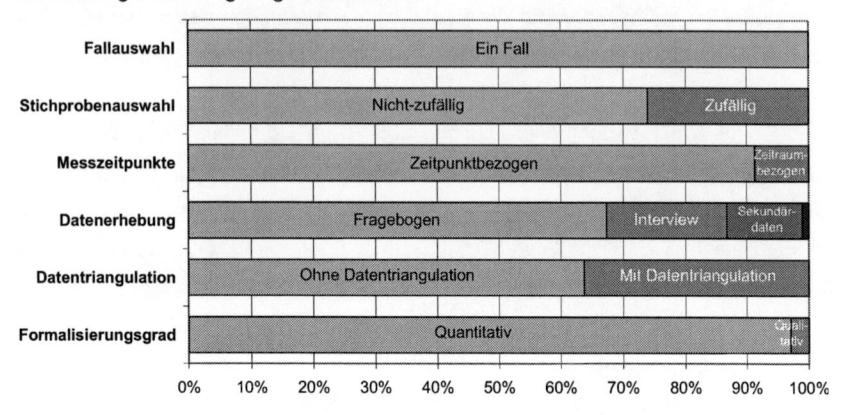

Designkomponente	Ausprägungen
Fallauswahl	Ein Fall
Stichprobenauswahl	Nicht-zufällig / Zufällig
Messzeitpunkte	Zeitpunktbezogen / Zeitraumbezogen
Datenerhebung	Fragebogen / Interview / Sekundärdaten
Datentriangulation	Ohne Datentriangulation / Mit Datentriangulation
Formalisierungsgrad	Quantitativ / Qualitativ

Abbildung 5-10: Surveybasierte IKT-Wirkungsanalyse

Das klassische Replikationsprinzip wird im Rahmen der surveybasierten IKT-Wirkungsforschung nicht verfolgt bzw. nicht explizit als solches dargestellt. Es werden zwar auch Studien durchgeführt, in denen Systemanwender aus mehreren Unternehmen befragt werden, was eine Form der Mehrfallanalyse darstellt – zumindest, wenn die Anwender als die interessierende Population definiert sind. Allerdings werden häufig weder die untersuchten Analyseeinheiten und interessierenden Populationen explizit dargestellt, noch stimmen diese immer überein.

Da Surveyuntersuchungen damit im Gegensatz zu Fallstudien und Experimenten keiner Replikationslogik, sondern einer Samplinglogik folgen, kommt der Anzahl und zufallsbasierten Auswahl der untersuchten Analyseeinheiten hohe Bedeutung zu. Die durchschnittliche Stichprobengröße surveybasierter IKT-Wirkungsanalysen liegt bei 234[367] Analyseeinheiten, wobei es sich dabei vorwiegend um Individuen und Unternehmen handelt. Die Analyseeinheiten werden in der Mehrheit (74%) der Surveyuntersuchungen nicht zufallsbasiert ausgewählt. Dies liegt daran, dass die erforschten Unternehmen bzw. Individuen durch die untersuchten Einsatzsituationen vorgegeben sind und daher nicht zufällig ausgewählt werden können.

---

[367] Dieser Durchschnittswert berechnet sich aus der angegebenen Anzahl der untersuchten Analyseeinheiten (meist Individuen oder Unternehmen).

In 91% der Surveyuntersuchungen handelt es sich um Querschnittsuntersuchungen, in denen die Daten zu einem einzigen Zeitpunkt erhoben werden, so dass nur statische Betrachtungen möglich sind. In lediglich 9% der Surveys finden Längsschnittsuntersuchungen statt, wobei diese meist durch mehrere nach der IKT-Implementierung liegende Posttests realisiert werden.

Da die Methode des Surveys auf die Gewinnung quantitativer Daten ausgerichtet ist, erfolgt die Datenerhebung vorwiegend anhand von schriftlichen und mündlichen Befragungen. Meist handelt es sich bei den schriftlichen Befragungen um Primäruntersuchungen, die oftmals mailgestützt durchgeführt werden. Häufig werden aber auch vorhandene Surveyerhebungen, bspw. von Standard & Poor's Compustat, sekundärstatistisch ausgewertet. Mündliche Befragungen werden in 28% der Surveyuntersuchungen eingesetzt und erfolgen häufig fragebogengestützt. In 17% der surveybasierten IKT-Wirkungsanalysen werden die Ergebnisse durch sekundäre Datenquellen, wie Finanzkennzahlen oder Geschäftsberichte, abgesichert. Die meisten Surveyuntersuchungen stützen sich aber auf eine Datenquelle, so dass eine Datentriangulation in nur 36% der Surveys stattfindet. Beobachtungen haben in der surveybasierten IKT-Wirkungsforschung kaum Bedeutung.

Tabelle 5-3 fasst zusammen, inwieweit die Stellschrauben der Surveymethode zur Maximierung der methodischen Güte in der IKT-Wirkungsforschung angewandt werden.

Methodische Stellschrauben	Potenzial von Surveys	Potenzialausschöpfung
Reliabilität		
Isolierte und kontrollierte Untersuchungssituation	- -	
Standardisiertes Messinstrument	+++	k.A.
Konstruktvalidität		
Replikation	+	~ 0%
Datentriangulation	+	36%
Inferenzvalidität		
Stichprobengröße	+++	MW = 234
Aktive Stimulussetzung	-	
Isolierte und kontrollierte Untersuchungssituation	- -	
Mehrere Messzeitpunkte	+	9%
Messung von Kontrollvariablen	++	k.A.
Randomisierte Gruppenkonfiguration	-	
Interne Validität		
Isolierte Untersuchungssituation	- -	
Randomisierte Gruppenkonfiguration	-	
Mehrere Messzeitpunkte	+	9%
Externe Validität		
Zufallsauswahl	+	26%
Stichprobengröße	+++	MW = 234
Replikation	+	~ 0%
Natürliche Untersuchungssituation	+++	97%[368]
Datentriangulation	+	36%

Tabelle 5-3: Methodische Potenzialausschöpfung der Surveymethode

Reliabilität

Da bei Anwendung der Surveymethode keine konstanten Untersuchungsbedingungen geschaffen werden können, muss die Reliabilität über die Anwendung standardisierter Messinstrumente sichergestellt werden. Der Standardisierungsgrad der zur surveybasierten IKT-Wirkungsforschung eingesetzten Messinstrumente kann zwar nicht exakt empirisch bestimmt werden. Allerdings werden bei einem Großteil der in der Stichprobe enthaltenen IKT-Wirkungsanalysen empirisch und/oder theoretisch abgesicherte Items verwendet und die Reliabilität der Operationalisierungen diskutiert (siehe dazu bspw. die Studien von BANKER/BARDHAN/HSIHUI/SHU (2006), GATTIKER/GOODHUE (2005) und RAY/MUHANNA/BARNEY (2005)). Das Potenzial der Surveymethode zur Gewinnung reliabler Ergebnisse wird damit in der IKT-Wirkungsforschung weitgehend genutzt.

---

[368] Die Natürlichkeit der Untersuchungssituation in Surveys wird über die Art der Analyseeinheiten bestimmt. Natürliche Untersuchungssituationen liegen dann vor, wenn tatsächliche Systemnutzer befragt bzw. reale Einsatzbedingungen untersucht werden.

Konstruktvalidität

Zur Erhöhung der Konstruktvalidität kann auch bei Anwendung der Surveymethode das Prinzip der Replikation verfolgt werden. Replikationen werden in den surveybasierten IKT-Wirkungsanalysen allerdings nicht (explizit) durchgeführt. Darüber hinaus stimmt in einer Vielzahl surveybasierter IKT-Wirkungsanalysen die interessierende Population nicht mit den untersuchten Analyseeinheiten überein. So werden bspw. zur Analyse gruppenspezifischer Phänomene häufig einzelne Mitarbeiter befragt, was zu invaliden Schlussfolgerungen führen kann. Eine weitere Stellschraube zur Erhöhung der Konstruktvalidität ist die Messung eines Konstrukts anhand mehrerer Erhebungsverfahren, was in 36% der Studien umgesetzt wird. Insgesamt besteht damit noch deutlicher Spielraum zur Erhöhung der Konstruktvalidität der surveybasierten IKT-Wirkungsforschung. Insbesondere sollten die Analyseeinheiten explizit definiert und die Validität der Konstrukte durch Validitätstests überprüft werden. Derartige Validitätschecks lassen sich gerade bei Anwendung der Surveymethode gut durchführen, da die Konstrukte durch mehrere Items erfasst werden können.

LEE/CHOI (2003) messen bspw. in ihrer Studie über den Beitrag von IKT zur organisationalen Wissensbildung das Konstrukt der Wissensbildung anhand von 36 Items. Auf diese Weise konnten die Forscher mittels Korrelationsanalysen die konvergente Validität und mittels Faktoranalysen die diskriminante Validität des Konstrukts berechnen. Als Analyseeinheiten wurden explizit Unternehmen definiert und insgesamt 58 Unternehmen anhand mehrerer Datenquellen analysiert, so dass von einer hohen Konstruktvalidität ausgegangen werden kann.

Inferenzvalidität

Im Rahmen von Surveyuntersuchungen ist die Stichprobengröße eine wesentliche Stellschraube zur Beeinflussung der Inferenzvalidität, da keine aktive und kontrollierte Stimulussetzung stattfinden kann. Diese Stellschraube wird in den IKT-Wirkungsanalysen weitgehend angewandt. Bei einem Großteil handelt es sich um großzahlige Surveyuntersuchungen mit einer durchschnittlichen Stichprobengröße von 234 Analyseeinheiten. Durch äußere Einflüsse bedingte Beeinträchtigungen der Inferenzvalidität können des Weiteren durch eine Messung von Kontrollvariablen vermindert werden. Da dazu allerdings keine Angaben vorliegen, wird diese Stellschraube ausgeschlossen. Eine weitere Stellschraube zur Erhöhung der Power liegt in der Anwendung eines Längsschnittsdesigns. Allerdings handelt es sich bei lediglich 9% der Untersuchungen um Längsschnittsstudien, so dass diesbezüglich erhebliches Verbesserungspotenzial besteht. Damit kann festgehalten werden, dass im Rahmen der IKT-Wirkungsforschung zwar das in der Stichprobengröße liegende Potenzial zur Erhöhung der Power weitgehend umgesetzt wird, aber dafür Verbesserungspotenzial hinsichtlich einer vermehrten Anwendung eines zeitraum- anstelle eines zeitpunktbezogenen Designs besteht.

Ein Beispiel, in dem beide Stellschrauben umgesetzt werden, ist die zeitraumbezogene Untersuchung von BANKER/BARDHAN/HSIHUI/SHU (2006). In dieser Studie wird zur Erforschung der Auswirkungen des IKT-Einsatzes die operative Leistung von über 1.000 Industriebetrieben über einen Zeitraum von fünf Jahren verfolgt.

Interne Validität

Ein valider Nachweis von Kausalbeziehungen lässt sich in surveybasierten IKT-Wirkungsanalysen nur über die Erfassung zeitlicher Komponenten sicherstellen.[369] Allerdings wenden lediglich 9% der untersuchten IKT-Wirkungsanalysen ein Längsschnittsdesign an. Noch dazu setzen sich die Längsschnittsdesigns ausschließlich aus mehreren Posttests zusammen. Eine Messung der abhängigen Variablen sowohl vor als auch nach der IKT-Implementierung findet nicht statt. Demzufolge ist die interne Validität der surveybasierten IKT-Wirkungsforschung stark eingeschränkt. Aus diesem Grund kann die Empfehlung gegeben werden, vermehrt Längsschnitts- anstelle von Querschnittsstudien einzusetzen, um die Richtung und Stabilität des Kausalzusammenhangs mit größerer Sicherheit bestimmen zu können.

Ein zeitraumbezogenes Design wird bspw. bei HITT (1999) angewandt, um IKT-bedingte Veränderungen der Unternehmensstruktur zu analysieren. Da gerade strukturelle Veränderungen mit einer gewissen zeitlichen Verzögerung einhergehen können, lässt sich durch das insgesamt acht Jahre umfassende Paneldatenset die interne Validität der Untersuchung steigern.

---

[369] Vgl. Ravinchandran/Lertwongsatien (2005), Vandenbosch/Higgins (1996).

Externe Validität

Da Surveys auf die Gewinnung generalisierbarer Aussagen ausgerichtet sind, stellt diese Methode viele Stellschrauben zur Erhöhung der externen Validität zur Verfügung. Das Potenzial großer Stichproben wird im Rahmen der surveybasierten IKT-Wirkungsforschung mit einem Durchschnitt von 234 Analyseeinheiten grundsätzlich ausgeschöpft. Allerdings erfolgt die Auswahl der Analyseeinheiten in 74% der Fälle nicht nach dem Zufallsprinzip. Dies liegt bei den IKT-Wirkungsanalysen vor allem darin begründet, dass zu 97% der reale Systemeinsatz im Unternehmen untersucht wird und daher die Nutzergruppen eines bestimmten Systems als Analyseeinheiten herangezogen werden (müssen).[370] Durch die Untersuchung realer Systemanwender wird zwar eine hohe Realitätsnähe erreicht; allerdings kann nicht ausgeschlossen werden, dass durch die nicht-randomisierte Stichprobenauswahl Selektionsverzerrungen wirken, welche die externe Validität der Ergebnisse einschränken. So kann bspw. in Studien zu den Auswirkungen des IKT-Einsatzes auf die Unternehmensleistung nicht ausgeschlossen werden, dass vorwiegend diejenigen Unternehmen an der Studie teilnehmen, die positive Erfahrungen mit dem IKT-Einsatz gemacht haben.[371] Je verzerrter dabei die Stichprobe an Individuen oder Unternehmen ist, desto größer sind die möglichen Einschränkungen der Übertragbarkeit der Ergebnisse.

Grundsätzlich könnte die Generalisierbarkeit auf andere Nutzergruppen, Einsatzsituationen und Technologien durch die Replikation der Ergebnisse in weiteren Untersuchungen erhöht werden. Wie bereits erläutert, wird die Replikationslogik in der surveybasierten IKT-Wirkungsforschung allerdings nicht explizit aufgegriffen. Auch durch zu einseitige Messungen bedingte Einschränkungen des Gültigkeitsbereichs werden in lediglich 36% der Surveys durch Datentriangulation vermieden. Insgesamt kann somit festgehalten werden, dass zwar ein Großteil der surveybasierten IKT-Wirkungsanalysen durch die großzahlige Untersuchung realer Einsatzsituationen ein hohes Maß an externer Validität erreicht. Allerdings könnte der Gültigkeitsbereich durch eine vermehrte Durchführung der Zufallsauswahl und Datentriangulation sowie die Untersuchung mehrerer Einsatzsituationen deutlich ausgeweitet werden.

Ein Beispiel für die Erreichung eines großen Gültigkeitsbereichs ist die IKT-Wirkungsanalyse von ZHU/KRAEMER (2005), in der die Auswirkungen des E-Business

---

[370] Vgl. Lucas Jr (1991), S. 278.
[371] Vgl. Gattiker/Goodhue (2005), S. 568-569.

auf die Handelsindustrie untersucht wurden. Um länderübergreifend gültige Aussagen zu gewinnen, wurde anhand einer geschichteten Zufallsauswahl eine Stichprobe von 5.400 Unternehmen aus 10 Ländern gezogen. In der Stichprobe sind sowohl Industrienationen als auch Entwicklungsländer enthalten. Die Ergebnisse haben gezeigt, dass länderspezifische Gegebenheiten einen hohen Einfluss auf die Entfaltung der E-Business-Wirkungen haben. Wären die länderspezifischen Gegebenheiten nicht beachtet worden, wäre die Gültigkeit der Ergebnisse stark eingeschränkt.

6 Resümee

6.1 Zusammenfassung der zentralen Erkenntnisse

Der Anlass für eine methodologische Aufarbeitung der empirischen IKT-Wirkungsanalyse lag in der Feststellung, dass es trotz der allgemein anerkannten Bedeutung dieses Forschungsansatzes an methodologischen Empfehlungen mangelt. In der Disziplin finden sich nahezu keine Arbeiten, die konkrete methodische Handlungsanweisungen zur Überwindung der mit der IKT-Wirkungsforschung verbundenen inhaltlichen und methodischen Schwierigkeiten geben. Aus diesem Mangel entstand die Motivation für vorliegendes Dissertationsprojekt, dessen Zielsetzung darin besteht, das Forschungs- und Methodenprofil der IKT-Wirkungsanalyse zu rekonstruieren und davon ausgehend methodische Empfehlungen zur Methodenwahl und -anwendung abzuleiten.

Im Folgenden wird der Erklärungs- und Gestaltungsbeitrag der Arbeit unter Bezug auf die zu Beginn festgelegten Erkenntnisziele (siehe S. 5ff) zusammengefasst. Die einzelnen Erkenntnisschritte sind in Abbildung 6-1 dargestellt.

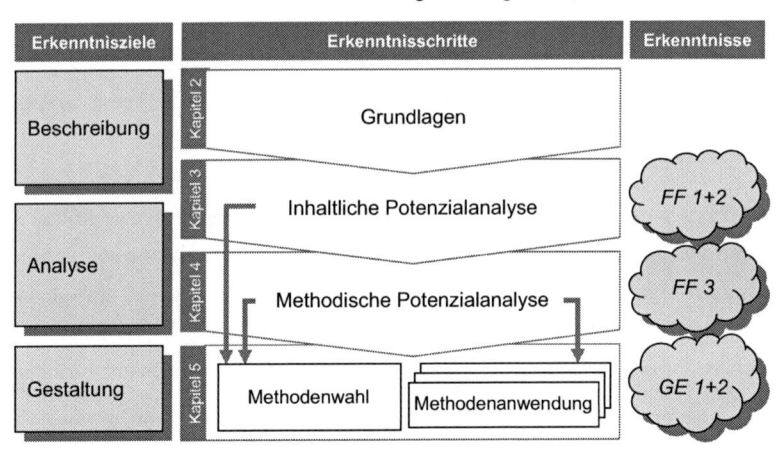

Abbildung 6-1: Vorgehen der Erkenntnisgewinnung

Als Grundlage für eine methodologische Auseinandersetzung wurde der Forschungsansatz der IKT-Wirkungsanalyse in *Kapitel 2* zunächst theoretisch spezifiziert und in das fachliche Profil der Disziplin eingeordnet. Die im Rahmen der theoretischen Spezifikation erfolgte Klassifikation der unabhängigen und abhängigen Variablen sowie des Forschungsziels ging dann in das Klassifikationsschema der empirischen Reviewanalyse ein.

In *Kapitel 3* wurde mit der Methodik der empirischen Reviewanalyse aus einer Stichprobe von 260 Artikeln zunächst das Forschungs- und Methodenprofil der IKT-Wirkungsforschung rekonstruiert. Die Kernergebnisse auf die 1. Forschungsfrage können wie folgt zusammengefasst werden.

- *Forschungsprofil*: Die IKT-Wirkungsforschung setzt sich im Wesentlichen aus drei Forschungssträngen zusammen. Der größte Forschungsstrang beschäftigt sich mit der Wirkungsanalyse des AS-Einsatzes eines konkreten Unternehmens, wobei häufig MSS, GSS, IOS und ERP-Systeme untersucht werden. Der zweite Forschungsstrang bezieht sich auf das Testen verschiedener Systemkomponenten, wozu meist unterschiedliche Prototypen erstellt oder Webseiten mit verschiedenen Features programmiert werden. Im dritten Forschungsstrang werden die Folgen des generellen Technologieeinsatzes innerhalb eines und zwischen mehreren Unternehmen erforscht, wobei vielfach Technologien zur Unterstützung der zwischenbetrieblichen Geschäftsabwicklung betrachtet werden.

- *Methodenprofil*: Die Kernmethode der IKT-Wirkungsforschung stellt mit einem Anteil von über 50% das Experiment dar, das meist in einer kontrollierten Laborumgebung stattfindet. Surveys und Fallstudien werden mit einem Anteil von 27% bzw. 21% in geringerem Umfang eingesetzt. Der zeitliche Verlauf des Methodeneinsatzes zeigt ein sehr charakteristisches Profil. In den frühen IKT-Entwicklungsstadien, in denen teilweise noch prototypenbasiert geforscht wird, werden vorwiegend Experimente eingesetzt. Survey- und Fallstudienuntersuchungen kommen erst in den mittleren IKT-Entwicklungsstadien zum Einsatz, also dann, wenn sich die IKT bereits im realen betrieblichen Einsatz befindet.

Ausgehend von der Gegenüberstellung des Forschungs- und Methodenprofils wurden die Methoden in einem nächsten Schritt einer inhaltlichen Potenzialanalyse unterzogen. Dazu wurde empirisch überprüft, inwiefern die Methoden das Potenzial haben, die mit den verschiedenen Forschungsgegenständen verbundenen inhaltlichen Anforderungen zu erfüllen. Die Kernergebnisse der 2. Forschungsfrage können wie folgt zusammengefasst werden:

- *Inhaltliches Potenzial der Methoden*: Die Fallstudienmethode hat in Relation zu den anderen Methoden das größte Potenzial zur Erfüllung der inhaltlichen Anforderungen der IKT-Wirkungsanalyse. Demnach ist der Einsatzbereich der Fallstudienmethode sehr breit, so dass auch komplexe, zeitlich und räumlich versetzt auftretende sowie schwer messbare Veränderungen erfasst werden können. Zwar hat auch die Surveymethode das Potenzial für eine vielfältige Wirkungserfassung. Ein ähnlich tief greifendes Verständnis komplexer Wirkungsbeziehungen kann allerdings nicht erreicht werden, weswegen eine gewisse Kenntnis der zu prüfenden Wirkungszusammenhänge vorausgesetzt ist. Im Gegensatz zur Fallstudien- und Surveymethode ist der Anwendungsbereich der Experimentalmethode stark eingeschränkt, da sie den mit der IKT-Wirkungsforschung verbundenen inhaltlichen Schwierigkeiten nur eingeschränkt gerecht wird. Aus diesem Grund werden experimentelle IKT-Wirkungsanalysen insbesondere zur konfirmatorischen Prüfung von isolierten Effekten einzelner Systemkomponenten eingesetzt.

In *Kapitel 4* wurde basierend auf einer deduktiven Aufarbeitung der Methodenliteratur das methodische Potenzial der Forschungsmethoden bestimmt. Dazu wurde deduktiv überprüft, inwiefern die Forschungsmethoden über die relevanten Designkomponenten zur Sicherstellung der methodischen Güte der IKT-Wirkungsforschung verfügen. Die Kernergebnisse der 3. Forschungsfrage sind folgende:

- *Methodisches Potenzial der Methoden*: Unter den Forschungsmethoden hat die Experimentalmethode das größte Potenzial zur Erfüllung der methodischen Anforderungen der IKT-Wirkungsforschung. Aufgrund der mit der Experimentalmethode verbundenen Manipulations- und umfassenden Kontrollmöglichkeiten lassen sich Wirkungszusammenhänge zwischen dem IKT-Einsatz und der interessierenden abhängigen Variablen valide und reliabel erfassen. Demgegenüber kann die methodische Güte von Fallstudien- und Surveyuntersuchungen mit Einschränkungen verbunden sein. Da sich beide Methoden auf die Erforschung realer Einsatzsituationen beziehen, sind die Kontrollmöglichkeiten von Störgrößen auf den angenommenen Kausalzusammenhang tendenziell eingeschränkt. Unkontrollierte Störeinflüsse können somit die Inferenzvalidität und interne Validität der Ergebnisse beeinträchtigen. Dafür kann in fallstudienbasierten IKT-Wirkungsanalysen durch die tiefgreifende und detaillierte Erfassung realer Einsatzsituationen aber prinzipiell mit valideren Konstrukten gearbeitet und die ökologische Validität der Erkenntnisse sichergestellt werden. Bei Durchführung surveybasierter IKT-Wirkungsanalysen lassen sich durch die strukturierte und quantitative Erfassung des IKT-Einsatzes mit vergleichsweise geringem Aufwand Aussagen für einen großen Geltungsbereich treffen.

Aus den Ergebnissen der inhaltlichen und methodischen Potenzialanalyse konnten in *Kapitel 5* normative Empfehlungen zur Methodenwahl und -anwendung abgeleitet werden. Zum einen wurde ein Handlungsmodell aufgestellt, das bei der Planung einer IKT-Wirkungsanalyse ex ante die Wahl einer geeigneten Forschungsmethode unterstützt. Dieses Handlungsmodell konnte durch eine exemplarische Anwendung auf die drei Forschungsstränge der IKT-Wirkungsforschung empirisch validiert werden. Zum anderen wurde ein Handlungsmodell entwickelt, das nach erfolgter Methodenwahl die korrekte Anwendung der Methode unterstützt, so dass die methodische Güte der IKT-Wirkungsanalyse optimiert werden kann. Durch einen Vergleich der durch das Handlungsmodell vorgegebenen idealen Methodenanwendung mit der realen Methodenanwendung konnten Designlücken in den untersuchten IKT-Wirkungsanalysen entdeckt werden. Aus den identifizierten Designlücken lassen sich im Wesentlichen folgende Gestaltungsempfehlungen zur Verbesserung des Status quo der IKT-Wirkungsforschung ableiten:

- *Verbesserungspotenzial der fallstudienbasierten IKT-Wirkungsforschung*: Das methodische Potenzial der Fallstudienmethode wird in den Studien weitgehend ausgeschöpft. Verbesserungspotenzial besteht nur hinsichtlich der Fallauswahl und Messzeitpunkte. Durch eine vermehrte Durchführung von Mehrfall- anstelle von Einzelfalluntersuchungen ließe sich die Konstruktvalidität und externe Validität der IKT-Wirkungsforschung steigern. Durch die verstärkte Anwendung zeitraumbezogener Designs könnte die Validität des angenommenen Kausalzusammenhangs erhöht werden.

- *Verbesserungspotenzial der experimentellen IKT-Wirkungsforschung*: Bei der Anwendung der Experimentalmethode besteht gewisser Spielraum zur Erhöhung der methodischen Güte. Zwar werden meist Experimentaldesigns angewandt, mit denen sich Kausalzusammenhänge valide erfassen lassen. Die Bestimmung der Richtung und Beständigkeit der Kausalzusammenhänge ließe sich nur über den vermehrten Einbezug zeitlicher Komponenten verbessern. Allerdings wird im Rahmen der IKT-Wirkungsforschung das Potenzial der Experimentalmethode zur Gewinnung extern valider Ergebnisse bei weitem nicht ausgeschöpft. Durch eine vermehrte (und im Idealfall zufallsbasierte) Befragung realer Systemanwender anstelle von Studenten ließe sich die Repräsentativität der Stichprobe deutlich steigern. Des Weiteren könnte durch eine häufigere Anwendung von Feldexperimenten die Übertragbarkeit auf natürliche Situationen sichergestellt werden. Um die Stabilität der Ergebnisse bezogen auf andere Personen, Situationen und Treatments zu überprüfen, sollte außerdem in verstärktem Maße einer Replikationslogik gefolgt werden.

- *Verbesserungspotenzial der surveybasierten IKT-Wirkungsforschung*: Auch bei der Anwendung der Surveymethode ist deutliches Verbesserungspotenzial vorhanden. Aufgrund der mangelnden Kontrollmöglichkeiten der Surveymethode ließe sich nur durch Realisierung eines Längsschnittdesigns die Validität kausaler Schlussfolgerungen sicherstellen, was allerdings kaum umgesetzt wird. Des Weiteren könnte die Konstruktvalidität und externe Validität erheblich gesteigert werden, indem die untersuchten Analyseeinheiten vermehrt zufallsbasiert ausgewählt und sinnvoll auf die interessierende Population abgestimmt werden würden. Die Stabilität der Ergebnisse ließe sich außerdem durch eine Kombination mehrerer Datenquellen erhöhen und durch eine Replikation der Untersuchung in weiteren IKT-Einsatzsituationen absichern.

6.2 Ausblick

Der Forschungsansatz der IKT-Wirkungsanalyse kann im Grunde anhand dreier Dimensionen charakterisiert werden (siehe Abbildung 6-2).

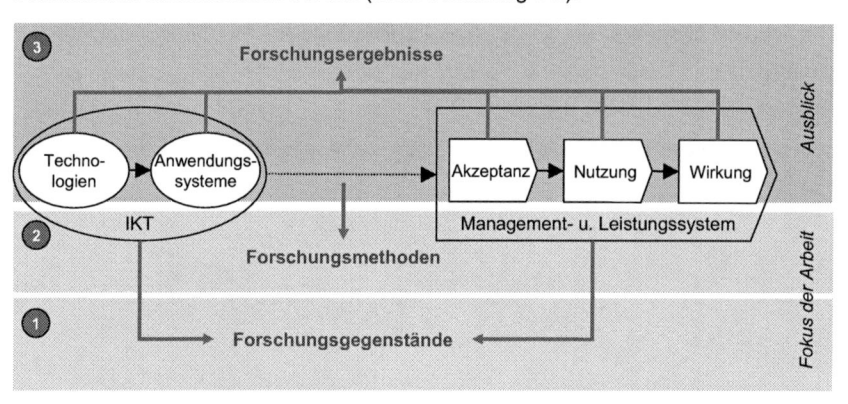

Abbildung 6-2: Die drei Dimensionen der IKT-Wirkungsanalyse

Die erste Dimension bezieht sich auf die Forschungsgegenstände der IKT-Wirkungsanalyse, also die untersuchten unabhängigen und abhängigen Variablen. Die zweite Dimension bezieht sich auf die Forschungsmethoden der IKT-Wirkungsanalyse, also die zur Erforschung der Wirkungszusammenhänge eingesetzten Forschungsmethoden und Untersuchungsdesigns. Die dritte Dimension bezieht sich auf die Forschungsergebnisse der IKT-Wirkungsanalyse, also die identifizierten Wirkungsbeziehungen zwischen den unabhängigen und abhängigen Variablen.

Mit vorliegender Arbeit wurden hauptsächlich die ersten beiden Dimensionen adressiert. Daran anknüpfend könnte in einem weiteren Schritt eine Konsolidierung der Forschungsergebnisse der IKT-Wirkungsanalysen stattfinden und somit die dritte Dimension aufgearbeitet werden. Da die in vorliegender Arbeit angewandte Methodik der Reviewanalyse, über die Berechnung aggregierter Effektgrößen hinausgehend, eine tiefgreifende Analyse von Forschungsergebnissen erlaubt, würde diese Methodik einen geeigneten Anknüpfungspunkt für die Aufarbeitung des Erkenntnisstands der Disziplin bilden.[372]

Ein möglicher Ansatz wäre, ähnlich wie bei PETTER/DELONE/MCLEAN (2008), eine Art Meta-Modell zu erstellen, in welches die kumulierten Forschungsergebnisse der in der Stichprobe enthaltenen IKT-Wirkungsanalysen einfließen. Basis des Meta-Modells kann ein theoretisches Kausalmodell sein, wie bspw. das *Success Model* nach DELONE/MCLEAN (2003) oder das auf DAVIS (1989) zurückgehende TAM. Durch die Konsolidierung der Forschungsergebnisse der in der Reviewanalyse enthaltenen IKT-Wirkungsanalysen ließe sich überprüfen, ob die Zusammenhänge des Kausalmodells Gültigkeit besitzen. Dabei kann es sinnvoll sein, den Betrachtungsbereich derart einzuschränken, dass nur die Wirkungsbeziehungen einer bestimmten AS-Klasse analysiert werden. Auf diese Weise ließe sich einer der wesentlichen Kritikpunkte derartiger Meta-Studien, die mangelnde Vergleichbarkeit unterschiedlicher Forschungsarbeiten, entschärfen.

---

[372] Vgl. Oliver (1987).

Literaturverzeichnis

Adelman, L. (1991): Experiments, Quasi-experiments and Case Studies: A Review of Empirical Methods for Evaluating Decision Support Systems in: IEEE Transactions on Systems, Man and Cybernetics Society, 21. Jg., Nr. 2, S. 293-301.

Agarwal, R./ Lucas Jr., H. C. (2005): The Information Systems Identity Crisis: Focusing on High-Visibility and High-Impact Research, in: MIS Quarterly, 29. Jg., Nr. 3, S. 381-398.

Alpar, P./ Kim, M. (1990): A Microeconomic Approach to the Measurement of Information Technology Value, in: Journal of Management Information Systems, 7. Jg., Nr. 2, S. 55-69.

Alvesson, M./ Deetz, S. (2000): Doing Critical Management Research, London.

Anthony, R. N. (1965): Planning and Control Systems: A Framework for Analysis, Boston.

Antweiler, J. (1995): Wirtschaftlichkeitsanalyse von Informations- und Kommunikationssystemen (IKS): Wirtschaftlichkeitsprofile als Entscheidungsgrundlage, Köln.

Atteslander, P./ Cromm, J. (2006): Methoden der empirischen Sozialforschung, 11., neu bearb. und erw. Aufl., Berlin.

Babbie, E. R. (1973): Survey Research Methods, Belmont.

Bacher, J. (1996): Clusteranalyse: Anwendungsorientierte Einführung, 2., erg. Aufl., München u.a..

Backhaus, K./ Erichson, B./ Plinke, W./ Weiber, R. (2003): Multivariate Analysemethoden: Eine anwendungsorientierte Einführung, 10., neu bearb. und erw. Aufl., Berlin u.a..

Banker, R. D./ Bardhan, I. R./ Hsihui, C./ Shu, L. (2006): Plant Information Systems, Manufacturing Capabilities and Plant Performance, in: MIS Quarterly, 30. Jg., Nr. 2, S. 315-337.

Baron, R. M./ Kenny, D. A. (1986): The Moderator − Mediator Variable Distinction in Social Psychological Research: Conceptual, Strategic and Statistical Considerations, in: Journal of Personality and Social Psychology, 51. Jg., Nr. 6, S. 1173-1182.

Baroudi, J. J./ Orlikowski, W. (1989): The Problem of Statistical Power in MIS Research, in: MIS Quarterly, 13. Jg., Nr. 1, S. 87-106.

Barua, A./ Kriebel, C. H./ Mukhopadhyay, T. (1995): Information Technologies and Business Value: An Analytic and Empirical Investigation, in: Information Systems Research, 6. Jg., Nr. 1, S. 3-23.

Beaman, A. L. (1991): An Empirical Comparison of Metaanalytic and Traditional Reviews, in: Personality and Social Psychology Bulletin, 17. Jg., Nr. 3, S. 252-257.

Becker, J./ Holten, R./ Knackstedt, R./ Niehaves, B. (2003): Forschungsmethodische Positionierung in der Wirtschaftsinformatik: Epistemologische, ontologische und linguistische Leitfragen, Münster.

Becker, J./ Pfeiffer, D. (2006): Beziehungen zwischen behavioristischer und konstruktionsorientierter Forschung in der Wirtschaftsinformatik, in: Zelewski, S., Akca, N.: Fortschritt in den Wirtschaftswissenschaften: Wissenschaftstheoretische Grundlagen und exemplarische Anwendungen, Wiesbaden, S. 1-17.

Benbasat, I./ Goldstein, D. K./ Mead, M. (1987): The Case Research Strategy in Studies of Information Systems, in: MIS Quarterly, 11. Jg., Nr. 3, S. 369-386.

Berekoven, L./ Eckert, W./ Ellenrieder, P. (2006): Marktforschung: Methodische Grundlagen und praktische Anwendung, 11., überarb. Aufl., Wiesbaden.

Bortz, J./ Döring, N. (2002): Forschungsmethoden und Evaluation für Human- und Sozialwissenschaftler, 3., überarb. Aufl., Berlin u.a..

Bourier, G. (2006): Wahrscheinlichkeitsrechnung und schließende Statistik, 5., überarb. Aufl., Wiesbaden.

Braun, C./ Hafner, M./ Wortmann, F. (2004): Methodenkonstruktion als wissenschaftlicher Erkenntnisansatz, in: Arbeitsbericht des Instituts für Wirtschaftsinformatik der Universität St. Gallen.

Brynjolfsson, E. (2003): The IT Productivity GAP, in: Optimize, o. Jg., Nr. 21.

Brynjolfsson, E. (1993): The Productivity Paradox of Information Technology, in: Communications of the ACM, 36. Jg., Nr. 12, S. 67-77.

Brynjolfsson, E./ Hitt, L. M. (2000): Beyond Computation: Information Technology, Organizational Transformation and Business Performance, in: Journal of Economic Perspectives, 14. Jg., Nr. 4, S. 23-48.

Bühl, A./ Zöfel, P. (2005): SPSS 12: Einführung in die moderne Datenanalyse unter Windows, 9., überarb. und erw. Aufl., München.

Buxmann, P./ König, W. (1997): Empirische Ergebnisse zum Einsatz der betrieblichen Standardsoftware SAP R/3, in: Wirtschaftsinformatik, 39. Jg., Nr. 4, S. 331-338.

Campbell, D. T./ Stanley, J. C. (1966): Experimental and Quasi-Experimental Designs for Research, Boston u.a..

Caracelli, V. J. (2006): Methodology: Building Bridges to Knowledge, in: Stockmann, R.: Evaluationsforschung: Grundlagen und ausgewählte Forschungsfelder, München u.a., S. 177-203.

Chamoni, P./ Gluchowski, P. (1999): Analytische Informationssysteme: Einordnung und Überblick, in: Chamoni, P., Gluchowski, P.: Analytische Informationssysteme: Data Warehouse, On-Line Analytical Processing, Data Mining, Berlin u.a., S. 3-26.

Chen, W./ Hirschheim, R. (2004): A Paradigmatic and Methodological Examination of Information Systems Research from 1991 to 2001, in: Information Systems Journal, 14. Jg., Nr. 3, S. 197-235.

Chmielewicz (1994): Forschungskonzeptionen der Wirtschaftswissenschaft, 3., unveränd. Aufl., Stuttgart.

Cohen, J. (1960): A coefficient of agreement for nominal scales, in: Educational and Psychological Measurement, 20. Jg., Nr. 1, S. 37-46.

Cohen, J. (1992): A Power Primer, in: Psychological Bulletin, 112. Jg., Nr. 1, S. 155-159.

Cohen, J. (1988): Statistical Power Analysis for the Behavior Science, Hillsdale.

Cooper, D. R./ Schindler, P. S. (2006): Business Research Methods, Singapore.

Cotteleer, M. J./ Bendoly, E. (2006): Order Lead-Time Improvement Following Enterprise Information Technology Implementation: An Empirical Study, in: MIS Quarterly, 30. Jg., Nr. 3, S. 643-660.

Cox, D. R./ Reid, N. (2000): The Theory of the Design of Experiments, Florida u.a..

Dale, A. (2006): Quality Issues with Survey Research, in: International Journal of Social Research Methodology, 9. Jg., Nr. 2, S. 143-158.

Davis, F. D. (1989): Perceived Usefulness, Perceived Ease of Use and User Acceptance of Information Technology, in: MIS Quarterly, 13. Jg., Nr. 3, S. 318-346.

De Vaus, D. A. (1995): Surveys in Social Research, St. Leonards.

De Vries, E. J. (2005): Epistemology and Methodology in Case Research: A Comparison between European and American IS Journals, in: European Conference on Information Systems (ECIS), Regensburg.

DeLone, W. H./ McLean, E. R. (2003): The DeLone and McLean Model of Information Systems Success: A Ten-Year Update, in: Journal of Management Information Systems, 19. Jg., Nr. 4, S. 9-30.

DeSanctis, G. (2003): The Social Life of Information Systems Research: A Response to Benbasat and Zmud's Call for Returning to the IT Artifact, in: Journal of the Association for Information Systems, 4. Jg., Nr. 7, S. 360-376.

Dewey, M. E. (1983): Coefficients of Agreement, in: British Journal of Psychiatry, 143. Jg., Nr. 5, S. 487-489.

Drinkmann, A. (1990): Methodenkritische Untersuchungen zur Metaanalyse, Weinheim.

Dubé, L./ Paré, G. (2001): Case Research in Information Systems: Current Practices, Trends and Recommendations, in: Arbeitsbericht, École des Hautes Études Commerciales, Montréal.

Dubé, L./ Paré, G. (2003): Rigor in Information Systems Positivist Case Research: Current Practices, Trends and Recommendations, in: MIS Quarterly, 27. Jg., Nr. 4, S. 597-635.

Eisenhardt, K. M. (1989): Building Theories from Case Study Research, in: Academy of Management Review, 4. Jg., Nr. 4, S. 532-550.

Farbey, B./ Land, F./ Targett, D. (1992): Evaluating Investments in IT, in: Journal of Information Technology, 7. Jg., Nr. 2, S. 109-122.

Farbey, B./ Land, F./ Targett, D. (1995): A Taxonomy of Information Systems Applications: The Benefits` Evaluation Ladder, in: European Journal of Information Systems, 1. Jg., Nr. 4, S. 41-50.

Farbey, B./ Targett, D./ Land, F. (1994): Matching an IT Project with an Appropriate Method of Evaluation: A Research Note on 'Evaluating Investments in IT', in: Journal of Information Technology, 9. Jg., Nr. 3, S. 239-243.

Fearon, C./ Phillip, G. (1998): Self Assessment as a Means of Measuring Strategic and Operational Benefits from EDI: The Development of a Conceptual Framework, in: European Journal of Information Systems, 7. Jg., Nr. 1, S. 5-16.

Fettke, P. (2006): State-of-the-Art des State-of-the-Art: Eine Untersuchung der Forschungsmethode „Review" innerhalb der Wirtschaftsinformatik, in: Wirtschaftsinformatik, 48. Jg., Nr. 4, S. 257-266.

Fowler Jr., F. J. (2002): Survey Research Methods, Thousans Oaks u.a..

Frank, U. (2000): Evaluation von Artefakten, in: Heinrich, L. J., Häntschel, I.: Evaluation und Evaluationsforschung in der Wirtschaftsinformatik: Handbuch für Praxis, Lehre und Forschung, München u.a., S. 35-48.

Frank, U. (2006): Towards a Pluralistic Conception of Research Methods in Information Systems Research, in: ICB-Research Report, Nr. 7, Essen.

Franz, C. R./ Robey, D. (1987): Strategies for Research on Information Systems in Organizations: A Critical Analysis of Research Purpose and Time Frame, in: Boland, R. J., Hirschheim, R. A.: Critical Issues in Information Systems Research, Chichester u.a., S. 205-225.

Gadenne, V. (1997): Wissenschaftstheoretische Grundlagen der Wirtschaftsinformatik, in: Grün, O., Heinrich, L. J.: Wirtschaftsinformatik: Ergebnisse empirischer Forschung, Wien u.a., S. 7-20.

Galegher, J./ Kraut, R. E. (1994): Computer-mediated Communication for Intellectual Teamwork: An Experiment in Group Writing, in: Information Systems Research, 5. Jg., Nr. 2, S. 110-138.

Galliers, R. D. (1991): Choosing Appropriate Information Systems Research Approaches: A Revised Taxonomy, in: Nissen, H.-E. et al.: Information Systems Research: Contemporary Approaches & Emergent Traditions, Amsterdam u.a., S. 327-369.

Galliers, R. D. (1992): Choosing Information Systems Research Approaches, in: Galliers, R. D.: Information Systems Research: Issues, Methods and Practical Guidelines, Oxford, S. 144-162.

Galliers, R. D./ Land, F. (1987): Choosing Appropriate Information Systems Research Methodologies, in: Communications of the ACM, 30. Jg., Nr. 11, S. 900-902.

Gattiker, T. F./ Goodhue, D. L. (2005): What Happens after ERP Implementation: Understanding the Impact of Inter-Dependence and Differentiation on Plant-level Outcomes, in: MIS Quarterly, 29. Jg., Nr. 3, S. 559-585.

Gentsch, P. (2003): Data Mining im Controlling: Methoden, Anwendungsfelder und Entwicklungsperspektiven, in: Zeitschrift für Controlling & Management (ZfCM), 47. Jg., Sonderheft Nr. 2, S. 14-23.

Giddens, A. (1979): Central Problems in Social Theory, London.

Glass, G. V. (1976): Primary, Secondary and Meta-Analysis of Research, in: Educational Researcher, 5. Jg., Nr. 10, S. 3-8.

Gluchowski, P. (2008): Management Support Systeme und Business Intelligence: Computergestützte Informationssysteme für Fach- und Führungskräfte, Berlin u.a..

Greenwood, E. (1975): Das Experiment in der Soziologie, in: König, R. et al.: Beobachtung und Experiment in der Sozialforschung, Köln, S. 171-220.

Greschner, J./ Zahn, E. (1992): Strategischer Erfolgsfaktor Information, in: Krallmann, H. et al.: Rechnergestützte Werkzeuge für das Management, Berlin, S. 9-28.

Grün, O. (1997): Zum Stand der empirischen Forschung in der Wirtschaftsinformatik aus betriebswirtschaftlicher Sicht, in: Grün, O., Heinrich, L. J.: Wirtschaftsinformatik: Ergebnisse empirischer Forschung, Wien u.a., S. 51-60.

Gunasekaran, A./ Ngai, E. W. T./ McGaughey, R. E. (2006): Information Technology and Systems Justification: A Review for Research and Applications, in: European Journal of Operational Research, 173. Jg., Nr. 3, S. 957–983.

Hamilton, S./ Ives, B. (1992): MIS Research Strategies, in: Galliers, R. D.: Information Systems Research: Issues, Methods and Practical Guidelines, London u.a., S. 132-143.

Hannig, U. (1996): Data Warehouse und Managementinformationssysteme, in: Hannig, U.: Data Warehouse und Managementinformationssysteme, Stuttgart, S. IX.

Hansen, H. R./ Neumann, G. (2005a): Wirtschaftsinformatik 1: Grundlagen und Anwendungen, Stuttgart.

Hansen, H. R./ Neumann, G. (2005b): Wirtschaftsinformatik 2: Informationstechnik, Stuttgart.

Hayes, A. F./ Krippendorff, K. (2007): Answering the Call for a Standard Reliability Measure for Coding Data, in: Communication Methods and Measures, 1. Jg., Nr. 1, S. 77-89.

Heinrich, L. J. (2000): Bedeutung von Evaluation und Evaluationsforschung in der Wirtschaftsinformatik, in: Heinrich, L. J., Häntschel, I.: Evaluation und Evaluationsforschung in der Wirtschaftsinformatik: Handbuch für Praxis, Lehre und Forschung, München u.a., S. 8-22.

Herrmann, A./ Homburg, C. (2000): Marktforschung: Methoden, Anwendungen, Praxisbeispiele, 2., aktual. Aufl., Wiesbaden.

Hess, C. M./ Kemerer, C. F. (1994): Computerized Loan Origination Systems: An Industry Case Study of the Electronic Markets Hypothesis, in: MIS Quarterly, 18. Jg., Nr. 3, S. 251-275.

Hess, T. (2006a): Digitalisierungsstrategien als Kern eines Forschungsprogramms in der Wirtschaftsinformatik, in: Arbeitspapiere des Instituts für Wirtschaftsinformatik und Neue Medien, LMU München, Nr. 1/06.

Hess, T. (2006b): IT-Basics für Controller: Was jeder Controller über Softwareunterstützung und IT-Controlling wissen muss, Stuttgart.

Hevner, A. R./ March, S. T./ Park, J. (2004): Design Science in Information Systems Research, in: MIS Quarterly, 28. Jg., Nr. 1, S. 75-105.

Hitt, L. M. (1999): Information Technology and Firm Boundaries: Evidence from Panel Data, in: Information Systems Research, 10. Jg., Nr. 2, S. 134-149.

Hitt, L. M./ Wu, D. J./ Zhou, X. (2002): Investment in Enterprise Resource Planning: Business Impact and Productivity Measures, in: Journal of Management Information Systems, 19. Jg., Nr. 1, S. 71-98.

Holl, A. (1999): Empirische Wirtschaftsinformatik und Erkenntnistheorie, in: Becker, J. et al.: Wirtschaftsinformatik und Wissenschaftstheorie: Bestandsaufnahme und Perspektiven, Wiesbaden, S. 163-208.

Hyman, H. (1955): Survey Design and Analysis: Principles, Cases and Procedures, New York.

Irani, Z./ Love, P. E. D. (2000): The Propagation of Technology Management Taxonomies for Evaluating Investments in Information Systems, in: Journal of Management Information Systems, 17. Jg., Nr. 3, S. 161-177.

Jasperson, J./ Carte, T. A./ Saunders, C. S./ Butler, B. S./ Croes, H. J. P./ Zheng, W. (2002): Power and Information Technology Research: A Metatriangulation Review, in: MIS Quarterly, 26. Jg., Nr. 4, S. 397-459.

Jenkins, A. M. (1991): Research Methodologies and MIS Research, in: Mumford, E. et al.: Research Methods in Information Systems, Amsterdam u.a., S. 103-117.

Judd, C. M./ Smith, E. R./ Kidder, L. H. (1991): Research Methods in Social Relations, 6. Aufl., Austin.

Kambil, A./ van Heck, E. (1998): Reengineering the Dutch Flower Auctions: A Framework for Analysing Ex-change Organizations, in: Information Systems Research, 9. Jg., Nr. 1, S. 1-19.

Kamis, A./ Koufaris, M./ Stern, T. (2008): Using an Attribute-based Decision Support System for User-customized Products Online: An Experimental Investigation, in: MIS Quarterly, 32. Jg., Nr. 1, S. 159-177.

Kankanhalli, A./ Tan, B. C. Y./ Kwok-Kee, W. E. I. (2006): Conflict and Performance in Global Virtual Teams, in: Journal of Management Information Systems, 23. Jg., Nr. 3, S. 237-274.

Kieser, A./ Kubicek, H. (1992): Organisation, 3., völlig neubearb. Aufl., Berlin u.a..

Kink, N./ Hess, T. (2008): Wirkungsanalyse von Informations- und Kommunikationstechnologien: Positionierung des Forschungsansatzes, in: Arbeitspapiere des Instituts für Wirtschaftsinformatik und Neue Medien, LMU München, Nr. 1/08, S. 1-15.

Kink, N./ Höhne, E./ Hess, T. (2008): Wirkungen von Management Support Systemen auf die Steuerung von Unternehmen: Ergebnisse aus 30 Jahren internationaler Forschung, in: Zeitschrift für Controlling & Management (ZfCM), 52. Jg., Sonderheft Nr. 2, S. 5-14.

Klaus, G. (1966): Spezielle Erkenntnistheorie, 2. Aufl., Berlin.

Klein, H.-K./ Myers, M. D. (1999): A Set of Principles for Conducting and Evaluating Interpretative Field Studies in Information Systems, in: MIS Quarterly, 23. Jg., Nr. 1, S. 67-93.

Klein, S. (2004a): Electronic Commerce: Hype and Downturn, in: Stanoevska-Slabeva, K., Schmid, B. F.: The Digital Economy: Anspruch und Wirklichkeit, Berlin u.a., S. 133-145.

Klein, S. (2004b): IT does matter! Einige Überlegungen zum Produktivitätsparadoxon, in: Becker, J. et al.: European Research Center for Information Systems, Working Paper No. 1, Münster, S. 91-96.

Komiak, S. Y. X./ Benbasat, I. (2006): The Effects of Personalization and Familiarity on Trust and Adoption of Recommendation Agents, in: MIS Quarterly, 30. Jg., Nr. 4, S. 941-960.

Kosiol, E. (1972): Die Unternehmung als wirtschaftliches Aktionszentrum: Einführung in die Betriebswirtschaftslehre, Reinbek.

Kraemer, K. L./ Dutton, W. H. (1991): Survey Research in the Study of Management Information Systems, in: Kraemer, K. L.: The Information Systems Research Challenge: Survey Research Methods, Boston, S. 3-57.

Krcmar, H. (2005): Informationsmanagement, 4., überarb. und erw. Aufl., Berlin u.a..

Küpper, H.-U. (2005): Controlling: Konzeption, Aufgaben, Instrumente, 4., überarb. Aufl., Stuttgart.

Lacity, M. C./ Janson, M. A. (1994): Understanding Qualitative Data: A Framework of Text Analysis Methods, in: Journal of Management Information Systems, 11. Jg., Nr. 2, S. 137-155.

Lassmann, W./ Schwarzer, J./ Rogge, R. (2006): Wirtschaftsinformatik: Nachschlagewerk für Studium und Praxis, Wiesbaden.

Laudon, K. C./ Laudon, J. P./ Schoder, D. (2006): Wirtschaftsinformatik: Eine Einführung, München u.a..

Lederer, A. L./ Smith Jr, G. L. (1988): Individual Differences and Decision-Making Using Various Levels of Aggregation of Information, in: Journal of Management Information Systems, 5. Jg., Nr. 3, S. 53-69.

Lee, A. S. (1989): A Scientific Methodology for MIS Case Studies, in: MIS Quarterly, 13. Jg., Nr. 1, S. 33-50.

Lee, B./ Barua, A./ Whinston, A. (1997): Discovery and Representation of Casual Relationships in MIS Research: A Methodological Framework, in: MIS Quarterly, 21. Jg., Nr. 1, S. 109-136.

Lee, H./ Choi, B. (2003): Knowledge Management Enablers, Processes and Organizational Performance: An Integrative View and Empirical Examination, in: Journal of Management Information Systems, 20. Jg., Nr. 1, S. 179-228.

Levy, M./ Loebbecke, C./ Powell, P. (2003): SMEs, Co-opetition and Knowledge Sharing: The Role of Information Systems, in: European Journal of Information Systems, 12. Jg., Nr. 1, S. 3.

Liedtke, U. (1991): Controlling und Informationstechnologie, München.

Linß, H. (1995): Integrationsabhängige Nutzeffekte der Informationsverarbeitung: Vorgehensmodell und empirische Ergebnisse, Wiesbaden.

Loebbecke, C. (2006): Digitalisierung: Technologien und Unternehmensstrategien, in: Scholz, C.: Handbuch Medienmanagement, Berlin u.a., S. 357-373.

Lohmeyer, J. (1984): Technology Assessment: Anspruch, Möglichkeiten und Grenzen, Bonn.

Lombard, M./ Snyder-Duch, J./ Bracken, C. C. (2002): Content Analysis in Mass Communication: Assessment and Reporting of Intercoder Reliability, in: Human Communication Research, 28. Jg., Nr. 4, S. 587-604.

Lowry, P. B./ Romans, D./ Curtis, A. (2004): Global Journal Prestige and Supporting Disciplines: A Scientometric Study of Information Systems Journals, in: Journal of the Association for Information Systems, 5. Jg., Nr. 2, S. 29-77.

Lucas Jr, H. C. (1991): Methodological Issues in Information Systems Survey Research, in: Kraemer, K. L.: The Information Systems Research Challenge: Survey Research Methods, Boston, S. 273-285.

Malone, T./ Yates, J./ Benjamin, R. (1987): Electronic Markets and Electronic Hierarchies, in: Communications of the ACM, 30. Jg., Nr. 6, S. 484-497.

Mantel, M. M. (1989): A Discussion of "Small Group Research in Information Systems: Theory and Method", in: Benbasat, I.: The Information Research Challenge: Experimental Research Methods, Boston u.a., S. 89-94.

Markus, M. L. (1983): Power, Politics and MIS Implementation, in: Communications of the ACM, 26. Jg., Nr. 6, S. 430-444.

Markus, M. L./ Robey, D. (1988): Information Technology and Organizational Change: Causal Structure in Theory and Research, in: Management Science, 34. Jg., Nr. 5, S. 583-598.

Maxwell, S. E. (1998): Longitudinal Designs in Randomized Group Comparisons: When Will Intermediate Observations Increase Statistical Power?, in: Psychological Methods, 3. Jg., Nr. 3, S. 275-290.

Mertens, P. (2004): Integrierte Informationsverarbeitung 1: Operative Systeme der Industrie, Wiesbaden.

Mertens, P./ Bodendorf, F./ König, W./ Picot, A./ Schumann, M./ Hess, T. (2005): Grundzüge der Wirtschaftsinformatik, 9., überarb. Aufl., Berlin et al..

Mertens, P./ Griese, J. (2002): Integrierte Informationsverarbeitung 2: Planungs- und Kontrollsysteme in der Industrie, 9., vollst. überarb. Aufl., Göttingen.

Meyer, R. (1999): TA-Konzepte: Eine kurze Geschichte der TA-Konzepte, in: TAB-Brief, o. Jg., Nr. 17, S. 4-11.

Mingers, J. (2001): Combining IS Research Methods: Towards a Pluralist Methodology, in: Information Systems Research, 12. Jg., Nr. 3, S. 240-259.

Mucksch, H./ Behme, W. (2000): Das Data Warehouse-Konzept: Architektur, Datenmodelle, Anwendungen, 4., vollst. überarb. und erw. Aufl., Wiesbaden.

Murphy, K. E./ Simon, S. J. (2002): Intangible Benefits Valuation in ERP Projects, in: Information Systems Journal, 12. Jg., Nr. 4, S. 301-320.

Myers, M. D. (1999): Investigating Information Systems with Ethnographic Research, in: Communication of the AIS, 2. Jg., Nr. 4, S. 1-20.

Nicolaou, A. I./ Bhattacharya, S. (2006): Organizational Performance Effects of ERP Systems Usage: The Impact of Post-implementation Changes, in: International Journal of Accounting Information Systems, 7. Jg., Nr. 1, S. 18-35.

Oliver, L. W. (1987): Research integration for psychologists: an overview of approaches, in: Journal of Applied Social Psychology, 17. Jg., Nr. 10, S. 860-874.

Opp, K. D. (2002): Methodologie der Sozialwissenschaften: Einführung in Probleme ihrer Theoriebildung und praktischen Anwendung, Wiesbaden.

Opp, K. D. (1999): Wissenschaftstheoretische Grundlagen der empirischen Sozialforschung, in: Roth, E., Holling, H.: Sozialwissenschaftliche Methoden: Lehr- und Handbuch für Forschung und Praxis, 5., überarb. Aufl., München u.a., S. 49-73.

Orlikowski, W. (1992): The Duality of Technology: Rethinking the Concept of Technology in Organizations, in: Organization Science, 3. Jg., Nr. 3, S. 398-436.

Orlikowski, W./ Barley, S. R. (2001): Technology and Institutions: What Can Research on Information Technology and Research on Organizations Learn from Each Other?, in: MIS Quarterly, 25. Jg., Nr. 2, S. 145-165.

Orlikowski, W./ Baroudi, J. J. (1991): Studying Information Technology in Organizations: Research Approaches and Assumptions, in: Information Systems Research, 2. Jg., Nr. 1, S. 1-28.

Orlikowski, W./ Robey, D. (1991): Information Technology and the Structuring of Organizations, in: Information Systems Research, 2. Jg., Nr. 2, S. 143-169.

Palvia, P./ Mao, E./ Salam, A. F./ Soliman, K. S. (2003): Management Information Systems Research: What's There in a Methodology?, in: Communications of the AIS, 11. Jg., o. Nr., S. 289-309.

Palvia, P. C./ Leary, D./ Mao, E./ Midha, V./ Pinjani, P./ Salam, A. F. (2004): Research Methodologies in MIS: An Update, in: Communications of the AIS, 14. Jg., Nr. 6, S. 526-542.

Paré, G. (2004): Investigating Information Systems with Positivist Case Study Research, in: Communications of the Association for Information Systems, 13. Jg., Nr. 1, S. 233-264.

Paschen, H./ Gresser, K./ Conrad, F. (1978): Technology Assessment: Technologiefolgenabschätzung: Ziele, methodische und organisatorische Probleme, Anwendungen, Frankfurt/Main u.a..

Peterhans, M. (1992): Empirische Forschung in der Informatik, in: Institutsbericht Nr. 92.18, Institut für Informatik der Universität Zürich, November 1992.

Petter, S./ DeLone, W. H./ McLean, E. R. (2008): Measuring Information Systems Success: Models, Dimensions, Measures and Interrelationships, in: European Journal of Information Systems, 17. Jg., Nr. 3, S. 236-263.

Picot, A./ Reichwald, R./ Wigand, R. T. (2003): Die grenzenlose Unternehmung: Information, Organisation und Management, 5. Aufl., Wiesbaden.

Picot, A./ Rippberger, T./ Wolff, B. (1996): The Fading Boundaries of the Firm, in: Journal of Institutional and Theoretical Economics, 152. Jg., Nr. 1, S. 65-79.

Pietsch, T. (2003): Bewertung von Informations- und Kommunikationssystemen: Ein Vergleich betriebswirtschaftlicher Verfahren, 2., neu bearb. und erw. Aufl., Berlin.

Pinsonneault, A./ Kraemer, K. L. (1993a): The Impact of Information Technology on Middle Managers, in: MIS Quarterly, 17. Jg., Nr. 3, S. 271-292.

Pinsonneault, A./ Kraemer, K. L. (1993b): Survey Research Methodology in Management Information Systems: An Assessment, in: Journal of Management Information Systems, 10. Jg., Nr. 2, S. 75-105.

Podsakoff, P. M./ MacKenzie, S. B./ Lee, Y./ Podsakoff, N. P. (2003): Common Method Biases in Behavioral Research: A Critical Review of the Literature and Recommended Remedies, in: Journal of Applied Psychology, 88. Jg., Nr. 5, S. 879-903.

Poston, R./ Grabski, S. (2001): Financial Impacts of Enterprise Resource Planning Implementations, in: International Journal of Accounting Information Systems, 2. Jg., Nr. 4, S. 271-294.

Potthof, I. (1998): Empirische Studien zum wirtschaftlichen Erfolg der Informationsverarbeitung, in: Wirtschaftsinformatik, 40. Jg., Nr. 1, S. 54-65.

Ravinchandran, T./ Lertwongsatien, C. (2005): Effect of Information Systems Resources and Capabilities on Firm Performance: A Resource-Based Perspective, in: Journal of Management Information Systems, 21. Jg., Nr. 4, S. 237-276.

Ray, G./ Muhanna, W. A./ Barney, J. B. (2005): Information Technology and the Performance of the Customer Service Process: A Resource-based Analysis, in: MIS Quarterly, 29. Jg., Nr. 4, S. 625-652.

Richardson, H./ Robinson, B. (2007): The Mysterious Case of the Missing Paradigm: A Review of Critical Information Systems Research 1991-2001, in: Information Systems Journal, 17. Jg., Nr. 3, S. 251-270.

Rikhardsson, P./ Kraemmergaard, P. (2006): Identifying the Impacts of Enterprise System Implementation and Use: Examples from Denmark, in: International Journal of Accounting Information Systems, 7. Jg., Nr. 1, S. 36-49.

Robey, D. (1981): Computer Information Systems and Organization Structure, in: Communications of the ACM, 24. Jg., Nr. 10, S. 679-686.

Robey, D. (2003): Identity, Legitimacy and the Dominant Research Paradigm: An Alternative Prescription for the IS Discipline: A Response to Benbasat and Zmud's Call for Returning to the IT Artifact, in: Journal of the Association for Information Systems, 4. Jg., Nr. 7, S. 352-359.

Ross, J. W./ Beath, C. M. (2002): New Approaches to IT Investment, in: MIT Sloan Management Review, 43. Jg., Nr. 2, S. 51-59.

Rost, D. H. (2005): Interpretation und Bewertung pädagogisch-psychologischer Studien: Eine Einführung, Weinheim u.a..

Roth, E./ Holling, H. (1999): Sozialwissenschaftliche Methoden: Lehr- und Handbuch für Forschung und Praxis, 5., durchgesehene Aufl., München u.a..

Salant, P./ Dillman, D. A. (1994): How to Conduct your own Survey, New York u.a..

Sambamurthy, V./ Zmud, R. W. (1999): Arrangements for Information Technology Governance: A Theory of Multiple Contingencies, in: MIS Quarterly, 23. Jg., Nr. 2, S. 261-190.

Sarker, S./ Lee, A. S. (2000): Using A Case Study to Test the Role of Three Key Social Enablers in ERP Implementation, in: Proceedings of the International Conference on Information Systems, Brisbane.

Saxe, L./ Fine, M. (1981): Social Experiments: Methods for Design and Evaluation, California u.a..

Schierenbeck, H. (2000): Grundzüge der Betriebswirtschaftslehre, 15., überarb. und erw. Aufl., München u.a..

Schlichting, J. (1971): Der Einfluß von Aussetzung, einstweiliger Verfügung und Vorprüfung auf die Rechtslage im Schwebezustand nach Artikel 85 Absatz 2 des EWG-Vertrages vor deutschen und französischen Gerichten, München.

Schmidt, H./ Häntschel, I. (2000): Verbreitung von Evaluation und Evaluationsforschung, in: Heinrich, L. J., Häntschel, I.: Evaluation und Evaluationsforschung in der Wirtschaftsinformatik: Handbuch für Praxis, Lehre und Forschung, München u.a., S. 23-34.

Schnell, R./ Hill, P. B./ Esser, E. (2005): Methoden der empirischen Sozialforschung, 7., völlig überarb. und erw. Aufl., München u.a..

Schulte-Zurhausen, M. (2002): Organisation, 3., überarb. Aufl., München.

Schulz, W. (1970): Kausalität und Experiment in den Sozialwissenschaften, Mainz.

Schumann, M./ Hess, T. (2006): Grundfragen der Medienwirtschaft: Eine betriebswirtschaftliche Einführung, 3., aktual. und überarb. Aufl., Berlin u.a..

Serafeimidis, V./ Smithson, S. (2003): Information Systems Evaluation as an Organizational Institution: Experience from a Case Study, in: Information Systems Journal, 13. Jg., Nr. 3, S. 251-274.

Shadish, W. R./ Cook, T. D./ Campbell, D. T. (2002): Experimental and Quasiexperimental Designs for Generalized Causal Inference, Boston u.a..

Shang, S./ Seddon, P. B. (2002): Assessing and Managing the Benefits of Enterprise Systems: The Business Manager's Perspective, in: Information Systems Journal, 12. Jg., Nr. 4, S. 271-299.

Silva, L./ Hirschheim, R. (2007): Fighting against Windmills: Strategic Information Systems and Organizational Deep Structures, in: MIS Quarterly, 31. Jg., Nr. 2, S. 327-354.

Silvius, A. J. G. (2006): Does ROI Matter? Insights into the True Business Value of IT, in: The Electronic Journal of Information Systems Evaluation, 9. Jg., Nr. 2, S. 93-104.

Smithson, S./ Hirschheim, R. (1998): Analysing Information Systems Evaluation: Another Look at an Old Problem, in: European Journal of Information Systems, o. Jg., Nr. 7, S. 158-174.

Söhnchen, F. (2007): Common Method Variance und Single Source Bias, in: Albers, S. et al.: Methodik der empirischen Forschung, Wiesbaden, S. 135-150.

Stockmann, R. (2006): Evaluation in Deutschland, in: Stockmann, R.: Evaluationsforschung: Grundlagen und ausgewählte Forschungsfelder, München u.a., S. 15-46.

Straub, D. W. (1989): Validating Instruments in MIS Research, in: MIS Quarterly, 13. Jg., Nr. 2, S. 147-169.

Strauss, A./ Corbin, J. (1999): Grounded Theory: Grundlagen qualitativer Sozialforschung, Weinheim.

Suh, K.-S./ Lee, Y. E. (2005): The Effects of Virtual Reality on Consumer Learning: An Empirical Investigation, in: MIS Quarterly, 29. Jg., Nr. 4, S. 673-697.

Susman, G. L./ Evered, R. D. (1978): An Assessment of the Scientific Merits of Action Research, in: Administrative Science Quarterly, 23. Jg., Nr. 4, S. 582-603.

Swanson, E. B. (1987): Information Systems in Organization Theory: A Review, in: Boland, R. J., Hirschheim, R. A.: Critical Issues in Information Systems Research, Chichester, S. 181-204.

TAB (2007): Tätigkeitsbericht 2006, in: Arbeitsbericht Nr. 119, letzter Zugriff: 22.10.2007.

Tam, K. Y./ Ho, S. Y. (2005): Web Personalization as a Persuasion Strategy: An Elaboration Likelihood Model Perspective, in: Information Systems Research, 16. Jg., Nr. 3, S. 271-291.

Tan, B. C. Y./ Kwok-Kee, W./ Watson, R. T./ Walczuch, R. M. (1998): Reducing Status Effects with Computer-Mediated Communication: Evidence from Two Distinct National Cultures, in: Journal of Management Information Systems, 15. Jg., Nr. 1, S. 119-141.

Vandenbosch, B./ Higgins, C. (1996): Information Acquisition and Mental Models: An Investigation into the Relationship Between Behaviour and Learning, in: Information Systems Research, 7. Jg., Nr. 2, S. 198-214.

Venkatraman, N. (1994): IT-Enabled Business Transformation: From Automation to Business Scope Redefinition, in: Sloan Management Review, 35. Jg., Nr. 2, S. 73-87.

Vitalari, N. P./ Venkatesh, A. (1991): Longitudinal Surveys in Information Systems Research: An Examination of Issues, Methods and Applications, in: Kraemer, K. L.: The Information Systems Research Challenge: Survey Research Methods, Boston, S. 115-143.

Wall, F. (1996): Organisation und betriebliche Informationssysteme: Elemente einer Konstruktionstheorie, Wiesbaden.

Walsham, G. (1995): Interpretive Case Studies in IS Research: Nature and Method, in: European Journal of Information Systems, o. Jg., Nr. 4, S. 74-81.

Watson, H. J./ Goodhue, D. L./ Wixom, B. H. (2002): The Benefits of Data Warehousing: Why Some Organizations Realize Exceptional Payoffs, in: Information & Management, 39. Jg., Nr. 6, S. 491-502.

Wells, J. D./ Fuerst, W. L./ Palmer, J. W. (2005): Designing Consumer Interfaces for Experiential Tasks: An Empirical Investigation, in: European Journal of Information Systems, 14. Jg., Nr. 3, S. 273-287.

Wigand, R. T./ Picot, A./ Reichwald, R. (1997): Information, Organization and Management: Expanding Markets and Corporate Boundaries, Chichester u.a..

Wigand, R. T./ Steinfield, C. W./ Markus, M. L. (2005): Information Technology Standards Choices and Industry Structure Outcomes: The Case of the U.S. Home Mortgage Industry, in: Journal of Management Information Systems, 22. Jg., Nr. 2, S. 165-191.

Wilde, T. (2008): Experimentelle Forschung in der Wirtschaftsinformatik: Analyse des Methodenpotenzials und Entwicklung geeigneter Experimentaldesigns, Hamburg.

Wilde, T./ Hess, T. (2007): Forschungsmethoden der Wirtschaftsinformatik: Eine empirische Untersuchung, in: Wirtschaftsinformatik, 49. Jg., Nr. 4, S. 280-287.

WKWI (1994): Profil der Wirtschaftsinformatik: Ausführungen der Wissenschaftlichen Kommission der Wirtschaftsinformatik, in: Wirtschaftsinformatik, 36. Jg., Nr. 1, S. 80-81.

Wöhe, G./ Döring, U. (2000): Einführung in die allgemeine Betriebswirtschaftslehre, 20., neubearb. Aufl., München.

Wührer, G. A. (2000): Technologien als Evaluationsobjekt: Einführung und Grundlegung, in: Heinrich, L. J., Häntschel, I.: Evaluation und Evaluationsforschung in der Wirtschaftsinformatik: Handbuch für Praxis, Lehre und Forschung, München u.a., S. 213-220.

Yin, R. K. (2003): Case Study Research: Design and Methods, 3. Aufl., California u.a..

Zack, M. H. (1993): Interactivity and Communication Mode Choice in Ongoing Management Groups, in: Information Systems Research, 4. Jg., Nr. 3, S. 207-239.

Zhu, K./ Kraemer, K. L. (2005): Post-Adoption Variations in Usage and Value of E-Business by Organizations: Cross-Country Evidence from the Retail Industry, in: Information Systems Research, 16. Jg., Nr. 1, S. 61-84.

Zimmermann, E. (1972): Das Experiment in den Sozialwissenschaften, Stuttgart.

Zmud, R. W./ Olson, M. H./ Hauser, R. (1989): Field Experimentation in MIS Research, in: Benbasat, I.: The Information Research Challenge: Experimental Research Methods, Boston u.a., S. 97-111.

Anhang

Anhang A: Vorstudie

Klassifikationsschema Vorstudie

Methodenklassifikation	
Merkmalsdimension	Merkmalsausprägung
Forschungsgegenstand	
Technologiesicht	Technologie ganzheitlich
	Technologiekomponenten
Behavioristisches Paradigma	
Forschungsmethode	Feldexperiment
	Laborexperiment
	Fallstudie
	Survey
	Grounded Theory
	Ethnographie
Datenerhebungsverfahren	Schriftliche Befragung
	Mündliche Befragung (Interview)
	Beobachtung
	Sekundäre Datenanalyse
Datenauswertungsverfahren	Quantitativ
	Qualitativ
Messzeitpunkte	Querschnittsanalyse
	Längsschnittsanalyse
	Weder noch
Konstruktivistisches Paradigma	
Forschungsmethode	Aktionsforschung
	Formal-deduktive Analyse
	Konzeptionell-deduktive Analyse
	Argumentativ-deduktive Analyse
	Simulation
	Referenzmodellierung
	Prototyping

Tabelle A-1: Klassifikationsschema der Vorstudie zur Methodenklassifikation

Anhang B: Hauptstudie

Stichprobe

1. Alavi, M. (1994): Computer-Mediated Collaborative Learning: An Empirical Evaluation, in: MIS Quarterly, 18. Jg., Nr. 2, S. 159-174.

2. Alavi, M./ Marakas, G. M./ Youngjin, Y. (2002): A Comparative Study of Distributed Learning Environments on Learning Outcomes, in: Information Systems Research, 13. Jg., Nr. 4, S. 404-415.

3. Allen, G. N./ March, S. T. (2006): The Effects of State-Based and Event-Based Data Representation on User Performance in Query Formulation Tasks, in: MIS Quarterly, 30. Jg., Nr. 2, S. 269-290.

4. Ang, S./ Cummings, L. L./ Straub, D. W./ Earley, P. C. (1993): The Effects of Information Technology and the Perceived Mood of the Feedback Giver on Feedback Seeking, in: Information Systems Research, 4. Jg., Nr. 3, S. 240-261.

5. Arnold, V./ Clark, N./ Collier, P. A./ Leech, S. A./ Sutton, S. G. (2006): The Differential Use and Effect of Knowledge-Based System Explanations in Novice and Expert Judgement Decisions, in: MIS Quarterly, 30. Jg., Nr. 1, S. 79-97.

6. Ash, C. G./ Burn, J. M. (2003): Assessing the Benefits from E-Business Transformation through Effective Enterprise Management, in: European Journal of Information Systems, 12. Jg., Nr. 4, S. 297-308.

7. Ba, S./ Pavlou, P. A. (2002): Evidence of the Effect of Trust Building Technology in Electronic Markets: Price Premiums and Buyer Behavior, in: MIS Quarterly, 26. Jg., Nr. 3, S. 243-268.

8. Bakos, Y./ Lucas Jr, H. C./ Wonseok, O./ Simon, G./ Viswanathan, S./ Weber, B. W. (2005): The Impact of E-Commerce on Competition the Retail Brokerage Industry, in: Information Systems Research, 16. Jg., Nr. 4, S. 352-371.

9. Banker, R. D./ Bardhan, I./ Asdemir, O. (2006): Understanding the Impact of Collaboration Software on Product Design and Development, in: Information Systems Research, 17. Jg., Nr. 4, S. 352-373.

10. Banker, R. D./ Bardhan, I. R./ Hsihui, C./ Shu, L. (2006): Plant Information Systems, Manufacturing Capabilities and Plant Performance, in: MIS Quarterly, 30. Jg., Nr. 2, S. 315-337.

11. Bardhan, I./ Whitaker, J./ Mithas, S. (2006): Information Technology, Production Process Outsourcing and Manufacturing Plant Performance, in: Journal of Management Information Systems, 23. Jg., Nr. 2, S. 13-40.

12. Barkhi, R. (2001): The Effects of Decision Guidance and Problem Modeling on Group Decision-Making, in: Journal of Management Information Systems, 18. Jg., Nr. 3, S. 259-282.

13. Barrett, M./ Scott, S. (2004): Electronic Trading and the Process of Globalization in Traditional Futures Exchanges: A Temporal Perspective, in: European Journal of Information Systems, 13. Jg., Nr. 1, S. 65-79.

14. Barrett, M./ Walsham, G. (1999): Electronic Trading and Work Transformation in the London Insurance Market, in: Information Systems Research, 10. Jg., Nr. 1, S. 1-22.

15. Barua, A./ Konana, P./ Whinston, A. B./ Fang, Y. (2004): An Empirical Investigation of Net-Enabled Business Value, in: MIS Quarterly, 28. Jg., Nr. 4, S. 585-620.

16. Barua, A./ Kriebel, C. H./ Mukhopadhyay, T. (1995): Information Technologies and Business Value: An Analytic and Empirical Investigation, in: Information Systems Research, 6. Jg., Nr. 1, S. 3-23.

17. Bélanger, F./ Allport, C. D. (2008): Collaborative Technologies in Knowledge Telework: An Exploratory Study, in: Information Systems Journal, 18. Jg., Nr. 1, S. 101-121.

18. Benbasat, I./ Dexter, A. S. (1986): An Investigation of the Effectiveness of Color and Graphical Information Presentation under Varying Time Constraints, in: MIS Quarterly, 10. Jg., Nr. 1, S. 59-83.

19. Benbasat, I./ Schroeder, R. G. (1977): An Experimental Investigation of Some MIS Design Variables, in: MIS Quarterly, 1. Jg., Nr. 1, S. 37-49.

20. Bhatt, G. D./ Grover, V. (2005): Types of Information Technology Capabilities and Their Role in Competitive Advantage: An Empirical Study, in: Journal of Management Information Systems, 22. Jg., Nr. 2, S. 253-277.

21. Blegind Jensen, T./ Aanestad, M. (2007): Hospitality and Hostility in Hospitals: A Case Study of an ERP Adoption among Surgeons, in: European Journal of Information Systems, 16. Jg., Nr. 6, S. 672-680.

22. Briggs, R. O./ Dennis, A. R./ Beck, B. S./ Nunamaker Jr, J. F. (1992): Whither the Pen-Based Interface?, in: Journal of Management Information Systems, 9. Jg., Nr. 3, S. 71-90.

23. Broadbent, M./ Weill, P./ Clair, D. S./ Kearney, A. T. (1999): The Implications of Information Technology Infrastructure for Business Process Redesign, in: MIS Quarterly, 23. Jg., Nr. 2, S. 159-182.

24. Butler, T. (2000): Transforming Information Systems Development through Computer-Aided Systems Engineering (Case): Lessons from Practice, in: Information Systems Journal, 10. Jg., Nr. 3, S. 167-193.

25. Buxmann, P./ von Ahsen, A./ Díaz, L. M./ Wolf, K. (2004): Usage and Evaluation of Supply Chain Management Software: Results of an Empirical Study in the European Automotive Industry, in: Information Systems Journal, 14. Jg., Nr. 3, S. 295-309.

26. Byrd, T. A. (1992): Implementation and Use of Expert Systems in Organizations: Perceptions of Knowledge Engineers, in: Journal of Management Information Systems, 8. Jg., Nr. 4, S. 97-116.

27. Chao-Min, C./ Chao-Sheng, C./ Hae-Ching, C. (2007): Examining the Integrated Influence of Fairness and Quality on Learners' Satisfaction and Web-Based Learning Continuance Intention, in: Information Systems Journal, 17. Jg., Nr. 3, S. 271-287.

28. Chatfield, A. T./ Bjorn-Andersen, N. (1997): The Impact of IOS-Enabled Business Process Change on Business Outcomes: Transformation of the Value Chain of Japan Airlines, in: Journal of Management Information Systems, 14. Jg., Nr. 1, S. 13-40.

29. Chee Wee Tan, K./ Pan, S. L. (2003): Managing E-Transformation in the Public Sector: An E-Government Study of the Inland Revenue Authority of Singapore, in: European Journal of Information Systems, 12. Jg., Nr. 4, S. 269-281.

30. Chidambaram, L./ Bostrom, R. P./ Wynne, B. E. (1990): A Longitudinal Study of the Impact of Group Decision Support Systems on Group Development, in: Journal of Management Information Systems, 7. Jg., Nr. 3, S. 7-25.

31. Chidambaram, L./ Jones, B. (1993): Impact of Communication Medium and Computer Support on Group Perceptions and Performance: A Comparison of Face-to-Face and Dispersed Meetings, in: MIS Quarterly, 17. Jg., Nr. 4, S. 465-491.

32. Chienting, L./ Hsinchun, C./ Nunamaker, J. F. (1999): Verifying the Proximity and Size Hypothesis for Self-Organizing Maps, in: Journal of Management Information Systems, 16. Jg., Nr. 3, S. 57-70.

33. Choe, J. M. (2002): The Organisational Learning Effects of Management Accounting Information under Advanced Manufacturing Technology, in: European Journal of Information Systems, 11. Jg., Nr. 2, S. 142-158.

34. Choon-Ling, S./ Tan, B. C. Y./ Kwok-Kee, W. (2002): Group Polarization and Computer-Mediated Communication: Effects of Communication Cues, Social Presence and Anonymity, in: Information Systems Research, 13. Jg., Nr. 1, S. 70-90.

35. Choudhury, V./ Hartzel, K. S./ Konsynski, B. R. (1998): Uses and Consequences of Electronic Markets: An Empirical Investigation in the Aircraft Parts Industry, in: MIS Quarterly, 22. Jg., Nr. 4, S. 471-507.

36. Chu, C./ Smithson, S. (2007): E-Business and Organizational Change: A Structurational Approach, in: Information Systems Journal, 17. Jg., Nr. 4, S. 369-389.

37. Chu, T.-H./ Robey, D. (2008): Explaining Changes in Learning and Work Practice Following the Adoption of Online Learning: A Human Agency Perspective, in: European Journal of Information Systems, 17. Jg., Nr. 1, S. 79-98.

38. Chudoba, K. M./ Wynn, E./ Lu, M./ Watson-Manheim, M. B. (2005): How Virtual are We? Measuring Virtuality and Understanding its Impact in a Global Organization, in: Information Systems Journal, 15. Jg., Nr. 4, S. 279-306.

39. Clemons, E. K./ Row, M. C. (1993): Limits to Interfirm Coordination through Information Technology: Results of a Field Study in Consumer Packaged Goods Distribution, in: Journal of Management Information Systems, 10. Jg., Nr. 1, S. 73-95.

40. Clemons, E. K./ Weber, B. (1990): London's Big Bang: A Case Study of Information Technology, Competitive Impact and Organizational Change, in: Journal of Management Information Systems, 4. Jg., Nr. 4, S. 41-60.

41. Cotteleer, M. J./ Bendoly, E. (2006): Order Lead-Time Improvement Following Enterprise Information Technology Implementation: An Empirical Study, in: MIS Quarterly, 30. Jg., Nr. 3, S. 643-660.

42. Davamanirajan, P./ Kauffman, R. J./ Kriebel, C. H./ Mukhopadhyay, T. (2006): Systems Design, Process Performance and Economic Outcomes in International Banking, in: Journal of Management Information Systems, 23. Jg., Nr. 2, S. 65-90.

43. Davidson, E. J./ Chismar, W. G. (2007): The Interaction of Institutionally Triggered and Technology-Triggered Social Structure Change: An Investigation of Computerized Physician Order Entry, in: MIS Quarterly, 31. Jg., Nr. 4, S. 739-758.

44. Davis, S. A./ Bostrom, R. P. (1993): Training End Users: An Experimental Investigation of the Roles of the Computer Interface and Training Methods, in: MIS Quarterly, 17. Jg., Nr. 1, S. 61-85.

45. Dennis, A. R. (1996): Information Exchange and Use in Group Decision Making: You Can Lead a Group to Information, but You Can't Make it Think, in: MIS Quarterly, 20. Jg., Nr. 4, S. 433-457.

46. Dennis, A. R./ Carte, T. A. (1998): Using Geographical Information Systems for Decision Making: Extending Cognitive Fit Theory to Map-Based Presentations, in: Information Systems Research, 9. Jg., Nr. 2, S. 194-203.

47. Dennis, A. R./ Hilmer, K. M./ Taylor, N. J. (1997): Information Exchange and Use in GSS and Verbal Group Decision Making: Effects of Minority Influence, in: Journal of Management Information Systems, 14. Jg., Nr. 3, S. 61-88.

48. Dennis, A. R./ Kinney, S. T. (1998): Testing Media Richness Theory in the New Media: The Effects of Cues, Feedback and Task Equivocality, in: Information Systems Research, 9. Jg., Nr. 3, S. 256-274.

49. Dennis, A. R./ Valacich, J. S./ Carte, T. A./ Garfield, M. J./ Haley, B. J./ Aronson, J. E. (1997): Research Report: The Effectiveness of Multiple Dialogues in Electronic Brainstorming, in: Information Systems Research, 8. Jg., Nr. 2, S. 203-211.

50. DeSanctis, G. (1986): Human Resource Information Systems: A Current Assessment, in: MIS Quarterly, 10. Jg., Nr. 1, S. 15-27.

51. DeSanctis, G./ Jackson, B. M. (1994): Coordination of Information Technology Management: Team-Based Structures and Computer-Based Communication Systems, in: Journal of Management Information Systems, 10. Jg., Nr. 4, S. 85-110.

52. Doherty, N. F./ Coombs, C. R./ Loan-Clarke, J. (2006): A Re-Conceptualization of the Interpretive Flexibility of Information Technologies: Redressing the Balance between the Social and the Technical, in: European Journal of Information Systems, 15. Jg., Nr. 6, S. 569-582.

53. Dongsong, Z./ Lowry, P. B./ Lina, Z./ Xiaolan, F. U. (2007): The Impact of Individualism–Collectivism, Social Presence and Group Diversity on Group Decision Making under Majority Influence, in: Journal of Management Information Systems, 23. Jg., Nr. 4, S. 53-80.

54. Easton, G. K./ George, J. F./ Nunamaker, J. J. F./ Pendergast, M. O. (1990): Using Two Different Electronic Meeting System Tools for the Same Task: An Experimental Comparison, in: Journal of Management Information Systems, 7. Jg., Nr. 1, S. 85-100.

55. Edelman, F. (1981): Manager, Computer Systems and Productivity, in: MIS Quarterly, 5. Jg., Nr. 3, S. 1-19.

56. Edwards, J. S./ Yanqing, D. (2000): An Analysis of Expert Systems for Business Decision Making at Different Levels and in Different Roles, in: European Journal of Information Systems, 9. Jg., Nr. 1, S. 36-46.

57. El-Shinnawy, M./ Vinze, A. S. (1998): Polarization and Persuasive Argumentation: A Study of Decision Making in Group Settings, in: MIS Quarterly, 22. Jg., Nr. 2, S. 165-198.

58. Elam, J. J./ Mead, M. (1990): Can Software Influence Creativity?, in: Information Systems Research, 1. Jg., Nr. 1, S. 1-22.

59. Ellis, C. A./ Rein, G. L./ Jarvenpaa, S. L. (1989): Nick Experimentation: Selected Results Concerning Effectiveness of Meeting Support Technology, in: Journal of Management Information Systems, 6. Jg., Nr. 3, S. 7-24.

60. Everard, A./ Galletta, D. F. (2005): How Presentation Flaws Affect Perceived Site Quality, Trust and Intention to Purchase from an Online Store, in: Journal of Management Information Systems, 22. Jg., Nr. 3, S. 55-95.

61. Fearon, C./ Philip, G. (1998): Self Assessment as a Means of Measuring Strategic, in: European Journal of Information Systems, 7. Jg., Nr. 1, S. 5-16.

62. Ferratt, T. W./ Vlahos, G. E. (1998): An Investigation of Task-Technology Fit for Managers, in: European Journal of Information Systems, 7. Jg., Nr. 2, S. 123-136.

63. Firth, M. (1980): The Impact of Some MIS Design Variables on Managers' Evaluations of Subordinates' Performances, in: MIS Quarterly, 4. Jg., Nr. 1, S. 45-54.

64. Franz, C. R./ Robey, D./ Koeblitz, R. R. (1986): User Response to an Online Information System: A Field Experiment, in: MIS Quarterly, 10. Jg., Nr. 1, S. 29-42.

65. Fredriksson, O./ Vilgon, M. (1996): Evolution of Inter-Organizational Information Systems in Industrial Distribution: The Cases of Luna and Pappersgruppen, in: European Journal of Information Systems, 5. Jg., Nr. 1, S. 47-61.

66. Galegher, J./ Kraut, R. E. (1994): Computer-Mediated Communication for Intellectual Teamwork: An Experiment in Group Writing, in: Information Systems Research, 5. Jg., Nr. 2, S. 110-138.

67. Galletta, D. F./ Hartzel, K. S./ Johnson, S. E./ Joseph, J. L./ Rustagi, S. (1996): Spreadsheet Presentation and Error Detection: An Experimental Study, in: Journal of Management Information Systems, 13. Jg., Nr. 3, S. 45-63.

68. Gattiker, T. F./ Goodhue, D. L. (2005): What Happens after ERP Implementation: Understanding the Impact of Inter-Dependence and Differentiation on Plant-Level Outcomes, in: MIS Quarterly, 29. Jg., Nr. 3, S. 559-585.

69. Gemino, A./ Parker, D./ Kutzschan, A. O. (2005): Investigating Coherence and Multimedia Effects of a Technology-Mediated Collaborative Environment, in: Journal of Management Information Systems, 22. Jg., Nr. 3, S. 97-121.

70. George, J. F. (1996): Computer-Based Monitoring: Common Perceptions and Empirical Results, in: MIS Quarterly, 20. Jg., Nr. 4, S. 459-480.

71. George, J. F./ Easton, G. K./ Nunamaker Jr, J. F./ Northcraft, G. B. (1990): A Study of Collaborative Group Work with and without Computer-Based Support, in: Information Systems Research, 1. Jg., Nr. 4, S. 394-415.

72. Goodhue, D. L./ Thompson, R. L. (1995): Task-Technology Fit and Individual Performance, in: MIS Quarterly, 19. Jg., Nr. 2, S. 213-236.

73. Gosain, S./ Malhotra, A./ El Sawy, O. A. (2004): Coordinating for Flexibility in E-Business Supply Chains, in: Journal of Management Information Systems, 21. Jg., Nr. 3, S. 7-45.

74. Goul, M./ Shane, B./ Tonge, F. M. (1986): Using a Knowledge-Based Decision Support System in Strategic Planning Decisions: An Empirical Study, in: Journal of Management Information Systems, 2. Jg., Nr. 4, S. 70-84.

75. Grant, R./ Higgins, C. (1991): The Impact of Computerized Performance Monitoring on Service Work: Testing a Causal Model, in: Information Systems Research, 2. Jg., Nr. 2, S. 116-142.

76. Grisé, M.-L./ Gallupe, R. B. (1999): Information Overload: Addressing the Productivity Paradox in Face-to-Face Electronic Meetings, in: Journal of Management Information Systems, 16. Jg., Nr. 3, S. 157-185.

77. Guinan, P. J./ Cooprider, J. G./ Faraj, S. (1998): Enabling Software Development Team Performance During Requirements Definition: A Behavioral Versus Technical Approach, in: Information Systems Research, 9. Jg., Nr. 2, S. 101-125.

78. Hackney, R./ Jones, S./ Lösch, A. (2007): Towards an E-Government Efficiency Agenda: The Impact of Information and Communication Behaviour on E-Reverse Auctions in Public Sector Procurement, in: European Journal of Information Systems, 16. Jg., Nr. 2, S. 178-191.

79. Hale, D. P./ Kasper, G. M. (1989): The Effect of Human-Computer Interchange Protocol on Decision Performance, in: Journal of Management Information Systems, 6. Jg., Nr. 1, S. 5-20.

80. He, X. (2004): The Erp Challenge in China: A Resource-Based Perspective, in: Information Systems Journal, 14. Jg., Nr. 2, S. 153-167.

81. Heeseok, L./ Byounggu, C. (2003): Knowledge Management Enablers, Processes and Organizational Performance: An Integrative View and Empirical Examination, in: Journal of Management Information Systems, 20. Jg., Nr. 1, S. 179-228.

82. Heikkila, J./ Saarinen, T./ Saaksjarvi, M. (1991): Success of Software Packages in Small Businesses: An Exploratory Study, in: European Journal of Information Systems, 1. Jg., Nr. 3, S. 159-170.

83. Hender, J. M./ Dean, D. L./ Rodgers, T. L./ Nunamaker Jr, J. F. (2002): An Examination of the Impact of Stimuli Type and GSS Structure on Creativity: Brainstorming Versus Non-Brainstorming Techniques in a GSS Environment, in: Journal of Management Information Systems, 18. Jg., Nr. 4, S. 59-85.

84. Hess, C. M./ Kemerer, C. F. (1994): Computerized Loan Origination Systems: An Industry Case Study of the Electronic Markets Hypothesis, in: MIS Quarterly, 18. Jg., Nr. 3, S. 251-275.

85. Hess, T. J./ Fuller, M. A./ Mathew, J. (2005): Involvement and Decision-Making Performance with a Decision Aid: The Influence of Social Multimedia, Gender and Playfulness, in: Journal of Management Information Systems, 22. Jg., Nr. 3, S. 15-54.

86. Hightower, R./ Sayeed, L. (1996): Effects of Communication Mode and Prediscussion Information Distribution Characteristics on Information Exchange in Groups, in: Information Systems Research, 7. Jg., Nr. 4, S. 451-465.

87. Hilmer, K. M./ Dennis, A. R. (2000): Stimulating Thinking: Cultivating Better Decisions with Groupware through Categorization, in: Journal of Management Information Systems, 17. Jg., Nr. 3, S. 93-114.

88. Hiltz, S. R./ Johnson, K./ Turoff, M. (1991): Group Decision Support: The Effects of Designated Human Leaders and Statistical Feedback in Computerized Conferences, in: Journal of Management Information Systems, 8. Jg., Nr. 2, S. 81-108.

89. Hitt, L. M. (1999): Information Technology and Firm Boundaries: Evidence from Panel Data, in: Information Systems Research, 10. Jg., Nr. 2, S. 134-149.

90. Hitt, L. M./ Brynjolfsson, E. (1997): Information Technology and Internal Firm Organization: An Exploratory Analysis, in: Journal of Management Information Systems, 14. Jg., Nr. 2, S. 81-101.

91. Ho, T. H./ Raman, K. S. (1991): The Effect of GDSS and Elected Leadership on Small Group Meetings, in: Journal of Management Information Systems, 8. Jg., Nr. 2, S. 109-133.

92. Hock Chuan, C./ Kwok Kee, W./ Keng Leng, S. (1993): User-Database Interface: The Effect of Abstraction Levels on Query Performance, in: MIS Quarterly, 17. Jg., Nr. 4, S. 441-464.

93. Hock-Hai, T./ Tan, B. C. Y./ Kwok-Kee, W. (1997): Organizational Transformation Using Electronic Data Interchange: The Case of Tradenet in Singapore, in: Journal of Management Information Systems, 13. Jg., Nr. 4, S. 139-165.

94. Hong, W./ Thong, J. Y. L./ Tam, K. Y. (2004): Does Animation Attract Online Users' Attention? The Effects of Flash on Information Search Performance and Perceptions, in: Information Systems Research, 15. Jg., Nr. 1, S. 60-86.

95. Horton, M./ Rogers, P. S./ Austin, L./ McCormick, M. (1991): Exploring the Impact of Face-to-Face Collaborative Technology on Group Writing, in: Journal of Management Information Systems, 8. Jg., Nr. 3, S. 27-48.

96. Hsiao, R. L./ Ormerod, R. J. (1998): A New Perspective on the Dynamics of Information Technology-Enabled Strategic Change, in: Information Systems Journal, 8. Jg., Nr. 1, S. 21-52.

97. Hsin Hsin, C. (2006): Technical and Management Perceptions of Enterprise Information System Importance, Implementation and Benefits, in: Information Systems Journal, 16. Jg., Nr. 3, S. 263-292.

98. Huang, W./ Wei, K. K. (1997): Task as a Moderator for the Effects of Group Support Systems on Group Influence Processes, in: European Journal of Information Systems, 6. Jg., Nr. 4, S. 208-217.

99. Huang, W. W./ Wei, K. K. (2000): An Empirical Investigation of the Effects of Group Support Systems (GSS) and Task Type on Group Interactions from an Influence Perspective, in: Journal of Management Information Systems, 17. Jg., Nr. 2, S. 181-206.

100. Iacovou, C. L./ Benbasat, I./ Dexter, A. S. (1995): Electronic Data Interchange and Small Organizations: Adoption and Impact of Technology, in: MIS Quarterly, 19. Jg., Nr. 4, S. 465-485.

101. Iivari, J. (1995): Factors Affecting Perceptions of Case Effectiveness, in: European Journal of Information Systems, 4. Jg., Nr. 3, S. 143-158.

102. Jahng, J. J./ Jain, H./ Ramamurthy, K. (2002): Personality Traits and Effectiveness of Presentation of Product Information in E-Business Systems, in: European Journal of Information Systems, 11. Jg., Nr. 3, S. 181-195.

103. Janson, M./ Cecez-Kecmanovic, D./ Zupancic, J. (2007): Prospering in a Transition Economy through Information Technology-Supported Organizational Learning, in: Information Systems Journal, 17. Jg., Nr. 1, S. 3-36.

104. Jarvenpaa, S. (2002): Beyond Sabre: An Empirical Test of Expertise Exploitation in Electronic Channels, in: MIS Quarterly, 26. Jg., Nr. 1, S. 15-38.

105. Jarvenpaa, S. L./ Rao, V. S./ Huber, G. P. (1988): Computer Support for Meetings of Groups Working on Unstructured Problems: A Field Experiment, in: MIS Quarterly, 12. Jg., Nr. 4, S. 645-666.

106. Ji-Ye, M./ Benbasat, I. (2000): The Use of Explanations in Knowledge-Based Systems: Cognitive Perspective and a Process-Tracing Analysis, in: Journal of Management Information Systems, 17. Jg., Nr. 2, S. 153-179.

107. Jiang, Z./ Benbasat, I. (2007): The Effects of Presentation Formats and Task Complexity on Online Consumers' Product Understanding, in: MIS Quarterly, 31. Jg., Nr. 3, S. 475-500.

108. Johansen, J./ Karmarkar, U. S./ Nanda, D./ Seidmann, A. (1995): Computer Integrated Manufacturing: Empirical Implications for Industrial Information Systems, in: Journal of Management Information Systems, 12. Jg., Nr. 2, S. 59-82.

109. Jong Min, L./ MacLachlan, J./ Wallace, W. A. (1986): The Effects of 3D Imagery on Managerial Data Interpretation, in: MIS Quarterly, 10. Jg., Nr. 3, S. 257-269.

110. Jungjoo, J./ Jain, H./ Ramamurthy, K. (2007): Effects of Interaction Richness on Consumer Attitudes and Behavioral Intentions in E-Commerce: Some Experimental Results, in: European Journal of Information Systems, 16. Jg., Nr. 3, S. 254-269.

111. Kahai, S. S./ Cooper, R. B. (2003): Exploring the Core Concepts of Media Richness Theory: The Impact of Cue Multiplicity and Feedback Immediacy on Decision Quality, in: Journal of Management Information Systems, 20. Jg., Nr. 1, S. 263-299.

112. Kambil, A./ van Heck, E. (1998): Reengineering the Dutch Flower Auctions: A Framework for Analyzing Exchange Organizations, in: Information Systems Research, 9. Jg., Nr. 1, S. 1-19.

113. Kamis, A./ Koufaris, M./ Stern, T. (2008): Using an Attribute-Based Decision Support System for User-Customized Products Online: An Experimental Investigation, in: MIS Quarterly, 32. Jg., Nr. 1, S. 159-177.

114. Kankanhalli, A./ Tan, B. C. Y./ Kwok-Kee, W. E. I. (2006): Conflict and Performance in Global Virtual Teams, in: Journal of Management Information Systems, 23. Jg., Nr. 3, S. 237-274.

115. Kar Yan, T./ Shuk Ying, H. (2006): Understanding the Impact of Web Personalization on User Information Processing and Decision Outcomes, in: MIS Quarterly, 30. Jg., Nr. 4, S. 865-890.

116. Karimi, J./ Somers, T. M./ Bhattacherjee, A. (2007): The Impact of ERP Implementation on Business Process Outcomes: A Factor-Based Study, in: Journal of Management Information Systems, 24. Jg., Nr. 1, S. 101-134.

117. Kasper, G. M. (1985): The Effect of User-Developed DSS Applications of Forecasting Decision-Making Performance in an Experimental Setting, in: Journal of Management Information Systems, 2. Jg., Nr. 2, S. 26-39.

118. Kasper, G. M./ Morris, A. H. (1988): The Effect of Presentation Media on Recipient Performance in Text-Based Information Systems, in: Journal of Management Information Systems, 4. Jg., Nr. 4, S. 25-43.

119. Kattan, M. W./ Adams, D. A./ Parks, M. S. (1993): A Comparison of Machine Learning with Human Judgment, in: Journal of Management Information Systems, 9. Jg., Nr. 4, S. 37-57.

120. Kil Soo, S./ Jenkins, A. M. (1992): A Comparison of Linear Keyword and Restricted Natural Language Data Base Interfaces for Novice Users, in: Information Systems Research, 3. Jg., Nr. 3, S. 252-272.

121. Kim, K. K./ Umanath, N. S./ Kim, B. H. (2005): An Assessment of Electronic Information Transfer in B2B Supply-Channel Relationships, in: Journal of Management Information Systems, 22. Jg., Nr. 3, S. 294-320.

122. King, W. R./ Rodriguez, J. I. (1978): Evaluating Management Information Systems, in: MIS Quarterly, 2. Jg., Nr. 3, S. 43-51.

123. Kock, N./ Lynn, G. S./ Dow, K. E./ Akgun, A. E. (2006): Team Adaptation to Electronic Communication Media: Evidence of Compensatory Adaptation in New Product Development Teams, in: European Journal of Information Systems, 15. Jg., Nr. 3, S. 331-341.

124. Komiak, S. Y. X./ Benbasat, I. (2006): The Effects of Personalization and Familiarity on Trust and Adoption of Recommendation Agents, in: MIS Quarterly, 30. Jg., Nr. 4, S. 941-960.

125. Kottemann, J. E./ Remus, W. E. (1989): A Study of the Relationship between Decision Model Naturalness and Performance, in: MIS Quarterly, 13. Jg., Nr. 2, S. 171-181.

126. Kumar, N./ Benbasat, I. (2004): The Effect of Relationship Encoding, Task Type and Complexity on Information Representation: An Empirical Evaluation of 2D and 3D Line Graphs, in: MIS Quarterly, 28. Jg., Nr. 2, S. 255-281.

127. Kumar, N./ Benbasat, I. (2006): The Influence of Recommendations and Consumer Reviews on Evaluations of Websites, in: Information Systems Research, 17. Jg., Nr. 4, S. 425-439.

128. Kwok, R. C. W./ Lee, J. N./ Huynh, M. Q./ Pi, S. M. (2002): Role of GSS on Collaborative Problem-Based Learning: A Study on Knowledge Externalisation, in: European Journal of Information Systems, 11. Jg., Nr. 2, S. 98-107.

129. Kyung Kyu, K. I. M./ Umanath, N. S./ Bum Hun, K. I. M. (2005): An Assessment of Electronic Information Transfer in B2B Supply-Channel Relationships, in: Journal of Management Information Systems, 22. Jg., Nr. 3, S. 293-320.

130. Lam, S. S. K. (1997): The Effects of Group Decision Support Systems and Task Structures on Group Communication and Decision Quality, in: Journal of Management Information Systems, 13. Jg., Nr. 4, S. 193-215.

131. Lamberti, D. M./ Wallace, W. A. (1990): Intelligent Interface Design: An Empirical Assessment of Knowledge Presentation in Expert Systems, in: MIS Quarterly, 14. Jg., Nr. 3, S. 279-311.

132. Le Blanc, L. A./ Kozar, K. A. (1990): An Empirical Investigation of the Relationship between DSS Usage and System Performance: A Case Study of a Navigation Support System, in: MIS Quarterly, 14. Jg., Nr. 3, S. 263-277.

133. Lederer, A. L./ Smith Jr, G. L. (1988): Individual Differences and Decision-Making Using Various Levels of Aggregation of Information, in: Journal of Management Information Systems, 5. Jg., Nr. 3, S. 53-69.

134. Lee, C. C./ Grover, V. (1999): Exploring Mediation between Environmental and Structural Attributes: The Penetration of Communication Technologies in Manufacturing Organizations, in: Journal of Management Information Systems, 16. Jg., Nr. 3, S. 187-217.

135. Lee, H. (1999): Time and Information Technology: Monochronicity, Polychronicity and Temporal Symmetry, in: European Journal of Information Systems, 8. Jg., Nr. 1, S. 16-26.

136. Lee, H./ Choi, B. (2003): Knowledge Management Enablers, Processes and Organizational Performance: An Integrative View and Empirical Examination, in: Journal of Management Information Systems, 20. Jg., Nr. 1, S. 179-228.

137. Leidner, D. E./ Elam, J. J. (1993): Executive Information Systems: Their Impact on Executive Decision Making, in: Journal of Management Information Systems, 10. Jg., Nr. 3, S. 139-135.

138. Leidner, D. L./ Jarvenpaa, S. L. (1993): The Information Age Confronts Education: Case Studies on Electronic Classrooms, in: Information Systems Research, 4. Jg., Nr. 1, S. 24-54.

139. Levina, N./ Vaast, E. (2006): Turning a Community into a Market: A Practice Perspective on Information Technology Use in Boundary Spanning, in: Journal of Management Information Systems, 22. Jg., Nr. 4, S. 13-37.

140. Levy, M./ Loebbecke, C./ Powell, P. (2003): SMEs, Co-Opetition and Knowledge Sharing: The Role of Information Systems, in: European Journal of Information Systems, 12. Jg., Nr. 1, S. 3-17.

141. Li, F./ Williams, H. (1999): Interfirm Collaboration through Interfirm Networks, in: Information Systems Journal, 9. Jg., Nr. 2, S. 103-115.

142. Liberatore, M. J./ Titus, G. J./ Dixon, P. W. (1988): The Effects of Display Formats on Information Systems Design, in: Journal of Management Information Systems, 5. Jg., Nr. 3, S. 85-99.

143. Lilien, G. L./ Rangaswamy, A./ Van Bruggen, G. H./ Starke, K. (2004): DSS Effectiveness in Marketing Resource Allocation Decisions: Reality vs. Perception, in: Information Systems Research, 15. Jg., Nr. 3, S. 216-235.

144. Lim, K. H./ Benbasat, I. (2000): The Effect of Multimedia on Perceived Equivocality and Perceived Usefulness of Information Systems, in: MIS Quarterly, 24. Jg., Nr. 3, S. 449-471.

145. Lim, K. H./ Benbasat, I. (2002): The Influence of Multimedia on Improving the Comprehension of Organizational Information, in: Journal of Management Information Systems, 19. Jg., Nr. 1, S. 99-127.

146. Lim, K. H./ Benbasat, I./ Ward, L. M. (2000): The Role of Multimedia in Changing First Impression Bias, in: Information Systems Research, 11. Jg., Nr. 2, S. 115-136.

147. Limayem, M./ DeSanctis, G. (2000): Providing Decisional Guidance for Multicriteria Decision Making in Groups, in: Information Systems Research, 11. Jg., Nr. 4, S. 386-401.

148. Lockett, A. G./ Holland, C. P. (1996): The Formation of a Virtual Global Bank, in: European Journal of Information Systems, 5. Jg., Nr. 2, S. 131-140.

149. Loeb, K. A./ Rai, A./ Ramaprasad, A./ Sharma, S. (1998): Design, Development and Implementation of a Global Information Warehouse: A Case Study at IBM, in: Information Systems Journal, 8. Jg., Nr. 4, S. 291-311.

150. Loebbecke, C. (2007): Use of Innovative Content Integration Information Technology at the Point of Sale, in: European Journal of Information Systems, 16. Jg., Nr. 3, S. 228-236.

151. Lyytinen, K./ Rose, G. M. (2003): The Disruptive Nature of Information Technology Innovations: The Case of Internet Computing in Systems Development Organizations, in: MIS Quarterly, 27. Jg., Nr. 4, S. 557-595.

152. M. Janson, A. B., T. Taillieu, (1997): Colruyt: An Organization Committed to Communication, in: Information Systems Journal, 7. Jg., Nr. 3, S. 175-199.

153. MacCrimmon, K. R./ Wagner, C. (1991): The Architecture of an Information System for the Support of Alternative Generation, in: Journal of Management Information Systems, 8. Jg., Nr. 3, S. 49-67.

154. Macredie, R. D./ Sandom, C. (1999): It-Enabled Change: Evaluating an Improvisational Perspective, in: European Journal of Information Systems, 8. Jg., Nr. 4, S. 247-259.

155. Malhotra, A./ Gosain, S./ El Sawy, O. A. (2007): Leveraging Standard Electronic Business Interfaces to Enable Adaptive Supply Chain Partnerships, in: Information Systems Research, 18. Jg., Nr. 3, S. 260-279.

156. Massetti, B. (1996): An Empirical Examination of the Value of Creativity Support Systems on Idea Generation, in: MIS Quarterly, 20. Jg., Nr. 1, S. 83-97.

157. Massey, A. P./ Clapper, D. L. (1995): Element Finding: The Impact of a Group Support System on a Crucial Phase of Sense Making, in: Journal of Management Information Systems, 11. Jg., Nr. 4, S. 149-176.

158. McLeod Jr, R./ Rogers, J. C. (1985): Marketing Information Systems: Their Current Status in Fortune 1000 Companies, in: Journal of Management Information Systems, 1. Jg., Nr. 4, S. 57-75.

159. McLeod, P. L./ Liker, J. K. (1992): Electronic Meeting Systems: Evidence from a Low Structure Environment, in: Information Systems Research, 3. Jg., Nr. 3, S. 195-223.

160. McMurtrey, M. E./ Grover, V./ Teng, J. T. C./ Lightner, N. J. (2002): Job Satisfaction of Information Technology Workers: The Impact of Career Orientation and Task Automation in a Case Environment, in: Journal of Management Information Systems, 19. Jg., Nr. 2, S. 273-302.

161. Mejias, R. J./ Shepherd, M. M./ Vogel, D. R./ Lazaneo, L. (1996): Consensus and Perceived Satisfaction Levels: A Cross-Cultural Comparison of GSS and Non-GSS Outcomes within and between the United States and Mexico, in: Journal of Management Information Systems, 13. Jg., Nr. 3, S. 137-161.

162. Mennecke, B. E./ Crossland, M. D./ Killingsworth, B. L. (2000): Is a Map More than a Picture? The Role of DSS Technology, Subject Characteristics and Problem Complexity on Map Reading and Problem Solving, in: MIS Quarterly, 24. Jg., Nr. 4, S. 601-629.

163. Mennecke, B. E./ Valacich, J. S. (1998): Information is What You Make of it: The Influence of Group History and Computer Support on Information Sharing, Decision Quality and Member Perceptions, in: Journal of Management Information Systems, 15. Jg., Nr. 2, S. 173-197.

164. Meso, P./ Musa, P./ Mbarika, V. (2005): Towards a Model of Consumer Use of Mobile Information and Communication Technology in LDCS: The Case of Sub-Saharan Africa, in: Information Systems Journal, 15. Jg., Nr. 2, S. 119-146.

165. Millman, Z./ Hartwick, J. (1987): The Impact of Automated Office Systems on Middle Managers and Their Work, in: MIS Quarterly, 11. Jg., Nr. 4, S. 479-491.

166. Miranda, S. M./ Bostrom, R. P. (1999): Meeting Facilitation: Process Versus Content Interventions, in: Journal of Management Information Systems, 15. Jg., Nr. 4, S. 89-114.

167. Mishra, A. N./ Konana, P./ Barua, A. (2007): Antecedents and Consequences of Internet Use in Procurement: An Empirical Investigation of U.S. Manufacturing Firms, in: Information Systems Research, 18. Jg., Nr. 1, S. 103-120.

168. Mithas, S./ Ramasubbu, N./ Krishnan, M. S./ Fornell, C. (2006): Designing Web Sites for Customer Loyalty across Business Domains: A Multilevel Analysis, in: Journal of Management Information Systems, 23. Jg., Nr. 3, S. 97-127.

169. Mitra, S. (2005): Information Technology as an Enabler of Growth in Firms: An Empirical Assessment, in: Journal of Management Information Systems, 22. Jg., Nr. 2, S. 279-300.

170. Morris, A., H./ Kasper, G. M./ Adams, D. A. (1992): The Effects and Limitations of Automated Text Condensing on Reading Comprehension Performance, in: Information Systems Research, 3. Jg., Nr. 1, S. 17-35.

171. Murphy, K. E./ Simon, S. J. (2002): Intangible Benefits Valuation in ERP Projects, in: Information Systems Journal, 12. Jg., Nr. 4, S. 301-320.

172. Nidumolu, S. R./ Goodman, S. E./ Vogel, D. R./ Danowitz, A. K. (1996): Information Technology for Local Administration Support: The Governorates Project in Egypt, in: MIS Quarterly, 20. Jg., Nr. 2, S. 197-224.

173. Nissen, M. E. (2000): An Experiment to Assess the Performance of a Redesign Knowledge System, in: Journal of Management Information Systems, 17. Jg., Nr. 3, S. 25-43.

174. Nissen, M. E./ Sengupta, K. (2006): Incorporating Software Agents into Supply Chains: Experimental Investigation with a Procurement Task, in: MIS Quarterly, 30. Jg., Nr. 1, S. 145-166.

175. Nordbotten, J. C./ Crosby, M. E. (1999): The Effect of Graphic Style on Data Model Interpretation, in: Information Systems Journal, 9. Jg., Nr. 2, S. 139-155.

176. Nunamaker Jr, J. F./ Applegate, L. M./ Konsynski, B. R. (1987): Facilitating Group Creativity: Experience with a Group Decision Support System, in: Journal of Management Information Systems, 3. Jg., Nr. 4, S. 5-19.

177. Ocker, R./ Fjermestad, J./ Hiltz, S. R./ Johnson, K. (1998): Effects of Four Modes of Group Communication on the Outcomes of Software Requirements Determination, in: Journal of Management Information Systems, 15. Jg., Nr. 1, S. 99-118.

178. Ocker, R./ Hiltz, S. R./ Turoff, M./ Fjermestad, J. (1995): The Effects of Distributed Group Support and Process Structuring on Software Requirements Development Teams: Results on Creativity and Quality, in: Journal of Management Information Systems, 12. Jg., Nr. 3, S. 127-153.

179. Öörni, A. (2003): Consumer Search in Electronic Markets: An Experimental Analysis Services, in: European Journal of Information Systems, 12. Jg., Nr. 1, S. 30-40.

180. Otim, S./ Grover, V. (2006): An Empirical Study on Web-Based Services and Customer Loyalty, in: European Journal of Information Systems, 15. Jg., Nr. 6, S. 527-541.

181. Piccoli, G./ Ahmad, R./ Ives, B. (2001): Web-Based Virtual Learning Enviroments: A Research and an Preliminary Assessment of Effectiveness in Basic IT Skills Training, in: MIS Quarterly, 25. Jg., Nr. 4, S. 401-426.

182. Pinsonneault, A./ Barki, H./ Gallupe, R. B./ Hoppen, N. (1999): Electronic Brainstorming: The Illusion of Productivity, in: Information Systems Research, 10. Jg., Nr. 2, S. 110-133.

183. Poston, R. S./ Speier, C. (2005): Effective Use of Knowledge Management Systems: A Process Model of Content Ratings and Credibility Indicators, in: MIS Quarterly, 29. Jg., Nr. 2, S. 221-244.

184. Potter, R. E./ Balthazard, P. (2004): The Role of Individual Memory and Attention Processes During Electronic Brainstorming, in: MIS Quarterly, 28. Jg., Nr. 4, S. 621-643.

185. Premkumar, G./ Ramamurthy, K./ Saunders, C. S. (2005): Information Processing View of Organizations: An Exploratory Examination of Fit in the Context of Interorganizational Relationships, in: Journal of Management Information Systems, 22. Jg., Nr. 1, S. 257-294.

186. Price, D. H. R./ King, M. (1992): Information System Sophistication and Financial Performance of Small Engineering Firms, in: European Journal of Information Systems, 1. Jg., Nr. 6, S. 417-426.

187. Rafaeli, S./ Noy, A. (2002): Online Auctions, Messaging, Communication and Social Facilitation: A Simulation and Experimental Evidence, in: European Journal of Information Systems, 11. Jg., Nr. 3, S. 196-207.

188. Rafaeli, S./ Ravid, G. (2003): Information Sharing as Enabler for the Virtual Team: An Experimental Approach to Assessing the Role of Electronic Mail in Disintermediation, in: Information Systems Journal, 13. Jg., Nr. 2, S. 191-206.

189. Raghunathan, S./ Krishnan, R./ May, J. H. (1993): Modform: A Knowledge-Based Tool to Support the Modeling Process, in: Information Systems Research, 4. Jg., Nr. 4, S. 331-358.

190. Rai, A./ Patnayakuni, R./ Seth, N. (2006): Firm Performance Impacts of Digitally Enabled Supply Chain Integration Capabilities, in: MIS Quarterly, 30. Jg., Nr. 2, S. 225-246.

191. Ravinchandran, T./ Lertwongsatien, C. (2005): Effect of Information Systems Resources and Capabilities on Firm Performance: A Resource-Based Perspective, in: Journal of Management Information Systems, 21. Jg., Nr. 4, S. 237-276.

192. Ray, G./ Muhanna, W. A./ Barney, J. B. (2005): Information Technology and the Performance of the Customer Service Process: A Resource-Based Analysis, in: MIS Quarterly, 29. Jg., Nr. 4, S. 625-652.

193. Raymond, L./ Pare, G./ Bergeron, F. (1995): Matching Information Technology and Organizational Structure: An Empirical Study with Implications for Performance, in: European Journal of Information Systems, 4. Jg., Nr. 1, S. 3-16.

194. Reekers, N./ Smithson, S. (1994): EDI in Germany and the UK: Strategic and Operational Use, in: European Journal of Information Systems, 3. Jg., Nr. 3, S. 169-178.

195. Reekers, N./ Smithson, S. (1996): The Role of EDI in Inter-Organizational Coordination in the European Automotive Industry, in: European Journal of Information Systems, 5. Jg., Nr. 2, S. 120-130.

196. Reinig, B. A./ Shin, B. (2002): The Dynamic Effects of Group Support Systems on Group Meetings, in: Journal of Management Information Systems, 19. Jg., Nr. 2, S. 303-325.

197. Robey, D./ Sahay, S. (1996): Transforming Work through Information Technology: A Comparative Case Study of Geographic Information Systems in County Government, in: Information Systems Research, 7. Jg., Nr. 1, S. 93-110.

198. Ron Chi-Wai, K./ Jian, M./ Vogel, D. R. (2002): Effects of Group Support Systems and Content Facilitation on Knowledge Acquisition, in: Journal of Management Information Systems, 19. Jg., Nr. 3, S. 185-229.

199. Sambamurthy, V./ Poole, M. S. (1992): The Effects of Variations in Capabilities of GDSS Designs on Management of Cognitive Conflict in Groups, in: Information Systems Research, 3. Jg., Nr. 3, S. 224-251.

200. Sangjae, L. (2003): Business Use of Internet-Based Information Systems: The Case of Korea, in: European Journal of Information Systems, 12. Jg., Nr. 3, S. 168-181.

201. Satzinger, J. W./ Olfman, L. (1995): Computer Support for Group Work: Perceptions of the Usefulness of Support Scenarios and End-User Tools, in: Journal of Management Information Systems, 11. Jg., Nr. 4, S. 115-148.

202. Sengupta, K./ Te'eni, D. (1993): Cognitive Feedback in GDSS: Improving Control and Convergence, in: MIS Quarterly, 17. Jg., Nr. 1, S. 87-113.

203. Shang, S./ Seddon, P. B. (2002): Assessing and Managing the Benefits of Enterprise Systems: The Business Manager's Perspective, in: Information Systems Journal, 12. Jg., Nr. 4, S. 271-299.

204. Shepherd, M. M./ Briggs, R. O./ Reinig, B. A./ Yen, J./ Nunamaker, J. J. F. (1995): Invoking Social Comparison to Improve Electronic Brainstorming: Beyond Anonymity, in: Journal of Management Information Systems, 12. Jg., Nr. 3, S. 155-170.

205. Silva, L./ Hirschheim, R. (2007): Fighting against Windmills: Strategic Information Systems and Organizational Deep Structures, in: MIS Quarterly, 31. Jg., Nr. 2, S. 327-354.

206. Silver, M. S. (1988): User Prescriptions of Decision Support System Restrictiveness: An Experiment, in: Journal of Management Information Systems, 5. Jg., Nr. 1, S. 51-65.

207. Singh, S. N./ Dalal, N./ Spears, N. (2005): Understanding Web Home Page Perception, in: European Journal of Information Systems, 14. Jg., Nr. 3, S. 288-302.

208. Sircar, S./ Turnbow, J. L./ Bordoloi, B. (2000): A Framework for Assessing the Relationship between Information Technology Investments and Firm Performance, in: Journal of Management Information Systems, 16. Jg., Nr. 4, S. 69-97.

209. Smith, J. Y./ Vanecek, M. T. (1990): Dispersed Group Decision Making Using Nonsimultaneous Computer Conferencing: A Report of Research, in: Journal of Management Information Systems, 7. Jg., Nr. 2, S. 71-92.

210. Sniezek, J. A./ Wilkins, D. C./ Wadlington, P. L./ Baumann, M. R. (2002): Training for Crisis Decision-Making: Psychological Issues and Computer-Based Solutions, in: Journal of Management Information Systems, 18. Jg., Nr. 4, S. 147-168.

211. Soonchul, L. (1991): The Impact of Office Information Systems on Potential Power and Influence, in: Journal of Management Information Systems, 8. Jg., Nr. 2, S. 135-151.

212. Speier, C./ Morris, M. G. (2003): The Influence of Query Interface Design on Decision-Making Performance, in: MIS Quarterly, 27. Jg., Nr. 3, S. 397-423.

213. Suh, K.-S./ Lee, Y. E. (2005): The Effects of a Virtual Reality on Consumer Learning: An Empirical Investigation, in: MIS Quarterly, 29. Jg., Nr. 4, S. 673-697.

214. Sussman, S. W./ Sproull, L. (1999): Straight Talk: Delivering Bad News through Electronic Communication, in: Information Systems Research, 10. Jg., Nr. 2, S. 150-166.

215. Sviokla, J. J. (1990): An Examination of the Impact of Expert Systems on the Firm: The Case of Xcon, in: MIS Quarterly, 14. Jg., Nr. 2, S. 127-140.

216. Swaab, R. I./ Postmes, T./ Neijens, P./ Kiers, M. H./ Dumay, A. C. M. (2002): Multiparty Negotiation Support: The Role of Visualization's Influence on the Development of Shared Mental Models, in: Journal of Management Information Systems, 19. Jg., Nr. 1, S. 129-150.

217. Tam, K. Y./ Ho, S. Y. (2005): Web Personalization as a Persuasion Strategy: An Elaboration Likelihood Model Perspective, in: Information Systems Research, 16. Jg., Nr. 3, S. 271-291.

218. Tan, B. C. Y./ Kwok-Kee, W./ Watson, R. T./ Walczuch, R. M. (1998): Reducing Status Effects with Computer-Mediated Communication: Evidence from Two Distinct National Cultures, in: Journal of Management Information Systems, 15. Jg., Nr. 1, S. 119-141.

219. Tan, B. C. Y./ Wei, K.-K. (1999): Effects of Facilitation and Leadership on Meeting Outcomes in a Group Support System Environment, in: European Journal of Information Systems, 8. Jg., Nr. 4, S. 233-246.

220. Tarafdar, M./ Qiang, T. U./ Ragu-Nathan, B. S./ Ragu-Nathan, T. S. (2007): The Impact of Technostress on Role Stress and Productivity, in: Journal of Management Information Systems, 24. Jg., Nr. 1, S. 301-328.

221. Teo, T. S. H. (2003): A Contingency Perspective on Internet Adoption and Competitive Advantage, in: European Journal of Information Systems, 12. Jg., Nr. 2, S. 78-92.

222. Tillquist, J./ King, J. L./ Woo, C. (2002): A Representational Scheme for Analyzing Information Technology and Organizational Dependency, in: MIS Quarterly, 26. Jg., Nr. 2, S. 91-118.

223. Ting-Peng, L./ Hung-Jen, L. A. I./ Yi-Cheng, K. U. (2006): Personalized Content Recommendation and User Satisfaction: Theoretical Synthesis and Empirical Findings, in: Journal of Management Information Systems, 23. Jg., Nr. 3, S. 45-70.

224. Todd, P./ Benbasat, I. (1991): An Experimental Investigation of the Impact of Computer Based Decision Aids on Decision Making Strategies, in: Information Systems Research, 2. Jg., Nr. 2, S. 87-115.

225. Todd, P./ Benbasat, I. (1992): The Use of Information in Decision Making: An Experimental Investigation of the Impact of Computer-Based Decision Aids, in: MIS Quarterly, 16. Jg., Nr. 3, S. 373-393.

226. Todd, P./ Benbasat, I. (1999): Evaluating the Impact of DSS, Cognitive Effort and Incentives on Strategy Selection, in: Information Systems Research, 10. Jg., Nr. 4, S. 356-374.

227. Turrof, M./ Hiltz, S. R./ Bahgat, A. N. F./ Rana, A. R. (1993): Distributed Group Support Systems, in: MIS Quarterly, 17. Jg., Nr. 4, S. 399-417.

228. Tyran, C. K./ Dennis, A. R./ Vogel, D. R./ Nunamaker, J. J. F. (1992): The Application of Electronic Meeting Technology to Support Strategic Management, in: MIS Quarterly, 16. Jg., Nr. 3, S. 313-334.

229. Udo, G. J./ Guimaraes, T. (1994): Empirically Assessing Factors Related to DSS Benefits, in: European Journal of Information Systems, 3. Jg., Nr. 3, S. 218-227.

230. Vandenbosch, B./ Ginzberg, M. J. (1996): Lotus Notes and Collaboration: Plus Ãra Change, in: Journal of Management Information Systems, 13. Jg., Nr. 3, S. 65-81.

231. Vandenbosch, B./ Higgins, C. (1996): Information Acquisition and Mental Models: An Investigation into the Relationship between Behaviour and Learning, in: Information Systems Research, 7. Jg., Nr. 2, S. 198-214.

232. Vandenbosch, B./ Higgins, C. A. (1995): Executive Support Systems and Learning: A Model and Empirical Test, in: Journal of Management Information Systems, 12. Jg., Nr. 2, S. 99-130.

233. Vassiliou, Y./ Jarke, M./ Stohr, E. A./ Turner, J. A./ White, N. H. (1983): Natural Language for Database Queries: A Laboratory Study, in: MIS Quarterly, 7. Jg., Nr. 4, S. 47-61.

234. Vessey, I./ Galletta, D. (1991): Cognitive Fit: An Empirical Study of Information Acquisition, in: Information Systems Research, 2. Jg., Nr. 1, S. 63-84.

235. Volkoff, O./ Strong, D. M./ Elmes, M. B. (2005): Understanding Enterprise Systems-Enabled Integration, in: European Journal of Information Systems, 14. Jg., Nr. 2, S. 110-120.

236. Wagner, C./ Majchrzak, A. N. N. (2006): Enabling Customer-Centricity Using Wikis and the Wiki Way, in: Journal of Management Information Systems, 23. Jg., Nr. 3, S. 17-43.

237. Wang, E. T. G./ Tai, J. C. F./ Wei, H.-L. (2006): A Virtual Integration Theory of Improved Supply-Chain Performance, in: Journal of Management Information Systems, 23. Jg., Nr. 2, S. 41-64.

238. Watson, C. J./ Driver, R. W. (1983): The Influence of Computer Graphics on the Recall of Information, in: MIS Quarterly, 7. Jg., Nr. 1, S. 45-53.

239. Watson, R. T./ DeSanctis, G./ Poole, M. S. (1988): Using a GDSS to Facilitate Group Consensus: Some Intended and Unintended Consequences, in: MIS Quarterly, 12. Jg., Nr. 3, S. 463-478.

240. Webster, J./ Ahuja, J. S. (2006): Enhancing the Design of Web Navigation Systems: The Influence of User Disorientation on Engagement and Performance, in: MIS Quarterly, 30. Jg., Nr. 3, S. 661-678.

241. Weiquan, W./ Benbasat, I. (2007): Recommendation Agents for Electronic Commerce: Effects of Explanation Facilities on Trusting Beliefs, in: Journal of Management Information Systems, 23. Jg., Nr. 4, S. 217-246.

242. Weiyin, H./ Thong, J. Y. L./ Kar Yan, T. (2004): The Effects of Information Format and Shopping Task on Consumers' Online Shopping Behavior: A Cognitive Fit Perspective, in: Journal of Management Information Systems, 21. Jg., Nr. 3, S. 149-184.

243. Wells, J. D./ Fuerst, W. L./ Palmer, J. W. (2005): Designing Consumer Interfaces for Experiential Tasks: An Empirical Investigation, in: European Journal of Information Systems, 14. Jg., Nr. 3, S. 273-287.

244. Wheeler, B. C./ Valacich, J. S. (1996): Facilitation, GSS and Training as Sources of Process Restrictiveness and Guidance for Structured Group Decision Making: An Empirical Assessment, in: Information Systems Research, 7. Jg., Nr. 4, S. 429-450.

245. Wigand, R. T./ Steinfield, C. W./ Markus, M. L. (2005): Information Technology Standards Choices and Industry Structure Outcomes: The Case of the U.S. Home Mortgage Industry, in: Journal of Management Information Systems, 22. Jg., Nr. 2, S. 165-191.

246. Wingyan, C./ Hsinchun, C./ Nunamaker Jr, J. F. (2005): A Visual Framework for Knowledge Discovery on the Web: An Empirical Study of Business Intelligence Exploration, in: Journal of Management Information Systems, 21. Jg., Nr. 4, S. 57-84.

247. Winter, S. J./ Saunders, C./ Hart, P. (2003): Electronic Window Dressing: Impression Management with Websites, in: European Journal of Information Systems, 12. Jg., Nr. 4, S. 309-322.

248. Wolfe, C. J./ Murthy, U. S. (2005): Negotiation Support Systems in Budget Negotiations: An Experimental Analysis, in: Journal of Management Information Systems, 22. Jg., Nr. 3, S. 351-381.

249. Xiao, Z./ Powell, P. L./ Dodgson, J. H. (1998): The Impact of Information Technology on Information Asymmetry, in: European Journal of Information Systems, 7. Jg., Nr. 2, S. 77-89.

250. Yoo, Y./ Alavi, M. (2001): Media and Group Cohesion: Relative Influences on Social Pretense, Task Participation and Group Consensus, in: MIS Quarterly, 25. Jg., Nr. 3, S. 371-390.

251. Yoon, Y./ Guimaraes, T./ Clevenson, A. B. (1996): Assessing Determinants of Desirable ES Impact on End-User Jobs, in: European Journal of Information Systems, 5. Jg., Nr. 4, S. 273-285.

252. Youngohc, Y./ Guimaraes, T. (1995): Assessing Expert Systems Impact on Users' Jobs, in: Journal of Management Information Systems, 12. Jg., Nr. 1, S. 225-249.

253. Zack, M. H. (1993): Interactivity and Communication Mode Choice in Ongoing Management Groups, in: Information Systems Research, 4. Jg., Nr. 3, S. 207-239.

254. Zhenhui, J./ Benbasat, I. (2004): Virtual Product Experience: Effects of Visual and Functional Control of Products on Perceived Diagnosticity and Flow in Electronic Shopping, in: Journal of Management Information Systems, 21. Jg., Nr. 3, S. 111-147.

255. Zhenhui, J./ Benbasat, I. (2007): Investigating the Influence of the Functional Mechanisms of Online Product Presentations, in: Information Systems Research, 18. Jg., Nr. 4, S. 454-470.

256. Zhou, L./ Burgoon, J. K./ Twitchell, D. P./ Tiantian, Q. I. N./ Nunamaker Jr, J. F. (2004): A Comparison of Classification Methods for Predicting Deception in Computer-Mediated Communication, in: Journal of Management Information Systems, 20. Jg., Nr. 4, S. 139-165.

257. Zhu, K./ Kraemer, K. L. (2005): Post-Adoption Variations in Usage and Value of E-Business by Organizations: Cross-Country Evidence from the Retail Industry, in: Information Systems Research, 16. Jg., Nr. 1, S. 61-84.

258. Zhu, K./ Kraemer, K. L./ Xu, S./ Dedrick, J. (2004): Information Technology Payoff in E-Business Environments: An International Perspective on Value Creation of E-Business in the Financial Services Industry, in: Journal of Management Information Systems, 21. Jg., Nr. 1, S. 17-54.

259. Zigurs, I./ Poole, M. S./ DeSanctis, G. L. (1988): A Study of Influence in Computer-Mediated Group Decision Making, in: MIS Quarterly, 12. Jg., Nr. 4, S. 625-644.

260. Zinatelli, N./ Cragg, P. B./ Cavaye, A. L. M. (1996): End User Computing Sophistication and Success in Small Firms, in: European Journal of Information Systems, 5. Jg., Nr. 3, S. 172-181.

Reliabilitätsbestimmung

Krippendorff's Alpha Reliability Estimate

	Alpha	LL95%CI	UL95%CI	Units	Observrs	Pairs
Ordinal	.7771	.7311	.8220	670.0000	2.0000	670.0000

Cohen's Kappa Reliability Estimate

Symmetric Measures

	Value	Asymp. Std. Error[a]	Approx. T[b]	Approx. Sig.
Measure of Agreement Kappa	.762	.025	22.306	.000
N of Valid Cases	670			

a. Not assuming the null hypothesis.
b. Using the asymptotic standard error assuming the null hypothesis.

Tabelle B-1: Reliabilitätsmaße Krippendorff's Alpha und Cohen's Kappa

Inhaltliche Potenzialanalyse

Crosstabs

% within Technologiesicht

		Technologiesicht		Total
		IKT	AS	Total
Methode	Fallstudie	23.7%	19.9%	20.8%
	Experiment	18.6%	62.7%	52.7%
	Survey	57.6%	17.4%	26.5%
Total		100.0%	100.0%	100.0%

% within Betrieblicher Einsatz

		Betrieblicher Einsatz			Total
		Management Support Ebene	operative Ebene	übergreifende Ebene	Total
Methode	Fallstudie	11.7%	25.6%	22.1%	20.8%
	Experiment	76.7%	33.3%	53.3%	52.7%
	Survey	11.7%	41.0%	24.6%	26.5%
Total		100.0%	100.0%	100.0%	100.0%

% within Aggregationsgrad

		Aggregationsgrad		Total
		Ganzheitlich	Komponenten	Total
Methode	Fallstudie	30.3%		20.8%
	Experiment	34.3%	92.7%	52.7%
	Survey	35.4%	7.3%	26.5%
Total		100.0%	100.0%	100.0%

% within Operative Wirkungen

		Operative Wirkungen		Total
		nein	ja	
Methode	Fallstudie	14.6%	21.9%	20.8%
	Experiment	56.1%	52.1%	52.7%
	Survey	29.3%	26.0%	26.5%
Total		100.0%	100.0%	100.0%

% within Humanbezogene Wirkungen

		Humanbezogene Wirkungen		Total
		nein	ja	
Methode	Fallstudie	27.9%	14.5%	20.8%
	Experiment	34.4%	68.8%	52.7%
	Survey	37.7%	16.7%	26.5%
Total		100.0%	100.0%	100.0%

% within Strategische Wirkungen

		Strategische Wirkungen		Total
		nein	ja	
Methode	Fallstudie	11.3%	54.4%	20.8%
	Experiment	66.5%	3.5%	52.7%
	Survey	22.2%	42.1%	26.5%
Total		100.0%	100.0%	100.0%

% within Strukturelle Wirkungen

		Strukturelle Wirkungen		Total
		nein	ja	
Methode	Fallstudie	9.2%	66.0%	20.8%
	Experiment	65.2%	3.8%	52.7%
	Survey	25.6%	30.2%	26.5%
Total		100.0%	100.0%	100.0%

% within monetäre Wirkungen

		monetäre Wirkungen		Total
		nein	ja	
Methode	Fallstudie	19.9%	25.6%	20.8%
	Experiment	61.5%	2.6%	52.7%
	Survey	18.6%	71.8%	26.5%
Total		100.0%	100.0%	100.0%

% within Individuum

		Individuum		Total
		nein	ja	
Methode	Fallstudie	21.8%	20.3%	20.8%
	Experiment	29.5%	62.6%	52.7%
	Survey	48.7%	17.0%	26.5%
Total		100.0%	100.0%	100.0%

% within Bereich/Abteilung

		Bereich/Abteilung		Total
		nein	ja	
Methode	Fallstudie	20.1%	21.9%	20.8%
	Experiment	46.3%	63.5%	52.7%
	Survey	33.5%	14.6%	26.5%
Total		100.0%	100.0%	100.0%

% within Unternehmen

		Unternehmen		Total
		nein	ja	
Methode	Fallstudie	5.0%	45.5%	20.8%
	Experiment	83.0%	5.0%	52.7%
	Survey	11.9%	49.5%	26.5%
Total		100.0%	100.0%	100.0%

% within Zwischenbetrieblich

		Zwischenbetrieblich		Total
		nein	ja	
Methode	Fallstudie	15.3%	47.7%	20.8%
	Experiment	62.5%	4.5%	52.7%
	Survey	22.2%	47.7%	26.5%
Total		100.0%	100.0%	100.0%

% within Markt/Industrie

		Markt/Industrie		Total
		nein	ja	
Methode	Fallstudie	18.0%	62.5%	20.8%
	Experiment	54.9%	18.8%	52.7%
	Survey	27.0%	18.8%	26.5%
Total		100.0%	100.0%	100.0%

% within Forschungsziel

		Forschungsziel			Total
		Explorativ	Konfirmatorisch	rein deskriptiv	
Methode	Fallstudie	80.0%	6.2%	100.0%	20.8%
	Experiment	10.0%	63.2%		52.7%
	Survey	10.0%	30.6%		26.5%
Total		100.0%	100.0%	100.0%	100.0%

Tabelle B-2: Inhaltliche Potenzialanalyse (% within)

Empirische Überprüfung des Handlungsmodells

Explorative Wirkungsanalyse konkreter AS

Methode

		Frequency	Percent	Valid Percent	Cumulative Percent
Valid	Fallstudie	28	80.0	80.0	80.0
	Experiment	4	11.4	11.4	91.4
	Survey	3	8.6	8.6	100.0
	Total	35	100.0	100.0	

Theorieprüfende Wirkungsanalyse des generellen Technologieeinsatzes

Methode

		Frequency	Percent	Valid Percent	Cumulative Percent
Valid	Fallstudie	2	5.4	5.4	5.4
	Experiment	3	8.1	8.1	13.5
	Survey	32	86.5	86.5	100.0
	Total	37	100.0	100.0	

Theorieprüfendes Testen von (prototypenbasierten) Designkomponenten

Methode

		Frequency	Percent	Valid Percent	Cumulative Percent
Valid	Experiment	67	91.8	91.8	91.8
	Survey	6	8.2	8.2	100.0
	Total	73	100.0	100.0	

Tabelle B-3: Empirische Überprüfung des Handlungsmodells

Aus unserem Verlagsprogramm:

Andreas Prieß
**Ganzheitliche Informationssystemarchitektur als Basis
des strategischen Informationsmanagements an Hochschulen**
Hamburg 2009 / 404 Seiten / ISBN 978-3-8300-4684-4

Michael Hutter
Entwicklung einer Methode für die Integration von Standardsoftware
*Am Beispiel der Integration von Prüfsystemen in die Leistungsabrechnung
von Krankenversicherungen*
Hamburg 2009 / 344 Seiten / ISBN 978-3-8300-4546-5

Gunter Seidel
**A Method for Assessing the Likelihood of Burn-out
of Global ERP-Programmes**
Hamburg 2009 / 208 Seiten / ISBN 978-3-8300-4597-7

Dietmar Georg Wiedemann
**Entwicklung und empirische Überprüfung
einer Theorie zu Mobile Viral Marketing**
Ein Methoden-Mix
Hamburg 2009 / 366 Seiten / ISBN 978-3-8300-4614-1

Finn Breuer
Kritische Erfolgsfaktoren und Trends für Mobile Rapid Authoring
Hamburg 2009 / 392 Seiten / ISBN 978-3-8300-4483-3

Matthias Stutz
Kennzahlen für Unternehmensarchitekturen
*Entwicklung einer Methode zum Aufbau eines Kennzahlensystems
für die wertorientierte Steuerung der Veränderung von
Unternehmensarchitekturen*
Hamburg 2009 / 340 Seiten / ISBN 978-3-8300-4345-4

Christian Prpitsch
Prozessorientierte Systemkonvergenz
Eine Modellierungsmethode für wissenschaftliche Arbeitsprozesse
Hamburg 2009 / 366 Seiten / ISBN 978-3-8300-4337-9

Tobias Bucher
Ausrichtung der Informationslogistik auf operative Prozesse
Entwicklung und Evaluation einer situativen Methode
Hamburg 2009 / 340 Seiten / ISBN 978-3-8300-4582-3

Marcus Kaiser
Financial Services Advisory
Individualisation and the Role of Customer Data
Hamburg 2009 / 196 Seiten / ISBN 978-3-8300-4362-1

VERLAG DR. KOVAČ
FACHVERLAG FÜR WISSENSCHAFTLICHE LITERATUR

Postfach 57 01 42 · 22770 Hamburg · www.verlagdrkovac.de · info@verlagdrkovac.de